한국사회복지정책의 개척자

仁昌 신섭중

박병현 지음

한국사회복지정책의 개척자

仁昌 신섭중

박병현 지음

발간사

더 나은 **복지국가를 만들어 가는 여정**

　　　　　사단법인 미래복지경영은 2023년, 한국 사회복지의 길을 개척하신 네 분(김덕준, 김학묵, 백근칠, 하상락)에 대한 인물서를 발간한 바 있습니다. 그리고 2025년 올해, 한국 사회복지교육의 역사에 굵직한 발자취를 남기신 네 분(김만두, 남세진, 문인숙, 신섭중)을 주제로 한 인물서를 새롭게 발간하게 되었습니다.

　단재 신채호 선생께서는 "역사를 잊은 민족에게 미래는 없다"고 하셨습니다. 이 말은 우리 사회복지의 역사에도 동일하게 적용될 수 있습니다. 사회복지 발전의 길 위에서 학자, 교육자, 실천가로서 치열하게 고민하고 헌신한 선배들의 삶을 기억하지 않는다면, 오늘의 발전도 미래의 진보도 기대하기 어려울 것입니다.

　이번에 소개되는 네 분은 한국 사회복지 역사에서 이른바 1.5세대로 평가받는 인물들입니다. 이분들의 삶과 사상을 누구보다 깊이 이해하고 성실히 전할 수 있는 연구자 네 분이 집필자로 선정되어, 1년 이상의 조사와 중간보고회를 거쳐 인물서가 완성되었습니다.

　이 뜻깊은 작업에 연구자이자 집필자로 함께해주신 분들께 감사의 인사를 전합니다. 많지 않은 원고료에도 불구하고 흔쾌히 집필을 맡아주신 덕분에 이 소중한 인물서가 세상에 나오게 되었습니다.

박병현 전 부산대학교 교수님께서는 신섭중 편,

이준우 강남대학교 교수님께서는 김만두 편,

조흥식 전 서울대학교 교수님께서는 남세진 편,

이방현 한국사회복지역사문화연구소 소장님께서는 문인숙 편,

이렇게 맡아주셨습니다.

이 네 편의 인물서가 의미 있게 발간될 수 있도록 힘써 주신 네 분께 깊이 감사드리며, 이 과정에 함께해주신 모든 분들께도 진심으로 감사드립니다.

많은 이들이 어렵다, 부질없다고 이야기한 이 사업을 2023년에 이어 2025년에도 이어갈 수 있었던 것은 다행스러운 일입니다. 그러나 사회복지 발전에 크게 기여하신 분들이 점차 잊혀져가는 현실을 떠올리면 안타까움 또한 큽니다. 한국 사회복지의 뿌리와 정신, 그리고 선배들의 삶의 궤적을 후배들에게 올곧게 전하고자 하는 이 인물서 발간사업이 앞으로도 지속되기를 소망합니다.

오늘날 우리나라는 세계적인 복지국가로 나아가고 있습니다. 이 길 위에서 남다른 열정과 헌신으로 사회복지를 발전시키는 데 크게 기여하신 분들의 노력과 정신을 잊지 않고 되새김으로써, 우리 모두가 함께 더 나은 복지국가를 만들어 나가길 바랍니다.

감사합니다.

2025년 7월

최 성 균 (사)미래복지경영 이사장

머리말

신섭중 교수의 생애사를 쓰면서

2024년 3월 평소 존경하던 미래복지경영 최성균 이사장님으로부터 전화가 왔다. 한국의 사회복지가 발전하는 데 크게 공헌하신 분들의 생애사를 출간하고 있는데 부산대학교 사회복지학과 교수로 계시다가 정년퇴임하신 신섭중 교수(1934-2018)의 생애사를 필자가 집필해주면 좋겠다는 것이었다. 완곡하게 고사했다. 이유는 존경하는 은사이신 신섭중 교수의 생애사는 나보다 더 잘 쓸 수 있는 분이 계시다는 것과 소천하신지 5년이 지났기 때문에 자료 수집이 어려울 것이라는 것이었다. 하지만 최성균 이사장님께서는 계속 집필 요구를 하셨고, 결국 집필을 수락했다.

신섭중 교수의 생애사 집필은 엄두가 나지 않아 계속 미루어 오다 2025년 1월 1일부터 집필을 시작했다. 막상 집필을 시작하다 보니 생전의 신섭중 교수의 모습과 그의 한국사회복지 발전에 공헌한 행적들이 새록새록 돋아났다.

본서는 신섭중 교수가 1971년 4월, 매화와 튤립이 어우러진 날, 부산대학교 총장의 강권으로 정치학과 교수 지망 강사에서 사회사업학과 교수로 변신했던 때부터 2018년 소천하실 때까지 그의 행적을 기술한 책이다. 책의 내용 중에는 필자가 학생이었던 시절 강의실에서 들었던 얘기도 있고, 수업 후 학교 앞 선술집에서 들었던 얘기도 있고, 신섭중 교수와 가까웠던 다른 대학의 교수들로부터 들은 얘기도 있다. 그 밖에도 필자가 신섭중 교수와 함께 국제학술대회에 참석했을 때 호텔 객실에서 들은 얘기들도 있다. 그러한 얘기들을 필자 나름대로 정리했다.

본서는 제1부 뒤바뀐 인생, 제2부 유년과 청년 시절, 제3부 미국 유학 시절, 제4부 한국의 사회복지 발전을 위한 여생으로 구성되어 있다. 제1부 뒤바뀐 인생에서는 정치학과 교수가 되는 것이 꿈꾸었던 신섭중 교수가 어떻게 해서 사회사업(사회복지)학과 교수가 되었는지를 기술했다. 제2부 유년과 청년 시절에는 신섭중 교수의 어릴 때의 성장 배경과 청년 시절을 기술했다. 제3부 미국 유학 시절에서는 신섭중 교수가 미국 앨라배마대학교 사회복지대학원에서 수학하면서 공부한 내용들을 중심으로 기술했다. 그리고 제4부 한국 사회복지 발전을 위한 여생에서는 신섭중 교수가 한국의 사회복지 발전을 위해 어떠한 역할을 했는지에 대해 기술했다.

신섭중 교수의 생애사를 집필하는 동안 처음에는 막막했지만 집필을 해 갈수록 존경하는 스승의 생애를 정리하는 기쁨이 있었고, 한국의 사회복지를 전반적으로 되돌아보는 계기가 되었다.

신섭중 교수 생애사를 집필하면서 고민했던 것은 필자의 은사이신 신섭중 교수를 어떻게 호칭하느냐였다. 고민 끝에 미국 유학 때까지는 신섭중으로 쓰고, 유학에서 돌아와 부산대학교 사회사업학과 교수로 복직한 후부터는 신섭중 교수라고 쓰기로 했다. 그리고 본서의 마지막 부분인 '신섭중 교수의 생애사를 마무리하면서'에서는 신섭중 교수의 제자로서 스승에 대한 존경의 의미를 담아 신섭중 교수님이라고 썼다.

미국 대학교의 School of Social Work을 사회사업대학원으로 번역할지 아니면 사회복지대학원으로 번역할지에 대해서도 고민했다. 현재도 미국에서 공부한 분들 중에서 어떤 분은 School of Social Work을 사회사업대학원으로 쓰기도 하고, 어떤 분은 사회복지대학원으로 표기하기도 한다. 본서에서는 한국에서 사회사업학과가 사회복지학과로 학과 명칭이 변경된 시점인 1979년을 기점으로 그 이전의 사회사업학과 시절에는 School of Social Work을 사회사업대학원으로 그 이후의 사회복지학과 시절에는 사회복지대학원으로 표기했다. 사회복지사를 의미하는 영문표기인 Social Worker도 1979년 이전에는 사회사업가로, 1980년 이후에는 사회복지사로 표기했다.

생애사 집필은 쉽지가 않다. 특히 생애사의 대상이 이 세상에 계시지 않는 경우에는 더 그러하다. 너무 과찬하기도 어렵고 너무 매몰차게 집필하는 것도 힘들다. 필자는 신섭중 교수의 모습을 가능한 한 있는 그대로 집필하기로 했다. 하지만 부분적으로는 미화한 부분도 있을 것이다. 독자들은 이런 면을 감안해서 신섭중 교수의 생애사를 읽으면 좋을 것 같다. 생애사는 세상을 바꾸었을 정도로 유명한 경우가 아니면 건조하게 기술되는 경우가 많다. 이런 점을 감안하여 본서는 독자들이 읽기 쉽도록 단순히 생애를 연대순으로 일목요연하게 기술하기보다는 당시의 상황에 따라 대화체를 많이 활용하면서 기술하였다.

신섭중 교수의 생애사를 완성하고 나니 감사한 분들이 생각난다. 필자가 은사이신 신섭중 교수의 생애사를 집필할 수 있는 기회를 주신 미래복지경영 최성균 이사장님께 감사한 마음을 전하고 싶다. 본서의 중간발표회에서 매우 유익한 토론을 해주신 성남종합사회복지관 전영순 관장님께도 감사함을 전한다. 본서가 1900년대 말과 2000년대 초반에 활동했던 어떤 교수의 생애를 기술한 것을 넘어서서 한국의 사회복지 역사를 공부하는 사람에게 조금이나마 도움이 되는 책이 되면 좋겠다.

2025년 6월
신섭중 교수의 제자 **박병현** 씀

발간사 | 더 나은 복지국가를 만들어 가는 여정

머리말 | 신섭중 교수의 생애사를 쓰면서

제1부 | 뒤바뀐 인생 **13**
사회복지와 처음 만난 날 15
'수재너'의 고향 앨라배마 21
오지 않는 입학허가서 25
학교 간 첫 날이 중간고사를 치르는 날이었다 31

제2부 | 유년과 청년시절 **37**
신부가 되고 싶었던 소년 39
서울대학교 정치학과에서 외교관의 꿈을 꾸다 42
영어 교사로 출발 45
부산대학교 정치외교학과 석사과정 입학 48

제3부 | 미국 유학 시절 **51**
사회복지정책론 수업 첫날 53
War on Poverty 57
전문직으로서의 사회사업 61
인보관운동에 대한 인상 63
왜 미국에는 공공의료보험제도가 없을까? 65
착한 사회사업대학원 학생들 68
학과의 중심인물이 된 신섭중 71
사고의 전환 74

목 차

부성래 교수와의 만남 76
한국 최초의 사회복지정책 전공자 81
한국으로 돌아가야 하나? 브랜다이스대학교 박사과정에 입학해야 하나? 83

제4부 | 한국의 사회복지 발전을 위한 여생 91
부산대학교 사회사업학과 교수로 복귀하다 93
혼란 속의 1970년대 초반의 부산대학교 사회사업학과 100
의료보험제도 도입 105
사회사업학과에서 사회복지학과로 111
두 개로 쪼개어진 한국사회복지학회 통합에 기여 120
한국형 사회복지에 대한 관심 130
부산광역시 문화상을 수상하다 134
한국의 사회복지정책 발전에 많은 영향을 미친 신섭중 교수의 대표 저작 137
부산대학교 사회복지학과에서 정년퇴임을 하다 182
신섭중 교수의 학문 세계 184
신섭중 교수는 어떤 사람이었는가? 188
사회복지를 진정으로 사랑했던 사람 191
노래부르는 것을 좋아했던 사람 193
벽돌 한 장 놓고 떠난 사람 195
신섭중 교수의 생애사를 마무리하며 196

부록 1 | 신섭중 교수의 연보 201
부록 2 | 신섭중 교수 대표 논문 211

제1부

뒤바뀐 인생

 사회복지와 처음 만난 날

  1971년 4월 초, 서울대학교 정치학과를 졸업하고 부산대학교 정치외교학과에서 석사과정을 마친 후 정치외교학과에서 강사 생활을 하던 신섭중은 건축가 김중업이 프랑스 유학에서 돌아온 직후 설계한 건물인 본관 앞을 걷고 있었다. 매화와 튤립이 아름답게 어우러진 본관 앞은 그날따라 더 아름다운 것 같았다.

건축가 김중업이 설계한 부산대학교 본관

"신 군!"

신섭중은 자신을 부르는 듯한 소리가 들려 뒤로 돌아보았다. 뜻밖에도 자신을 부른 사람은 신기석 총장[1]이었다. 두 사람 간에 짧은 대화가 오고 갔다.

"어디 가는 길인고?"
"강의하러 갑니다."
"강의 마치면 내게 들리게."
"예, 그렇게 하겠습니다."

신섭중은 의아했다. 총장이 강사에 지나지 않는 자신을 기억하는 것도 의아했고, 자신의 성을 기억하는 것도 의아했고, 총장 집무실로 오라는 것도 의아했다. 아무리 생각해도 총장이 자신을 만나자고 하는 이유를 알 수 없었다. 신섭중은 수업을 하면서도 '왜 총장이 나를 보자고 하실까?' 하는 생각뿐이었다.

수업을 마치고 본관 3층 총장 집무실 문을 두드렸다. 비서에게 자신을 소개하고 총장님께서 보자고 하셔서 왔다고 하니 비서가 안으로 들어가면 된다고 했다. 처음 들어가 보는 총장 집무실이었다. 총장 집무실은 생각보다 협소했다. 평소 상상해 왔던 국립대학교 총장 집무실 규모보다 훨씬 작았다. 주위를 둘러보니 부산대학교를 상징하는 휘장이 보였고, 많은 책들이 책장에 진열되어 있었다. 10여 명이 앉아 회의할 수 있는 탁자도 보였다. 총장은 서류에 파묻혀 신섭중이 온 것을 알지 못했다. 비서가 차를 가져 오고 나서야 총장은 서류를 보던 것을 멈추고 신섭중과 마주 앉았다. 그리고는 서두도 없이 한마디 말을 내뱉었다.

"자네, 정치외교학과 강의는 이번 학기로 그만 두게."

신섭중은 '이게 무슨 말이지?'라는 생각과 '총장이 나에게서 강의를 박

---

[1] 신기석 총장은 1969년 4월 1일부터 1973년 2월 14일까지 부산대학교 제6대 총장으로 재임했다.

탈하기 위해 불렀나?' 하는 생각이 스쳐지나갔다. 내가 정치외교학과에서 강의하는 것이 못마땅하면 정치외교학과장에게 '다음 학기에 신섭중에게 강의를 주지 말라고 하면 될 것인데 구태여 내게 직접 얘기를 하는 것은 뭐지?' 하는 생각이 들었다. 신섭중은 강의를 그만둘 땐 그만두더라도 왜 그만두어야 하는지 이유를 알아야겠다는 생각이 들었다.

"왜 제가 강의를 그만두어야 하는지 그 이유를 알아도 되겠습니까?"

신섭중은 정색을 하며 물었다. 강사가 총장한테 하는 질문치곤 강도가 센 것 같아 '내가 너무 도전적인 질문을 했나?' 하며 잠시 후회했다. 그런데 총장으로부터 뜻밖의 대답이 들렸다.

"자네, 우리 대학에 사회사업학과[2]가 있는 것 알고 있지?"

신섭중은 이번 학기에 정치외교학과에서 강의하면서 강의실이 마음에 들지 않아 환경이 더 좋은 옆 강의실로 옮겼는데 그 강의실에서 수업하기로 되어 있던 학생들이 '오늘도 쫓겨나가는 거야! 도대체 우리 학과 교수님은 어디있는거야!'라고 투덜거리면서 강의실을 빠져나갔는데 그 학과 학생들이 사회사업학과 학생들이었다는 얘기를 들은 적이 있었다. 그 때 신섭중은 쫓겨 나가는 학생들이 가엾다는 생각과 함께 '국립대학교에 왜 사회사업학과가 있지? 그 학과 학생들은 어떤 것을 배울까?' 하는 생각을 잠시 했었다.

"예, 알고 있습니다." 신섭중은 그때의 기억을 떠올리며 대답했다.

"자네, 정치외교학과 교수 될 생각 그만두고 사회사업학과를 맡아서 운영하고 발전시켜보게."

"예? 제가 사회사업학과를요?"

"그렇다네."

신섭중은 잘못 들은 것이 아닌가 하며 자신의 귀를 의심했다. 그런데, 총장은 계속해서 신섭중이 예상하지 못한 말을 했다.

"자네, 우리나라가 언젠가는 복지국가가 될 거라는 사실을 알고 있

---

[2] 부산대학교 사회사업학과는 1979년에 사회복지학과로 명칭이 변경되었다.

나?"

"우리나라가 복지국가가 된다고요?" 신섭중은 놀란 얼굴로 되물었다.

"그렇다네. 우리나라는 지금은 모든 사람들이 가난하지만 경제가 발전되면 복지국가가 될 걸세. 그 때가 되면 필연적으로 빈부격차, 심리적 갈등, 소외문제, 정신건강문제 등 다양한 사회문제들이 생겨날 걸세. 그러한 문제들을 해결하는 전문가들이 필요할 텐데 사회사업학과 졸업생들이 그 일을 하게 될 걸세. 그래서 앞으로 사회사업학과는 우리나라에서 가장 중요하고 필요한 학과가 될 걸세. 그걸 대비해서 우리 부산대학교에서 사회사업학과를 새로 만들었다네. 그 학과를 자네가 맡아서 운영하게. 같은 사회과학계열이어서 그렇게 생소하지는 않을 걸세."

총장은 마치 할 말을 미리 준비해 두었다는 듯이 거침이 없었다.

"그런데 말이야. 우리 대학에 사회사업학과를 만드는 데 애를 많이 먹었어. 문교부에 사회사업학과 설치 신청을 했더니 '사회사업은 민간기관이 하는 일인데 국립대학교에 무슨 사회사업학과야? 도움이 필요한 사람이 있으면 그냥 도와주면 되지 그걸 국립대학교에서 학문으로 연구할 필요가 있겠어?' 하면서 사회사업학과 설치인가를 내주지 않았어. 그래서 미래를 내다보지 못하는 문교부 관리들을 설득하는 것이 많이 힘들었어. 내가 가진 인적, 정치적 인맥을 모두 동원해서 사회사업학과를 만들었어. 사회사업학과를 만들고 나서 그 학과를 담당할 교수를 뽑았지만 학생들 지도하는 데 신통찮아. 그 학과 학생들의 불만이 내게까지 들리곤 해. 그래서 새로운 참신한 교수를 찾고 있는데 자네를 보는 순간 자네가 적임자라는 생각이 들었어. 사회사업학과는 내가 관심을 많이 가지고 있고 애착이 가는 학과지만 지금은 지지부진한 상태야. 그러니 자네가 맡아 운영해 보게."

신섭중은 아무런 말을 하지 못했다. 그냥 멍하니 듣고 있기만 했다. 그런 신섭중에게 총장은 믿기 어려운 말을 했다.

"자네, 지금까지 정치학 공부만 했지? 사회사업학과를 맡아서 운영하려면 사회사업이 뭔지 알아야 하지 않겠나. 마침 우리 대학과 자매대학인 미국 앨라배마대학교에 사회사업대학원이 있다네. 영어로는 School of Social Work으로 부르는 것 같아. 2년 전 그 대학의 국제교류처장이 우리 대학과의 자매관계를 확대하기 위해 다녀갔는데 그 교수 소속이 사회사업대학원이었다네. 내 기억엔 그 교수 성함이 프리그모어였던 것 같아. 그 교수가 우리 대학에 사회사업학과를 설치할 것을 권유했어."

신섭중은 총장의 말씀 의도를 알아차리기 위해 계속 머리를 굴렸다. 하지만 도통 감을 잡을 수가 없었다. 뒤이어 자신을 충격 속으로 몰아넣는 총장의 말이 들렸다.

"자네 이번 2학기부터 앨라배마대학교 사회사업대학원 석사과정에 입학해서 공부하게."

"뭐라고요? 9월부터 미국에 가서 사회사업을 공부하라고요?"

"그렇다네. 9월부터 미국 앨라배마대학교에 가서 사회사업 공부를 하란 말일세. 정치학 공부만 해 온 자네가 사회사업학과를 맡아서 운영하려면 사회사업이 어떤 것인지 알아야 하지 않겠어. 내가 추천서를 쓰면 입학허가서를 받는 데는 어려움이 없을 걸세. 석사공부만 하고 돌아와도 되고, 박사공부가 필요하면 더 공부해도 된다네. 그 때까지 기다려줄 수 있어. 그러니 지금 당장 미국으로 공부하러 갈 준비하게. 자네 부인이 의사이니 미국에서 공부하는 데 재정적으로 어려움은 없겠지. 혹시 어려우면 나한테 얘기하게."

이 말을 하고 총장은 일어섰다. 신섭중은 놀란 가슴을 추스르느라 아무런 말도 하지 못하고 그냥 앉아 있었다.

"난 만나야 할 사람이 있어 나가야 하네. 내가 비서에게 앨라배마대학교 입학지원 서류를 준비하라고 일러두었네. 2년 전 우리 대학을 방문했던 앨라배마대학교 국제교류처장에게서 받은 서류일세. 그 서류를 누구에게 줄까 줄곧 생각해 왔는데 자네가 그 서류의 주인일세 그려. 비서한테 앨라배마대학교에 관한 자료를 달라고 하게. 참! 자네는 조만간에 사회사업학과 전임강사로 발령이 날 걸세."

총장은 이 얘기를 하고 문을 나섰다.

순식간에 지나간 5분 동안의 총장과의 대화였다. 아니 총장의 일방적인 지시였다. 신섭중은 마치 망치로 머리를 얻어맞은 것 같았다. 총장 비서로부터 앨라배마대학교 사회사업대학원 지원서류를 받아 총장 집무실을 나서는데 다리가 휘청거리며 여러 생각들이 스쳐 지나갔다.
　"사회사업학과를 맡아서 운영하라고?"
　"그러면, 정치학과 교수가 되고자 했던 나의 꿈은 어떻게 되지?"
　"이제까지 정치학만 공부해 왔는데…"
　"내 나이 사십이 다 되어 가는데 미국에 가서 사회사업을 새로 공부하라고?"
　"늦은 나이에 결혼해 이제 네 살, 두 살 된 딸이 있고, 셋째가 11월에 태어나는데 아내와 두 딸, 7개월 후 태어날 아기를 두고 미국으로 공부하러 가라고?"
　"그런데, 앨라배마대학교라? 이 학교가 미국 어디에 있지?"

　신섭중은 이 날이 '사회복지와 처음 만난 날'이었다고 회고했다. '내 인생이 뒤죽박죽된 날'이었다고 회고했다. 그러나 신섭중이 훗날 한국 사회복지정책의 개척자가 되어 한국 사회복지 발전에 한 획을 그을것이라곤 그때는 생각하지 못했다.

💕'수재너'의 고향 앨라배마

신섭중은 총장 집무실에서 나오자마자 도서관으로 향했다. 미국 앨라배마주(State of Albama)에 관한 자료를 찾기 위해서였다. 사실 신섭중은 앨라배마주가 미국 어디에 있는지도 몰랐다. 신섭중은 도서관에서 미국 지도를 찾아 펼쳐서 앨라배마주를 찾기 시작했다. 한참 후에야 미국 남쪽 애팔래치아산맥 남서쪽 기슭 일대에 있는 앨라배마주를 찾을 수 있었다. 앨라배마주는 서쪽으로는 미시시피주, 북쪽은 테네시주, 동쪽으로 조지아주, 남쪽은 플로리다주에 접해 있었다. 앨라배마주에 대한 자료를 찾던 중 언젠가 들었던 흑인풍의 가곡 '오 수재나'(Oh, Susanna)가 생각났다. 가사를 찾아보았다.

> 멀고 먼 앨라배마 나의 고향은 그곳 밴조를 메고 나는 너를 찾아 왔노라
> 떠나온 고향 하늘가에 구름은 일어 비끼는 저녁 햇살 그윽하게 비치네
> 오! 수재너여 노래 부르자 멀고 먼 앨라배마 나의 고향은 그곳

신섭중은 혼잣말을 내뱉었다.

흠~~~
밴조를 메고 사랑하는 수재너를 찾아가는 젊은이처럼
나도 앨라배마로 간다고...

　신섭중은 계속해서 앨라배마주에 대해 알아보기 위해 도서관의 자료를 계속 뒤졌다. 먼저 앨라배마(Alabama)라는 이름의 유래에 대해 찾아보았다. 앨라배마라는 이름은 머스커기어족 언어(Muskogean Languages)를 구사하는 아메리카 원주민 부족인 앨라배마 족으로부터 유래되었는데, 그들은 쿠사(Coosa)강과 탤러푸사(Tallapoosa)강의 상류에 있는 합류 지점 근처에 살고 있었다고 나와 있었다.
　앨라배마주는 135,775km² 면적에 500만 명이 채 되지 않는 인구가 살고 있고, 수도는 몽고메리이며 가장 큰 도시는 버밍햄이었다. 앨라배마주 출신의 유명인사로 헬렌 켈러, 야구선수 행크 애런이 눈에 들어왔다. 앨라배마주는 미국에서 가장 가난한 주 중의 하나라는 것도 눈에 들어왔다.

　다음 앨라배마대학교에 대해 알아보았다. 1818년, 미 의회는 새로 형성된 앨라배마 지역권에 신학교육을 위한 군구 건설을 허용했다. 그 후 앨라배마주가 1819년 3월 20일, 연방 주로 가입하면서 연방정부에게서 받은 무상토지에 새로운 군구가 추가되었다. 1820년 12월 18일 주 의회를 통해 앨라배마주 대학이 신학대학교로 명명되어 재단 이사회가 설립되었다. 이어서 1827년, 학교부지가 당시 앨라배마주의 수도였던 터스칼루사(Tuscaloosa)로 지정되면서 학교가 건립되고, 1831년 4월 18일 주립 앨라배마대학교가 개교했다. 앨라배마대학교는 미식축구를 뛰어나게 잘하는 것으로 나와 있었다. 신섭중은 앨라배마대학교에 가게 되면 미식축구에 대해서도 알아봐야겠다고 생각했다.
　앨라배마주에 대해 자료를 찾던 중 무엇보다 신섭중의 관심을 끈 것은 앨라배마주는 인종차별이 심하며 흑인들의 인권운동이 활발하게 진행되어 왔다는 내용이었다. 계속해서 자료를 뒤지던 중 흑인들의 '버스안타기

운동'이 눈에 들어왔다. 좀 더 자세히 알아보았다.

　1950년대의 미국 남부는 믿을 수 없을 정도의 끔찍한 인종차별이 자행되던 곳이었다. 흑인과 백인은 버스, 학교, 병원, 음식점, 호텔, 미장원, 극장, 수돗가, 심지어 교회나 신문 부고란, 장례식에서마저 분리되었다.[3] 특히 앨라배마는 인종차별이 가장 심한 지역이었는데 밤이면 KKK가 야간 행진을 하고 인종차별에 반대하는 교회에 폭탄을 던질 정도였다.

　1900년 제정된 앨라배마주 몽고메리의 시 조례(City Ordinance)에 의거하면 36개의 버스 좌석에서 앞의 10석은 백인석, 뒤의 10석은 흑인석, 그리고 가운데의 16석은 인종에 관계없이 아무나 앉을 수 있었다. 그러나 빈 좌석이 없을 경우 흑인은 백인에게 자신의 자리를 당연히 양보해야 했다.

　이런 상황이 지속되던 1955년 12월 1일 목요일 오후 6시 무렵 시내 백화점에서 재봉사로 일하던 흑인 여성 로자 파크스(Rosa Parks)는 고된 하루 일을 마치고 시내에 있는 버스정류장에서 버스에 탑승했는데 운임을 내고 11번째 좌석, 그러니까 백인석과 흑인석 가운데인 '아무나 앉을 수 있는 좌석' 중 첫 번째 좌석에 앉았다. 처음에는 사람이 별로 없었지만 시간이 지날수록 사람들이 많이 타더니 결국 버스가 만석이 되었다.

　다음 정류장에서 백인들이 타자 백인 운전기사 제임스 블레이크(James F. Blake)는 가운데 좌석 앞 줄(백인석 바로 뒤에 위치한 줄)부터 백인들에게 자리를 양보하라고 요구했다. 당시 중간석 앞자리에는 파크스를 포함한 흑인 네 명이 앉아 있었는데 이들이 모두 일어나기를 거부하자 운전기사 제임스 블레이크는 "댁들 모두 자리를 비키는 게 좋을 거요."라고 좌석 양

---

[3] 1960년대 미국 남부의 인종차별과 백인과 흑인의 우정을 묘사한 영화로 'Green Book'이 있다. 'Green Book'은 2018년 개봉한 영화로 실존 인물이었던 토니 발레롱가와 세계적인 흑인 피아니스트 돈 셜리의 이야기를 담은 실화 영화로 돈 셜리가 미국 남부지역의 순회 피아노 연주 여행 중에 있었던 인종차별과 돈 셜리가 고용한 백인 운전기사와의 우정을 그린 감동적인 영화이다. 이 영화는 2018년 아카데미 작품상을, 흑인 피아니스트 돈 셜리 역을 연기한 마허살라 알리는 아카데미 남우주연상을 수상했다. 'Green book'의 정식 명칭은 'The Negro Motorist Green Book'으로 흑인들이 여행 도중 이용할 수 있는 숙박시설과 식당들을 지역별로 모아 놓은 1936년에 발행된 책으로 실제로 존재했던 책이다.

보를 강요했고 세 사람은 자리에서 일어났다. 하지만 파크스는 자리에서 일어나지 않았다. 결국 백인에게 자리를 양보하지 않은 파크스는 경찰에 체포되었다.

　백인들에게 자리를 양보하지 않았다는 이유로 흑인 여성 파크스가 경찰에 체포되었다는 소식을 들은 마틴 루터 킹 목사(Martin Luther King J.)는 파크스가 체포된 다음 날인 12월 2일 금요일 주최한 회의에서 "피부색과 관련 없이 모든 승객들은 선착순으로 자리에 앉아야 한다."는 결의안을 채택하고, 이러한 요구 조건이 해결되기 전까지는 버스를 타지 않기로 결의했다. '버스안타기 운동'을 전개한 것이었다.

　1년 동안 몽고메리에 거주하던 흑인들은 백인들의 집요한 방해를 감수하면서 버스안타기 운동을 지속했다. 버스 승객의 75%가 흑인이었던 버스 회사는 1년 내내 엄청난 적자를 봐야 했고 러시아워가 될 때마다 두 발로 걷거나 자전거 혹은 마차를 타고 목적지로 향하는 흑인 군중은 일상이 되었다. 드디어 1956년 12월 20일 연방지방법원과 대법원은 몽고메리에서의 일련의 인종차별 및 분리 행위와 법령에 대해 위헌 판결을 내림으로써 백인 사회는 백기를 들게 되었다.

　이 외에도 1963년 킹 목사는 버밍햄에서 공공시설과 상업건물에서 인종차별을 폐지하는 데모를 주도했는데 이들이 경찰견과 소방호스로 공격당하는 장면이 텔레비전에 중계되면서 미국 남부지역의 흑인에 대한 차별이 공공의 문제로 제기되었다. 1965년 3월 킹 목사는 투표인 등록에서 차별에 대항하는 5일 간의 셀마 몽고메리 행진을 이끌었다. 이러한 인권운동에도 불구하고 앨라배마주의 흑인들은 최저생활을 영위하며 어렵게 살아가고 있었다.

　킹 목사의 인종 차별을 극복하기 위한 투쟁이 신섭중에게 인상적으로 다가왔다. 신섭중은 앨라배마대학교에 가게 되면 미국에서 흑인들의 인권운동에 대해 관심을 가져야겠다고 생각했다.

오지 않는 입학허가서

1971년 10월 초순이었다. 신섭중은 약속 장소를 괜히 총장 집무실이 있는 본관으로 잡았다고 후회하며 지인을 만나기 위해 본관 건물로 향했다. 혹시 누가 볼까 주위를 둘러보며 약속 장소로 빠른 걸음으로 걸어가는데 어디선가 많이 본 사람이 서너 명의 사람들을 대동하고 앞으로 다가왔다. 신기석 총장이었다. 그는 신섭중을 보자 대뜸 소리를 질렀다.

"신 군! 자네 지금 미국에 있어야지 왜 여기 있어!" 노기 띤 목소리였다.

신섭중은 지난 4월 총장 비서에게서 받은 앨라배마대학교 사회사업대학원 석사과정 지원 서류를 꼼꼼하게 작성해서 앨라배마대학교로 보냈다. 총장이 작성해 준 추천서도 동봉했다. 한 달 후면 입학허가서 (admission)가 우편으로 올 것이라 생각했다. 그러나 한 달이 지나고, 두 달이 지나고, 세 달이 지나도 입학허가서는 오지 않았다. 총장을 만나면 '아직 안 갔어?'라고 물으실 것 같아 본관 근처에는 얼씬도 하지 않았다. 그런데 오늘 총장과 마주친 것이었다.

"왜 아직 여기 있느냐니깐?" 총장이 노기 땐 얼굴로 다시 물었다.

"아직 입학허가서를 받지 못했습니다." 신섭중은 기어들어가는 목소리로 말했다.

"뭐라고! 아직 입학허가서를 받지 못했다고! 그게 무슨 말이야? 부산대학교 총장인 내가 추천서를 썼는데 입학허가서를 아직 못 받았다고!"

"네. 그렇습니다."

"입학허가서가 왜 안 오는지는 알아봤어?"

"알아보지 않았습니다."

"뭐라고! 알아보지 않았다고!"

"네. 계속 기다리고 있는 중입니다."

"이 친구, 앞뒤가 꽉 막혔구만. 입학허가서가 안 오면 왜 안 오는지 알아봐야 할 것 아냐! 어떤 이유로 입학허가서가 안 오는지? 무슨 서류가 더 필요한지를 알아봐야할 것 아냐. 지금 당장 앨라배마대학교에 전화하던지 편지를 보내든지 해서 입학허가서가 왜 안 오는지 알아보고 내게 보고해!"

총장은 매우 화난 얼굴로 신섭중을 노려보면서 속사포처럼 말을 퍼붓고는 대동한 사람들을 데리고 갈 길을 갔다.

신섭중은 그 날 집으로 돌아와서 미국의 오전 시간을 확인한 후 앨라배마대학교 사회사업대학원 입학처로 전화를 했다. 신섭중은 언어에 탁월한 재능이 있고, 대학 졸업 후 동래여고에서 영어 과목 교사를 여러 해 동안 해서 영어 구사에 어려움이 없었다. 신섭중과 앨라배마대학교 사회사업대학원 입학처 직원 간에 대화가 오고 갔다.

Shin Seop Joong:
Good morning, my name is Seop Joong Shin. I'm calling from Korea to ask about the status of my application for the Master's degree program. I submitted all the required documents months ago, but I haven't received any updates yet.

Administrator:

Let me look into it for you. Please hold for a moment.

(A minute later)

Administrator:

I have checked, and congratulations! You've been accepted. We sent your acceptance letter in June. We've been waiting for you to come.

Shin Seop Joong:

Oh, that's great news! But can I ask which address you sent the letter to?

Administrator:

We sent it to your permanent address in June. Is that not correct?

Shin Seop Joong:

Oh, that's my parents' address, not my current address. I didn't receive the letter because I'm not living there anymore.

Administrator:

I see. Well, now that you know, you should make arrangements to come as soon as possible.

Shin Seop Joong:

I understand. I'll get ready and head over right away. Thank you!

그제서야 신섭중은 입학허가서가 세 달 전인 6월에 현재 거주하고 있는 주소가 아닌 본적지 주소인 진주의 부모님 댁으로 배달되었다는 것을 알았다.

신섭중은 앨라배마대학교 사회사업대학원 입학원서를 작성할 때 주소를 적는 난이 present address와 permanent address 두 개가 있어 현재 거주하고 있는 부산 주소를 present address에 기재하고 부모님이 살고 계시는 진주 본적지 주소를 permanent address에 적었다. 그때 신섭중은 미국에서 permanent address는 우리나라에서 말하는 본적지 주소가 아니라 계속 우편물을 받을 수 있고, 연락이 가능한, 변동되지 않는 주소를 의미한다는 것을 몰랐다. 앨라배마대학교에서는 신섭중이 진주의 본적지 주소를 적은 permanent address로 입학허가서를 보냈고 신섭중은 현재 거주하고 있는 주소지에서 입학허가서를 오매불망 간절하게 기다리고 있는 중이었다.

다음 날 아침 신섭중은 진주의 본가로 향했다. 입학허가서는 신섭중이 쓰던 책상 위에 얌전하게 놓여 있었다.

사실, 당시 신섭중은 두 마음 사이에서 갈팡질팡했다. 한 마음은 기왕 새로운 학문 분야인 사회사업을 공부하는 것이니 미국에 가서 제대로 공부하는 것이었다. 마치 '오! 수재너'란 노래에 등장하는 한 젊은이가 밴조를 어깨에 메고 사랑하는 여인인 수재너를 찾아가는 마음과 같이 미국에서 새로운 학문인 사회사업을 공부하게 된 것에 대한 설렘이 있었다.

다른 한 켠의 마음은 결혼한 지 얼마 되지 않은 사랑하는 아내와 눈에 넣어도 아프지 않을 딸들을 두고 미국으로 떠날 것을 생각하니 너무 막막해서 차라리 입학허가서가 오지 않으면 좋겠다는 마음이었다. 어쨌든 그날 총장을 만나지 않았다면 신섭중은 허구한 날 계속해서 입학허가서를 기다리고 있었을 것이다.

신섭중은 입학허가서를 손에 넣자 미국으로 출국할 준비를 시작했다. 제일 먼저 서울에 있는 미국 대사관에 가서 유학생 비자인 F1비자를 받고 비행기표를 구매했다. 비행기표는 한국으로 언제 돌아올지 몰라 편도로 구매했다. 아내가 나이 사십이 다 되어 미국으로 공부하러 가는 남편을 위해 이것저것 준비해 주었다. 이제 가면 2년 후에 올 것이니 계절에 따른 옷도 장만했고, 가서 당장 먹을 수 있는 반찬도 준비했다. 혹시 필요할까봐 공책과 볼펜도 충분히 가방에 넣었다. 짐을 다 싸고 보니 이민가방으로 두 개였다. 마지막으로 부산에서 가장 큰 서점에 들러 사회사업과 관련된 책을 찾아보았다. 하지만 가져갈 만한 책이 없었다. 출국 준비를 하는 데 10여일이 걸렸다.

신섭중은 미국으로 떠나기 전날 자신의 인생을 완전히 바꾸어 놓은 신기석 총장을 예방했다.
"총장님, 잘 다녀오겠습니다."
"신 교수."
총장은 그 이전까지는 신섭중을 '신 군'으로 불렀지만 그 날은 '신 교수'라고 불렀다.
"내 나이쯤 되면 앞으로 전개될 세상이 눈에 보인다네. 내 눈에는 우리나라가 지금과는 완전히 다른 모습의 국가가 되어 있는 모습이 그려진다네. 복지국가가 되어 한쪽에서는 갑자기 부자가 된 사람들이 샴페인을 터뜨리지만 다른 한쪽에서는 경제성장의 혜택을 보지 못하고 분배의 불평등으로 음지에서 지내는 사람들과 소외된 사람들도 보이고, 심리적으로 고통 받고 있는 사람들도 내 눈에 보인다네. 정신건강의 문제로 정상적인 생활을 하지 못하는 사람들로 내 눈에 그려진다네. 그 뿐인가? 경제적 성장과 정신적 성숙 간에 괴리현상도 있을 걸세. 사회사업은 그런 사람들을 위해서 존재한다고 나는 생각하네. 그래서 우리나라에선 사회사업학과가 꼭 필요하다네. 어쩌면 신 교수 자네 어깨에 우리나라 복지의 미래가 달려 있을지도 모른다네. 내 말을 명심하기 바라네."
총장은 미래에 대한 식견을 내뱉는 데 거침이 없었고, 신섭중은 신기석 총장의 미래를 내다보는 눈에 감탄했다.
"자네 이제까지 정치학과 교수가 되기 위해 정치학만 공부해왔지? 그게 아까울 거야. 하지만 사회사업을 공부하다 보면 같은 사회과학 계열인 정치학 공부한 것이 도움이 될 걸세."
신기석 총장은 신섭중의 미래 모습이 보이는 듯이 얘기를 했다. 그리고 한 가지 말을 덧붙였다.

"사회사업에도 연구 분야가 다양할 걸세. 전공 분야는 자네가 제일 관심이 가는 분야를 선택하게. 박사학위까지 취득해서 오면 좋겠지만 그렇게 하려면 시간이 오래 걸릴 거야. 어쩌면 학과 사정이 석사학위만 취득하고 돌아와야 할지도 모르겠네. 하지만 그건 자네의 선택에 달렸네."
"총장님, 명심하겠습니다. 열심히 공부해서 돌아오겠습니다."
신섭중은 자신의 미래를 완전히 다른 방향을 바꾼 신기석 총장에게 머리 숙여 인사를 하고 총장 집무실을 나섰다.

구름 한 점 없는 맑은 가을 하늘이 눈에 들어왔다.
눈부셨다.

다음날, 1971년 10월 19일 오전.
신섭중은 김포공항에서 미국 뉴욕 케네디국제공항으로 가는 비행기에 몸을 실었다.

💕학교 간 첫날이 중간고사를 치르는 날이었다

앨라배마대학교가 있는 미국 남부 애팔래치아산맥 기슭에 있는 시골 도시 앨라배마주 터스컬루사로 가는 길은 멀고도 멀었다. 한국에서 터스컬루사로 바로 가는 비행기가 없어 미국에서 두 번을 갈아타야 했다. 1971년 10월 19일 오전, 김포공항에서 한국 국적기를 타고 열여섯 시간이 걸려 뉴욕 케네디국제공항에 도착해서 다섯 시간을 기다려 조지아주 애틀랜타(Atlanta)로 가는 미국 비행기로 갈아탔다. 애틀랜타에서 다시 여섯 시간을 기다린 끝에 앨라배마주 버밍햄(Birmingham)으로 가는 비행기로 갈아탔다. 버밍햄에서 내려 자동차로 학교가 있는 터스컬루사로까지 가는 데 다섯 시간이 더 걸렸다. 버밍햄에서 터스칼루사로 가는 고속도로엔 차들이 별로 없었고 차창 밖을 내다보니 하얀 꽃들로 가득한 평원이 펼쳐졌다. 신섭중은 그 꽃들이 목화이며 앨라배마주는 미국 제1의 목화 생산지임을 한참 후에 알았다.[4]

신섭중은 1971년 10월 20일 저녁 앨라배마대학교가 있는 터스칼루사

---

[4] 앨라배마주는 미국 제1의 목화 생산지로서 이 지역의 가운데를 지나는 블랙벨트라고 불리는 비옥한 대지에서 아프리카계 흑인의 노동력을 기반으로 목화와 면제품을 많이 생산했다. 그래서 앨라배마주의 별명중 하나는 '코튼 스테이트(Cotton State)' 즉 '목화주'이다.

에 도착했다. 한국을 떠난 지 꼬박 하루 반이 걸린 셈이었다. 시차가 바뀌어서 그런지 밤이 되었는데도 잠이 오지 않았다. 새벽녘에 잠시 눈을 붙이고 날이 밝자 학교로 향했다. 한 달 반이나 늦게 공부할 학교에 도착했기 때문에 하루라도 빨리 학교에 가야겠다는 마음이었다.

전날 저녁 늦게 학교에 도착했기 때문에 캠퍼스를 제대로 보지 못했는데 아침에 본 캠퍼스는 아름다웠다. 대부분의 학교 건물이 빨간 벽돌로 지어진 캠퍼스였다. 가을이 깊어감에도 푸르름을 그대로 지니고 있는 잔디밭도 인상적이었다. 지나가는 미국 학생에게 'School of Social Work 건물이 어디냐?'고 물어보니 찾아가는 길을 친절하게 가르쳐주었다. 사회사업대학원 건물은 빨간색 벽돌의 아담한 건물이었다.

앨라배마대학교 사회사업대학원 전경

사회사업대학원 건물은 너무 조용했다. 학생들은 모두 책상을 하나씩 차지하고 책을 보고 있었고, 옆 사람과 얘기할 땐 매우 작은 목소리로 속삭였다. 신섭중이 건물 안으로 들어서자 학생들이 '저 사람 누구지? 처음 보는 동양인인데...' 하는 표정으로 바라보았다. 신섭중은 학생들이 자신을 바라보는 것에 아랑곳하지 않고 '미국 학생들은 한국 학생들보다 훨씬 더 열심히 공부하는구나.'하는 생각을 하며 Receptionist 팻말이 있는 탁자의 의자에 앉아 있는 여자에게 가서 자신을 소개했다.

Shin Seop Joong:
Hello! My name is Seop Joong Shin, and I came from Korea for my master's degree here.

Receptionist:
Oh! Are you Mr. Seop Joong Shin? Do you know how long we've been waiting for you?

Shin Seop Joong:
I see. Sorry for keeping you waiting.

Receptionist:
No, it's okay. We're grateful that you arrived, even if it's a bit late. First, you need to meet the Dean. I'll guide you to the Dean's office.

Shin Seop Joong:
Thank you.

신섭중은 Receptionist를 따라 학장실로 갔다. 신섭중은 한 달 반이나 늦게 학교에 도착한 자신을 Receptionist가 학장에게 데려가서 인사를 하게 하는 것은 자신이 앨라배마대학교와 자매관계인 부산대학교 교수 신분이고, 그 대학의 총장이 특별히 추천서를 썼기 때문임을 나중에야 알았다. 학장은 신섭중을 보자 매우 반가워하며 악수를 청하면서 'Welcome to Alabama University!'라고 말했다. 그리고는 오늘부터 중간고사가 시작이어서 학교가 조용하다고 했다. 순간 신섭중은 왜 모든 학생들이 공부에 열중하고 있는지를 알게 됨과 동시에 당황했다. 석사과정에 공부하러 온 날이 중간고사 시작이라니 앞이 캄캄했다.

학장은 신섭중이 앨라배마대학교와 자매학교인 부산대학교 교수 신분이어서인지 신섭중에게 예의를 갖추어 학교 소개를 하고 난 후 어디론가 전화를 걸었다. 잠시 후 40대 중반으로 보이는 남자가 들어오더니 신섭중에게 악수를 청하면서 자신을 소개했다.

Hi, Mr. Shin. Nice to meet you. I am your academic advisor Prof. Prigmore."

그는 찰스 프리그모어(Charles S. Prigmore) 교수였다. 2년 전인 1969년 앨라배마대학교 국제교류처장으로 자매학교인 부산대학교를 방문했을 때 신기석 총장에게 부산대학교에 사회사업학과를 설치할 것을 권유한 바로 그 찰스 프리그모어 교수였다.

프리그모어 교수는 신섭중을 자기 연구실로 데려가더니 오늘이 무슨 날인 줄 아느냐고 물었다. 신섭중은 학장으로부터 오늘부터 중간고사가 시작되는 날로 들었다고 대답했다. 프리그모어 교수는 신섭중에게 중간고사를 치를 것이냐고 물었다. 신섭중은 치르겠다고 답했다. 프리그모어 교수는 중간고사를 치르겠다는 신섭중을 놀란 눈으로 바라보았다.

중간고사를 치르겠다는 신섭중의 대답을 듣고 프리그모어 교수는 학과등록부터 하자고 하더니 학과등록 용지를 신섭중에게 내밀면서 이번 학기에 수강해야 하는 과목은 인간행동과 사회환경, 사회사업조사론, 케이스워크, 사회복지정책론이라고 했다. 사회복지정책론은 프리그모어 교수 자신이 강의한다고 했다.

프리그모어 교수와 신섭중 간에 많은 대화가 오고 갔다. 신섭중은 프리그모어 교수에게 자신이 학교에 늦게 도착한 이유를 설명했다. 프리그모어 교수는 웃으며 문화 차이에서 비롯된 일이니 충분히 이해한다고 하면서 다양성 인정은 사회사업의 핵심 가치라고 했다. 프리그모어 교수는 신섭중이 영어 구사에 아무런 어려움이 없다는 것을 알고는 매우 흡족한 표정을 지었다. 신섭중은 프리그모어 교수와 한 시간 가량 대화를 나눈 후 연구실에서 나와 북스토어로 가서 네 과목 교재를 구입했다.

중간고사가 시작되는 날 한국에서 유학 온 신섭중은 갑자기 사회사업 대학원의 화제의 인물이 되었다. 신섭중이 지나갈 때면 미국 학생들이 '동양에서 온 저 친구가 어제 학교에 도착해서 수업을 듣지도 않고 중간고사를 친대.'라며 키득키득 웃곤 했다.

그나마 다행인 것은 하루에 한 과목씩 시험을 치르는 것이었다. 중간고사 첫 날에 인간행동과 사회환경 시험을 치르고 난 후 벼락치기 공부를 해서 다음 날 사회사업사업조사론 시험을 치렀다. 그 다음 날 케이스워크, 그리고 마지막 날에 사회복지정책론 시험을 치렀다. 인간행동과 사회환경, 사회사업조사론, 케이스워크는 생소한 과목이라 답안 작성이 쉽지 않았지만 문제를 읽고 출제의도를 나름대로 이해한 다음 자신의 경험과 한국의 상황을 적용해서 답안을 작성했다. 사회복지정책론은 정치학을 공부한 배경이 있어서인지 다른 과목보다는 답안 작성이 쉬웠다. 시험을 치르면서 신섭중은 대학을 졸업하고 부산 동래여고에서 영어 교사를 한 것이 참 잘한 결정이었다고 생각했다.

신섭중의 중간고사 성적은 사회사업실천론 B+, 사회사업조사론 B+, 인간행동과 사회환경 B+, 그리고 사회복지정책론 A-였다. '그래도 한국에선 교수인데 만일 중간고사 성적이 낙제점이 나오면 어떡하지?'하며 걱정하던 과목 담당 교수들이 미국에 온 다음 날, 시차 적응도 되지 않은 상황에서, 수업을 듣지도 않고 시험 친 학생이 어떻게 이런 성적을 받을 수 있느냐며 신섭중을 칭찬했다. 사회복지정책론 과목에서 A- 성적을 받은 것은 신섭중의 원래 전공이 정치학이었기 때문인지 아니면 프리그모어 교수가 신섭중이 자신의 지도 학생이어서 후하게 점수를 준 것인지는 알 수가 없었다. 신섭중은 한국을 떠나기 전날 총장을 예방했을 때 총장이 한 말 '사회사업을 공부하다 보면 정치학을 공부해 왔다는 것이 도움이 될 수도 있을 거야.'가 기억났다.

하지만 신섭중은 자신의 중간고사 성적에 만족하지 않았다. 한국에선 교수인데 B학점을 받는 것은 자존심이 허락하지 않았다. 그는 첫 학기 후반부에 누구보다도 열심히 공부했다. 신섭중은 유학 첫 학기 성적으로 인간행동과 사회환경 A-, 사회사업조사론 A-, 케이스워크 A-, 사회복지정책론 A+를 받았다.

이렇게 정치학과 교수 지망생에서 어느 날 갑작스럽게 사회사업학과 교수가 되고, 그로부터 5개월 후엔 사회사업학 석사과정 학생으로 신분이 변화된 나이 사십이 다 된 신섭중의 미국 유학생활이 시작되었다.

신섭중의 유학생활 중 하루

제2부

유년과 청년시절

신부가 되고 싶었던 소년

　신섭중 교수는 1934년 1월 10일 경상남도 진주시에서 신경재 님과 김진희 님의 3남 2녀 중 2남으로 태어났다. 신섭중의 집안은 전통적인 불교 집안이었다. 신섭중의 외할머니는 진주시 망경동에 있는 사찰인 총림사(叢林寺)를 창건했다. 총림사는 진주의 부잣집 며느리가 아들을 얻기 위해 현재의 총림사 아래에 있는 미륵불에서 기도를 하여 아들을 얻게 되었고, 그 후에 총림사를 짓게 되었는데 그 부잣집 며느리가 신섭중의 외할머니이다.[5] 신섭중의 외할머니는 총림사 외에도 진주 근처에 4개의 절을 소유하고 있었다.

　진주 8경의 하나인 망진산 동쪽 자락에 세워진 총림사는 산 주위에 300미터 남짓한 토성지가 남아 있으며, 옛날 봉수를 올렸던 봉수대 아래 진주시를 내려다보이는 명당자리였다. 훗날 신섭중의 외할머니는 총림사를 포함한 4개의 절을 조계종에 헌납했다. 신섭중은 어릴 적 외할머니의 손을 잡고 총림사를 가는 날이 많았다. 외할머니는 총림사를 가는 날이면 하루 종일 절에 계셨고 신섭중은 절 주변을 돌아다녔다.

---

[5] 지금도 총림사 절 앞에 신섭중 부친의 무덤과 탑, 창건주 외할머니의 공덕비가 있다.

어린 시절에는 꿈이 많은 법이다. 신섭중은 진주중학교 재학 때 친구를 따라 성당에 갔다가 신부가 되어야겠다는 꿈을 갖게 되었다. 성당에 갈 때마다 성당 안에서 사제로 살면 행복하겠다는 생각이 많이 들었고, 가난한 사람들을 위해 봉사하면서 살면 그것도 의미 있는 삶이라는 생각도 들었다. 제복을 입은 사제가 멋있어 보이기도 했다.

신섭중은 신부에 대해 더 알아보았다. 성직자는 교리를 해석하고 전달하기 위해서 종교의 기능, 철학 등에 대한 지식이 필요하며, 언어전달능력 및 상담능력이 요구되며, 도덕성과 책임감이 요구된다고 했다. 또한 신부가 되기 위해서는 천주교에서 지정한 신학교를 졸업해야 했다. 좀 더 알아보니 신학교를 졸업하면 교황의 대리자인 주교가 안수와 기도를 통해 사제의 자격을 부여하는 서품식을 거쳐 신부의 자격을 부여한다고 되어 있었다. 외국에 대한 선망을 지니고 있던 신섭중은 자신이 신부가 되면 교황청을 방문할 수도 있겠다는 생각이 잠시 들었다.

그러던 어느 날 외할머니가 총림사 가는 길에 신섭중에게 물었다.
"섭중아, 넌 어떤 사람이 되고 싶니?"
"……"
신섭중은 외할머니의 물음에 대답을 하지 못했다. 진주 부잣집에 시집와서 망진산 미륵불 앞에서 대를 이을 수 있는 아들을 낳게 해달라는 기도 끝에 아들을 얻었고, 그 아들이 낳은 외손자가 눈에 넣어도 아프지 않을 정도로 너무 귀여웠다. 어릴 때부터 영특한 외손자는 외할머니에겐 모든 것이었다. 외할머니는 외손자에 대한 기대가 대단했다. 그런 외할머니에게 '저는 신부가 되고 싶어요.'라고 말할 수 없었다. 더군다나 신부는 결혼을 하지 않기 때문에 신섭중이 신부가 되고, 형님네가 아들을 낳지 못하면 대가 끊어질지도 모르는 일이었다. 외할머니가 재차 물었다.
"섭중아, 넌 이담에 어떤 사람이 되고 싶니?"
"저는 아이들을 가르치는 사람이 되고 싶어요."
신섭중이 어떨결에 대답했다.

"그렇구나. 가르치는 일은 참 보람 있는 일이란다."

신섭중의 외할머니는 겉으로 표현은 하지 않으셨지만 신섭중의 '저는 아이들을 가르치는 사람이 되고 싶어요.'란 말에 약간은 실망을 했을 것이다. 외할머니는 영특한 외손자가 '가르치는 사람'보다 더 우위에 있는 사람이 되기를 원했을는지 모른다. 신섭중은 외할머니의 '너는 이담에 어떤 사람이 되고 싶니?'란 질문에 얼떨결에 '아이들을 가르치는 사람이 되고 싶어요.'라고 대답한 후 '신부가 되긴 틀렸구나.'란 생각을 했다.

💕서울대학교 정치학과에서 외교관의 꿈을 꾸다

　　신섭중은 자신을 끔찍이 아끼는 외할머니의 마음에 상처를 드려서는 안 된다는 생각에 신부가 되어야겠다는 꿈을 버리고 다른 길을 찾기 시작했다. 신섭중은 고등학교 시절 모든 과목의 성적이 우수했지만 그 중에서 영어와 사회 과목 성적이 탁월했다. 고등학교 2학년이었던 어느 날 담임 선생님이 신섭중을 불렀다.
　　"섭중아, 너 장래 희망이 뭐니?"
　　"저는 신부가 되고 싶어요. 하지만 총림사를 창건하신 외할머니께서는 제가 신부가 되는 것을 좋아하지 않으세요."
　　"망진산에 있는 총림사를 네 외할머니께서 창건하셨니?"
　　"네. 외할머니께서 창건하셨어요."
　　"그러면 외할머니는 섭중이가 신부가 되는 것을 좋아하지 않으시겠구나."
　　"외할머니께서는 저에 대한 기대가 매우 크세요. 제가 신부가 되고 싶다고 하면 외할머니께서는 크게 실망하실 거예요. 아직 말도 꺼내지 못했어요. 그래서 신부가 되는 생각은 그만두었어요."
　　"섭중아, 넌 영어와 사회과목 성적이 매우 뛰어나기 때문에 외교관이 되는 건 어떠니? 외교관이 되면 외국의 중요한 사람들과 회담을 하면서 국위를 선양할 수 있단다. 너는 영어를 잘하기 때문에 너의 재능을 충분히 발휘할 수 있을 거다."

신섭중은 귀가 솔깃해지면서 선생님께 질문을 했다.

"선생님, 외교관이 되면 외국에 자주 가나요?"

"그렇지. 외교관은 외국에서 생활할 수 있는 기회가 많단다."

"선생님, 외교관이 되려면 어떤 학과로 진학해야 하나요?"

"외교관이 되려면 외교학과에 가면 좋은데 네가 진학하려고 하는 서울대학교에는 외교학과가 없구나. 대신 정치학과로 진학하면 좋을 것 같다."

신섭중은 그날 이후 외교관에 대해 알아보기 시작했다. 외교관은 자국 정부를 대표하여 해외에 근무하면서 국가 전체의 이익과 외국에 거주하는 국민의 안전을 위한 업무를 담당하는 사람이라고 나와 있었다. 외교관에게 요구되는 필수적인 역량은 국제 정세에 대한 분석과 판단능력, 외교 사안에 해당하는 모든 이슈에 대한 이해 능력, 의사소통 능력과 친화력, 그리고 영어를 비롯한 외국어 능력이었다. 신섭중은 자신이 이러한 역량을 충분히 갖출 수 있다고 판단했다. 외교관이 새로운 국가로 부임하면 가장 먼저 하는 일은 많은 사람들을 만나서 인간관계를 만드는 것인데 신섭중은 친화력이 있어서 이러한 일도 충분히 잘해낼 수 있다고 생각했다.

신섭중은 한국전쟁이 끝나고 한국이 부흥하기 위해서는 외교관계가 중요한 문제로 등장할 것이라고 생각했다. 자신이 외교관이 될 수 있다면 국가를 위해서 일할 수 있는 기회가 생길 것으로 보았다.

신섭중은 외교관이 될 목적으로 1952년 2월 서울대학교 정치학과를 지원해서 합격했다. 신섭중이 서울대학교 정치학과에 합격하자 외손자 신섭중을 지극히 아끼는 외할머니가 제일 좋아했다.

서울대학교는 한국전쟁 중에 북한군의 점령으로 학교 건물 일부가 불타기도 했고 귀중한 기자재와 장서들이 유실되었다. 서울대학교는 부산으로 피난하여 임시 도서관을 운영하며 교육을 이어갔다. 당시 도서관의 중요한 자료들은 부산으로 옮겨졌고, 학생들은 피난지에서 학업을 계속할 수 있도록 연합대학 체제로 운영되었다.

  선섭중은 서울대학교 정치학과에 입학은 했지만 제대로 된 학교 수업이 진행되지 않았다. 정치학이란 학문은 매력이 있었지만 제대로 가르치는 교수들이 없었다. 교수들은 정치학 교재도 없이 자신이 갖고 있는 강의노트에 의존해서 강의를 했다. 한국전쟁이 발발한지 2년이 다 되어 가지만 전쟁이 끝나지 않아 모든 것이 어수선했다. 서울대학교가 서울로 다시 돌아간 것은 1953년 전쟁이 끝난 후였다. 신섭중도 서울로 갔다.

  신섭중은 서울대학교 정치학과에서 외교관이 되는 방법을 공부하기 원했다. 하지만 서울대학교 정치학과에선 외교관이 되는 방법을 알려주지도 못했고 외교와 관련된 과목을 찾기도 어려웠다. 신섭중은 기대했던 대학생활을 소득 없이 마무리했다.

  1956년 4월, 신섭중은 서울대학교 정치학과를 졸업했다.

영어 교사로 출발

졸업 후 고향인 진주로 내려가 잠시 쉬던 중 동래여고로부터 영어 교사로 수고해줄 수 있느냐는 연락이 왔다. 주저하지 않고 하겠다고 했다. 중학교 때 외할머니의 "섭중아, 너는 어떤 사람이 되고 싶니?"란 물음에 얼떨결에 대답한 "저는 아이들을 가르치는 사람이 되고 싶어요."라고 한 것이 실천에 옮겨진 것이었다. 신섭중이 남은 인생 모두를 바친 교직 생활이 시작된 것이었다.

부산시 금정구에 위치한 동래여고는 전통이 있는 명문여고였다. 1895년 10월 15일 호주 장로교 여선교회에 의해 지금의 부산시 동구 좌천동에서 수업 연한 3개년의 소학교 과정인 사립 일신여학교로 설립되었다. 1909년 3년제 과정의 고등과를 함께 설립하여 1913년 고등과 첫 졸업생 4명을 배출하였으며, 1919년 부산지방에서는 최초로 3.1운동을 주도하여 교사 2명, 학생 11명이 투옥되었다. 1925년 교세의 발전에 따라 고등과를 동래구 복천동으로 옮기고 교명을 동래일신여학교로 바꾸었다. 1940년 일제가 강권한 신사참배를 거부하여 조선통독부에 의해 학교가 폐쇄되자 동래지역 유지들이 힘을 합쳐 학교 경영권을 인수하고 교명을 동래고등여학교로 했다. 광복과 함께 신학제 실시에 따라 1946년 6년제의 동래여자중학교로 개편되었다가 1951년 교육법 개정으로 3년제의 동래여자중학교와 동래여자고등학교로 분리되어 명문여고로 오늘에 이르고 있다.

신섭중은 동래여고에서 영어 교사로 있었던 때가 여러 가지로 자신의 성장에 도움이 되었다고 회고했다. 첫째는 우수한 학생들을 가르치면서 교직의 의미를 알게 되면서 정신적으로 성장했다. 당시 신섭중이 교사로 있던 당시 동래여고는 매년 일정 수의 학생들이 서울대학교에 합격하는 명문여고였다. 신섭중은 우수한 학생들을 가르치면서 가르치는 것의 의미를 알게 되었다.

둘째는 영어를 체계적으로 공부하게 된 것이다. 영어 교사는 문법과 독해를 가르치는 것뿐만 아니라 학생들이 영어를 자연스럽게 익히고 활용할 수 있도록 돕는 중요한 역할을 했다. 영어 교사는 영어 수업을 진행하고, 학생들을 개별적으로 지도·평가하고, 학생들이 글로벌한 감각을 함양

동래여고에서 교사생활을 하던 중 학생들과 함께

할 수 있도록 돕고, 그리고 교육방식을 개발하고 적용하는 것이 주요 역할이었다. 이런 과정을 거치면서 신섭중은 영어를 단편적이 아닌 종합적으로 공부하게 되었다. 이것은 신섭중이 후일 미국으로 유학 가서 공부하는 데 많은 도움이 되었고, 교수가 된 후 국제학술대회에서 영어로 발표를 하고 토론을 하는 데도 많은 도움이 되었다.

부산대학교 정치외교학과 석사과정 입학

신섭중은 동래여고에서 영어 교사 생활을 하던 중 1966년 3월 부산대학교 대학원 정치외교학과 석사과정에 입학했다. 동래여고에서 영어 교사를 하면서 교직이 자신의 적성에 맞는다는 생각을 갖게 된 신섭중은 중학교 때 신부가 되고 싶었던 꿈도, 고등학교 때 외교관이 되고 싶었던 꿈도 포기하고 교수로의 꿈을 꾸기 시작했다. 서울대학교 대학원 정치학과 석사과정에 입학하고 싶다는 생각을 잠시 했지만 진주 본가와 가까운 부산대학교 대학원 정치학과에서 석사과정을 이수하는 것이 좋겠다는 생각을 하게 되었다. 신섭중은 1968년 2월 부산대학교 대학원 정치외교학과 석사과정을 졸업했다.

사실 당시엔 신섭중이 부산대학교와 계속 인연이 이어질 것이라곤 생각지 않았다. 우선은 고향과 가까운 부산에서 대학원 석사과정을 공부하지만 때가 되면 학부를 졸업한 서울대학교 정치학과로 돌아가고 싶었다. 하지만 신섭중은 1971년 신기석 총장의 눈에 띄면서 서울대학교로 돌아가고 싶은 생각도 포기해야 했다.

신섭중은 부산대학교 대학원 정치외교학과 석사과정을 졸업하기 직전인 1968년 1월 15일 김순애 여사와 결혼했다. 그때 신섭중의 나이 서른

다섯이었다. 신섭중과 김순애 여사 사이에 은영, 은성, 은주 세 명의 딸이 태어났다.

신섭중 교수와 부인 김순애 여사와의 결혼식

제3부

미국 유학 시절

사회복지정책론 수업 첫날

　1971년 4월 매화와 튤립이 어우러진 날, 부산대학교 본관 앞에서 신기석 총장을 우연히 만난 후 정치학에서 사회사업학으로 전공을 바꾼 신섭중은 사회사업을 체계적으로 공부하기 위해 미국 앨라배마대학교 사회사업대학원으로 유학을 떠났다. 신섭중은 학기가 시작된 지 한 달 반이 지나서야 앨라배마대학교에 도착하고, 그 다음 날 학과등록을 하고, 그리고 일주일에 걸쳐 어떨결에 중간고사를 치렀다. 대학에서 이런 편의를 봐 준 것은 앨라배마대학교와 자매학교인 부산대학교 사회사업학과 교수로 재직하고 있는 것과 부산대학교 총장이 특별히 추천서를 쓴 덕분인 것 같았다. 사실 신섭중은 두 달 전만 하여도 수업을 들어야 하는 입장이 아니고 강의를 하는 위치에 있었다. 하지만 신섭중은 여기에서 공부하는 동안에는 교수의 신분은 잊고 자신이 학생이란 것을 잊지 않으려고 했다.

　신섭중은 앨라배마대학교 사회사업대학원 사회복지정책 담당 교수인 찰스 프리그모어 교수의 사회복지정책론 강의 첫날을 잊지 못했다. 학기가 시작하고 한 달 반이 지나서 학교에 도착했기 때문에 사회복지정책의 개념이라든지, 의미, 목적 등에 대한 강의는 이미 지나가고 없었다. 중간고사 이후의 내용은 정책결정과정과 분석에 관한 것이었다. 신섭중이 처음 들은 강의 내용은 미국의 대표적인 공공부조제도인 AFDC[6]에 관한 내용이었다. 재미있었고 호기심이 갔다. 미국의 AFDC 프로그램은 한국의 생활보호제도[7]와 비슷했다. 하지만 한국의 생활보호제도는 가난한 사람들에게 제대로 된 도움을 제공하지 못하지만 미국의 AFDC 프로그램은 가난한 사람들에게 실질적인 도움을 주는 것 같았다.

신섭중은 첫 수업을 듣고 난 후 도서관으로 향했다. 교재와 교수계획표에 나와 있는 참고문헌을 찾기 위해서였다. 신섭중은 도서관에서 자료를 찾으면서 미국대학도서관의 시스템에 혀를 내둘렀다. 도서관은 개가식이어서 읽고 싶은 논문은 사서의 도움 없이 서고에서 바로 찾아 읽을 수 있었다. 찾으려고 하는 모든 논문과 책이 도서관에 비치되어 있었다. 책은 대출이 가능했지만 논문집은 도서관 밖으로 반출이 불가능해 필요한 논문은 복사를 해서 읽었다. 신섭중은 매일 아침 7시 집에서 나와 커피 한 잔을 사서 도서관으로 향했다. 도서관에서 책과 논문을 읽다가 수업이 있으면 수업을 하러 가고 수업이 없는 날은 저녁 늦게까지 도서관에서 공부했다.

신섭중이 프리그모어 교수의 사회복지정책론 강의를 들으면서 관심을 가진 부분은 정책결정과정이었다. 최종적인 정책결정은 입법가, 행정가, 사법가들에 의해 이루어지지만 그 정책결정은 그들이 원하는 대로 이루지지 않는다는 것을 알았다. 그 이유는 정책결정가들은 정치적인 동물이기 때문이었다. 그리고 정책결정가들은 계속해서 정책결정을 하기를 원하기 때문에 그들이 영향력을 행사하는 데 민감해질 수밖에 없다는 것도 알았다. 미국에서는 사회사업가들이 가장 강력한 영향력을 행사하는 집

---

6 | 미국의 가장 대표적인 공공부조 프로그램이면서 미국 사회복지의 상징이었던 AFDC(Aid to Families with Dependent Children)는 1935년 사회보장법의 일환으로 도입될 당시에는 ADC(Aid to Dapendent Children)였다. 그 후 가족을 강조하는 의미로 family가 들어간 AFDC 프로그램은 1996년 개인책임 및 근로기회조정법이 제정되면서 지원기간을 제한하고, 근로하는 조건으로 지원하며, 주정부가 운영하는 TANF(Temporary Assistance for Needy Families)로 대체되면서 폐지되었다.

7 | 한국의 생활보호제도는 2000년에 국민기초생활보장제도로 대체되었다.

단은 아니지만 때때로 다른 이익집단과 연합하여 어떤 정책에 영향을 미치고 있었다. 사회사업가들이 아동프로그램, 장애인들과 정신질환자들과 관련하여 성공적인 정책변화에 참여하는 것도 목격했다. 사회사업가들이 모든 정책결정에 그들의 주장을 다 관철시키지는 못했지만 그들은 사회복지정책결정에 중요한 공헌을 하고 있음을 본 것은 신섭중에게는 매우 매력적으로 다가왔다.

프리그모어의 사회복지정책론 강의 내용 중에서 정책분석틀도 신섭중의 관심이 갔다. 프리그모어가 개발한 정책분석틀은 다음과 같았다.

1. 정책은 현대 스타일과 양립하는가?
2. 정책은 평등과 정의에 기여하는가?
3. 정책은 사회사업의 가치와 양립하는가?
4. 정책은 사회의 여타 중요한 가치와 양립하는가?
5. 정책은 정치적으로 수용가능한가?
6. 정책은 합법적인가?
7. 정책은 관련이익집단을 만족시키는가?
8. 정책은 과학적으로 건전한가?
9. 정책은 합리적인가?
10. 정책은 경제적으로 실현가능한가?
11. 정책은 시행가능한가?
12. 정책은 효율적인가?
13. 정책은 그 밖의 다른 사회문제를 발생시키는가?

신섭중은 프리그모어가 개발한 정책분석틀이 모든 정책을 분석하는 데 매우 유용할 것이란 생각이 들어 한국으로 돌아가면 한국의 사회복지정책을 이 분석틀을 적용해서 분석해야겠다는 생각이 들었다.

프리그모어 교수는 자신의 주장을 학생들이 동의하도록 강요하기보다는 학생 스스로 자신의 사고를 정립시켜가도록 했다. 프리그모어 교수는 학생 스스로 자신들의 사고를 개발할 수 있다면 자신은 교육자로서 성공한 것으로 생각했다. 신섭중은 이 방법을 교육적으로 건전한 접근방법이라고 생각했다. 신섭중은 프리그모어 교수의 이 교육철학이 좋았다.

미국의 사회사업대학원 석사과정 학생들은 직접적인 서비스를 제공하는 분야를 연구하는 사회사업실천에 관심이 많았고 사회복지정책을 집중적으로 공부하는 학생은 별로 없었다. 하지만 신섭중에게는 사회복지정책은 공부를 하면 할수록 흥미롭게 다가왔다. 신섭중은 프리그모어 교수의 사회복지정책론 강의를 들으면서 사회사업학과 교수로서 자신이 계속 파고들어야 하는 분야가 사회복지정책론임을 알았다. 그러나 그때는 그가 후일 한국사회복지정책의 개척자라는 명칭을 갖게 될 줄은 몰랐다.

War on Poverty

    신섭중이 프리그모어 교수로부터 사회복지정책론을 들으면서 인상적으로 공부한 내용 중의 하나는 1960년대 존슨 행정부에서 야심차게 전개한 빈곤을 뿌리째 뽑아버리겠다는 사회복지정책인 "War on Poverty"였다. 신섭중은 도서관에서 War on poverty에 관한 자료를 찾기 시작했다. 신섭중이 찾은 내용은 이러했다.

    1964년에 이르자 빈곤을 퇴치하기 위한 보다 공격적인 방법들이 강구되기 시작했다. 1964년 12월에는 AFDC 수혜가구는 100만 가구, 수혜자는 400만 명이 되었고 이 중에서 아동은 300만 명이었다. 이러한 AFDC 수혜자의 급증은 빈곤퇴치의 필요성을 배가시켰다. 1950년대에는 보이지 않았던 빈곤문제가 1960년대에는 중요한 사회문제가 등장했다. 빈곤집단은 아동, 노인, 대가족, 여성세대주 가구로 분류되기 시작했으며, 농촌에 거주하는 가구와 유색인종 가구의 빈곤문제가 더욱더 부각되기 시작했다. 더욱더 놀라운 것은 전일제 근로도 빈곤 탈피를 보장하지 못하는 '일하면서도 빈곤한 사람'(working poor)들이 빈곤집단으로 분류되기 시작했다.

    빈곤을 퇴치하려는 노력은 당시 점점 더 강도가 강해가던 인권운동의 지지를 받았다. 마틴 루터 킹 목사의 워싱턴에서의 기념비적인 연설에 예상을 훨씬 초과한 20만 명이 운집했으며 이들은 "일자리와 자유를 달라."고 외치며 행진했다.

이러한 사회적 상황에서 존슨 대통령은 빈곤퇴치를 집권 슬로건으로 내세운 「위대한 사회」(Great Society)를 위한 계획 속에 포함시켰다. 존슨 대통령은 의회에 보내는 교서에서 '우리 조국의 강대함과 국민의 복지를 해치는 내부의 적[8]과의 전쟁', 즉 '빈곤과의 전쟁'을 선언했다. 빈곤과의 전쟁이 포함된 경제기회법(Economic Opportunity Act)은 1964년 8월 20일 통과되었다.

신섭중은 경제기회법을 읽던 중 다음의 내용을 발견했다.

> 개인이 그의 능력을 사회를 위해 기여할 수 있도록 기회가 주어질 때에만 국가가 완전한 경제적·사회적 잠재력을 성취할 수 있다. 따라서 미국의 정책은 모든 사람에게 교육과 훈련받을 기회, 일할 기회, 존엄과 괜찮은 생활을 할 기회를 제공함으로써 빈곤을 제거하는 것이다.

신섭중은 경제기회법 중에서 "정책은 모든 사람에게 교육과 훈련받을 기회, 일할 기회, 존엄과 괜찮은 생활을 할 기회를 제공함으로써 빈곤을 제거하는 것"이란 구절에 깊은 감명을 받았다. 경제기회법의 내용을 보면 빈곤과의 전쟁에 사용된 무기(수단)는 교육과 직업훈련이었다. 먼저 빈곤과의 전쟁을 수행하는 경제기회법에 의해 저소득층 청년들과 소수민족 가구에게 성공을 위해 필요한 교육, 기술, 그리고 경험이 제공되었다. 청년들을 위한 프로그램에는 학교 중퇴자들과 직장이 없는 청년들에게 직업교육 제공 프로그램, 학교 중퇴를 예방하는 직업훈련 프로그램, 청년들이 대학까지 교육을 계속 받도록 하는 근로학습(work study) 프로그램

---

[8] 적대국과의 전쟁이 외부의 적과의 전쟁이라면 빈곤과의 전쟁은 내부의 적과의 전쟁으로 설명된다.

등이 있었다. 빈곤과의 전쟁의 목적은 빈곤계층에게 여분의 기회를 주는 것이었다. 신섭중은 매우 좋은 아이디어란 생각이 들었다.

빈곤과의 전쟁 프로그램에는 이 외에도 소수민족 자녀의 조기교육 프로그램인 헤드 스타트(Head Start)를 비롯하여 VISTA(Volunteers in Service to America), 농촌 주민에 대한 부조, 법률 원조, 보건, 주택, 소비자교육 등에서 지역사회의 자치적 활동을 권장하는 지역사회운동 프로그램(Community Action Program) 등이 있었다. 이런 의미에서 본다면, 빈곤과의 전쟁은 소득을 재분배함으로써 평등을 추구하는 것이 아닌 빈민과 소외된 사람들에게 여분의 기회를 제공하여 기회의 평등을 추구하는 프로그램이었다. 신섭중은 사회복지정책은 소득의 재분배를 기본으로 하지만 소득의 재분배가 해결하지 못하는 부분은 기회의 평등 정책으로 해결할 수 있다는 생각이 들었다.

빈곤과의 전쟁에는 '인적자본개발과 훈련법'(Manpower Development and Training Act)이 포함되어 있었으며, 빈곤과의 전쟁의 세 번째로 중요한 부분으로 알려져 있는 지역사회운동 프로그램은 빈민들의 복지권을 신장시키기 위해 이들의 정치적 힘이 커져야 한다는 전제하에 빈민들이 빈곤정책 결정에 참여하게 하는 것이었다. 지역사회운동 프로그램은 빈민들에게 사회적인 지위의 상향 이동을 가능하게 하는 제도에의 접근가능성을 개선시켰다. 신섭중은 '복지권'이란 용어에 눈길이 갔다. 계속 연구해야 하는 주제라는 생각이 들었다.

빈곤과의 전쟁을 실행하면서 연방정부의 사회복지비 지출이 대폭 늘어났다. 1965년에서 1972년까지의 8년 동안 연방정부의 사회복지비 지출은 750억 달러에서 1,850억 달러로 증가했다. 연방정부 사회복지비 증가율도 1950년에서 1965년까지는 평균 4.6%였으나, 1965년에서 1976년까지는 7.2%로 증가했다. 사회복지비 지출이 국내총생산(GNP)에서 차지하는 비율은 1960년에는 7.7%였으나 1965년에는 10.5%, 1974년에는 16%로 증가했다. 이와 같은 변화는 연방정부의 사회복지에 대한 책임성이 대폭 증가했다는 것을 의미했다.

연방정부의 사회복지 역할이 확대되면서 사회복지계의 목소리도 커졌다. 지역사회정신건강센터의 설립을 가능하게 한 '지역사회정신건강법'(Community Mental Health Act)이 1963년 통과되었으며, 빈민들의 영양을 보충하기 위한 '식품권법'(Food Stamp Act, 미국의 대표적인 바우처 프로그램)이 1964년에 통과되었다.[9]

신섭중은 미국의 War on Poverty 정책을 공부하면서 언젠가는 한국에도 이러한 정책이 펼쳐져야겠다는 생각을 했다.

---

9 | 식품권제도(Food Stamp)는 2008년 영양보조프로그램(SNAP: Supplemental Nutrition Assistance Program)으로 명칭이 변경되었다.

전문직으로서의 사회사업

신섭중이 앨라배마대학교 사회사업대학원에서 수학하는 동안 얻은 소중한 자산 가운데 하나는 '전문직으로서의 사회사업'에 대한 인식이 생겼다는 것이었다. 신섭중은 의도치 않게 전공분야를 정치학 전공에서 사회사업 전공으로 전환하면서 사회사업의 본질에 대해 의구심을 많이 가졌었다. 한국에서 의사, 판사, 변호사는 전문직으로 인정이 되지만 사회사업이 전문직으로 인정되는 것에는 회의적이었다. 그러나 미국의 사회사업의 역사를 공부하면서 알게 된 메리 리치몬드(Mary Richmond)가 자선조직협회에서 추진한 사회사업의 전문직화는 매우 인상적이었다.

메리 리치먼드는 개인을 돕는 방법론에 있어서 명성이 높은 이론가였으며 볼티모어자선조직협회(Baltimore Charity Organization Society)에서 일하면서 대학과 연계된 훈련 프로그램의 개발을 추진했다. 이전에도 리치먼드는 자선사업가들을 교육시킬 공식적인 조직의 필요성을 역설하면서 자선조직협회에서 하는 일들을 비추어 볼 때 사회복지직을 전문직으로 요구할 권리가 있다고 주장했다.

리치먼드의 노력에 힘입어 1898년, 뉴욕자선조직협회에서는 미국 사회사업교육의 시초로 불리는 야심찬 6주간의 자선에 관한 여름학교 프로그램(Summer School of Philanthropy)을 개발했다. 그 후 이 훈련 프로그램은 1년 과정으로 확대되었으며, 1910년에는 뉴욕박애학교(New York School of Philanthropy)로 이름을 개칭하여 2년 프로그램으로 확대되었다.[10] 뉴욕박애학교가 설립된 이후 브린 머 대학(Bryn Mawr College),[11] 오하이오주립대학교(Ohio State University), 인디애나대학교(Indiana University), 미네소타대학교(University of Minnesota)[12]에서도 사회사업 고등교육기관이 설립되었다. 이러한 사회사업 교육기관에서는 케이스워크(Casework)가 커리큘럼의 핵심이었다.

이러한 전문직으로서의 사회사업은 미국 사회복지교육의 초석이 되었다. 미국에서는 사회사업이 전문직으로 인정받음으로써 사회복지직이 사회적으로 인정이 되고 정부의 사회복지정책 결정과정에도 참여하게 되었다.

신섭중이 사회사업은 전문직이라는 인식을 갖게 된 것은 사회사업에서는 자신이 전공하는 사회복지정책뿐만 아니라 사회사업실천을 통한 전문직의 제고도 매우 중요하다는 균형적인 시각을 갖게 해 주었다.

---

[10] 컬럼비아대학교(Columbia University)와 긴밀한 관계를 유지한 뉴욕박애학교는 1917년 뉴욕사회사업대학원(New York School of Social Work)으로 개명하여 1963년까지 이 명칭을 사용했다. 그 후 1963년 뉴욕사회사업대학원은 현재의 컬럼비아대학교 사회사업대학원(Columbia University School of Social Work)이 되었다.

[11] 브린 머 대학교는 사회사업 전공자에게 처음으로 박사학위를 수여한 명문 대학이다.

[12] 미네소타대학교 사회사업대학원에서는 우리나라 사회복지교육자 첫 번째 세대를 교육시키는데 크게 공헌했다. 서울대학교에서 후학 양성에 크게 기여했던 하상락, 우리나라 사회복지실천 분야 발전에 크게 기여했던 김학묵, 백근칠 등 3명이 미네소타대학에서 수학했다.

인보관운동에 대한 인상

신섭중이 미국의 사회복지 역사를 공부하면서 얻은 또 하나의 소득은 인보관운동에 관한 지식이었다. 신섭중은 미국의 인보관운동과 관련된 논문과 책을 읽으면서 많은 감동을 받았다.

미국 인보관의 상징적 인물은 유럽을 여행하면서 빈민의 '선한 이웃'이 되고자 하는 꿈을 안고 귀국한 제인 애덤스(Jane Addams, 1860-1935)였다. 그녀는 뉴욕에서 미국 최초의 여성인보관인 「대학인보관」이 설립된 2주일 뒤인 1889년 9월 18일 친구인 엘렌 스타(Ellen Starr)와 함께 시카고 빈민가인 할스테드 거리(Halsted Street)에 위치한 찰스 헐(Charles J. Hull) 소유의 낡은 저택을 인수하여 '헐 하우스'(Hull House)를 설립했다.

헐 하우스는 미국 인보관의 상징이었다. 헐 하우스를 모델로 하여 젊은이들이 슬럼가의 집을 임대해 수리하여 이웃에 개방했으며, 그들은 진정으로 도움을 필요로 하는 사람들의 이웃이 되려 했다. 헐 하우스를 비롯한 인보관의 목적은 빈민들에게 자선을 제공하는 것도 아니고 자선조직협회에서 행하고 있던 우애방문원을 보내는 것도 아니었다. 인보관에 참여하는 사람들은 빈민들의 이웃이 되고 싶어 했다. 그들은 빈곤과 범죄와 같은 빈민들의 어두운 면만을 본 것이 아니었다. 그들은 빈민들의 지적인 면과 능력, 그리고 매력을 보았다.

미국 사회사업을 선도한 한 축인 자선조직협회가 신교도 중산층 여성들이 주축이 된 우애방문원들이 빈민가를 방문하여 빈민들의 성격을 개조하려 했던 데 반해서 인보관운동가들은 빈민들의 이웃으로 '정착하면서'(settle) 그들을 교육시키고 환경을 개조하려 했다. 그들은 빈곤문제를 환경적으로 정의 내렸으며 사회개량운동을 전개했다. 계층 간의 갈등을 해소하기 위해 애덤스는 이웃을 클라이언트(client)나 케이스(case)로 부르는 것을 거부했으며, 슬럼가에서 멀리 떨어진 집에 살면서 하루 8시간 동안만 서비스를 제공하는 젊은 사회사업가들을 좋아하지 않았다.

인보관운동이 사회입법에 크게 기여한 내용도 신섭중을 사로잡았다. 1909년 제인 애덤스가 전미자선 및 교정 컨퍼런스(NCCC) 회장으로 취임하면서 '직업기준위원회'(Occupational Standards Committee)와 '산업을 위한 산업기준위원회'(Social Standards for Industry Committee)를 만들었으며, 이 위원회에서 일주일에 엿새 일하고, 하루 8시간 일을 하는 직업기준, 주택개선, 16세 이하 아동의 노동금지, 산업재해, 노령연금, 실업보험제도의 도입 등과 같은 정책을 개발했다.

인보관운동에 관한 공부를 하면서 신섭중은 공부를 마치고 한국으로 돌아가면 지역사회복지를 위해 할 일이 많다는 것을 깨달았다. 그리고 신섭중은 1980년대 한국에서 지역사회복지관이 생겨날 때 인보관을 모델로 해야 한다고 주장했다.

왜 미국에는 공공의료보험제도가 없을까?

　신섭중이 앨라배마대학교 사회사업대학원에서 사회복지정책론을 공부하면서 생긴 의문은 미국에 공공의료보험제도가 없다는 것이었다. 1935년 8월 14일 루즈벨트 대통령은 미국 사회복지발전의 초석이 된 사회보장법에 역사적인 서명을 했다. 1935년은 독일이 사회보험제도를 도입한 지 50년, 영국이 사회보험제도를 도입한 지 25년째 되던 해였다. 비록 유럽 국가들보다 시기적으로 늦었지만 미국은 사회보장법의 제정으로 연방정부의 사회복지에 대한 개입이라는 사회복지의 패러다임의 전환을 이루게 되었다. 사회보장법에는 OASDI로 알려진 연금제도, 실업보험, 공공부조제도인 ADC 프로그램이 포함되었지만 사회보장의 가장 핵심적인 부분인 의료보험제도는 제외되었다. 신섭중은 사회보장법에 의료보험제도가 들어가지 못한 이유가 궁금해서 자료를 찾아보았다.

　1934년 6월, 루즈벨트 대통령은 사회보장법을 제정하기 위한 경제보장위원회(Committee on Economic Security)를 구성했다. 경제보장위원회는 재무성장관, 농무성장관, 연방긴급구제청장 등으로 구성되었으며 위원장은 프랜시스 퍼킨스(Frances Perkins) 노동부장관이 맡았다. 경제보장위원회는 대규모 자문위원단과 기술위원회를 두었다. 경제보장위원회는 크리스마스 휴일에도 회의를 하는 등 당시 미국의 산적한 현안들을 신속하게 논의하여 1935년 1월 루즈벨트 대통령에게 사회보장제도 도입을 위한 보고서를 제출했다.

1934년 6월 8일 루즈벨트 대통령이 "헌법에 명시된 바와 같이 연방정부가 '전반적인 복지를 증진하기 위해' 수립되었다면 복지를 제공하는 것은 우리의 의무이다"라는 내용의 역사적인 사회보장교서를 의회에 보냈다. 이것은 미국 역사상 처음으로 대통령이 헌법은 개인의 경제적 안정에 대한 권리를 보장하고 있다는 것을 천명한 것이었다. 루즈벨트는 이 교서에서 사회보험의 기본 원리를 밝혔으며, 실업과 노령에 대비하기 위한 프로그램이 필요하다고 역설했다. 루즈벨트 대통령은 '요람에서 무덤까지'의 생활을 보장하는 사회보험 프로그램이 사회보장의 핵심이 되기를 원했다. 그는 사회보장제도를 기획하는 참모들에게 "한 아기가 태어나서 살아가며 겪어야 할지 모르는 경제위기로부터 보호받을 수 있는 사회보험을 마음에 그리고 있다"고 했다.

그러나 그는 건강보험에 대해서는 언급하지 않았다. 그 결과 의료보험법은 사회보장법에 포함되지 못했다. 개인주의 정신이 강한 미국에서는 건강은 개인의 책임으로 지킨다는 사상이 오랫동안 지배하여 왔다. 이러한 배경 하에서 의료에의 연방정부 개입에 대한 의사단체의 반대와 보수주의자들의 법안 통과에 대한 반대를 우려해 루즈벨트 대통령은 경제보장위원회의 사회보장법 초안에는 들어 있었던 건강보험을 사회보장법에서 제외했다.

신섭중은 미국에서 의료보험제도가 사회보장에서 제외되는 과정을 설명한 자료를 더 찾다가 미국 사회보험의 아버지로 불리는 아이작 루비노(Issac Rubinow, 1875-1936)에 눈길이 갔다.

루비노는 미국에서 의료보험제도가 도입되지 않는 현실을 매우 안타까워했다. 루비노는 질병으로 인한 경제적 손실, 노동자들이 질병치료에 필요한 의료비를 지불할 수 없는 현실, 유럽에 비해 뒤떨어진 미국의 사회행동 등과 관련지어 강제적 건강보험의 필요성을 역설하면서, 질병으로 인한 미국 기업의 손실은 매년 800만 달러에 달한다고 미국인들에게 호소했다. 그는 질병문제는 자원봉사활동과 민간보험으로는 해결하지 못하며, 질병 문제는 개인의 이익이나 복지 문제가 아니라 국가 전체의 집단적 이익과 공공복지의 문제라고 주장했다. 그는 건강보험 운영에는 비용이 많이 들긴 하겠지만 건강보험은 국민의 건강과 행복, 효율성을 높여주는 투자라고 주장하였으나 미국인들의 마음을 변화시키지는 못했다.

신섭중에게 루비노는 의사였지만 의사직을 포기하면서 연방정부의 의료보험 도입을 주장하다가 그 결실을 맺지 못하고 1936년 9월 1일 세상을 떠났다는 사실이 매우 실감 있게 다가왔다.

착한 사회사업대학원 학생들

　미국의 사회사업대학원 석사과정 학생들은 착했다. 착해도 너무 착했다. 대학에서는 다른 학생들보다 좋은 학점을 받고 싶은 학생들이 있기 마련이고 그들은 서로 경쟁적이 될 수밖에 없다. 경영학이나 경제학을 공부하는 학생들은 매우 경쟁적이다. 하지만 사회사업을 전공하는 학생들에게선 다른 학우들과 경쟁하는 모습은 찾아보기 힘들었다. 노트를 서로 빌려보며 공부했고, 도서관에서도 서로 토의하며 공부했다. "나는 A학점을 받을 테니 너는 C학점을 받으면 좋겠다."라고 생각하는 사회사업대학원 학생들은 아무도 없었다. 그들은 "우리 서로 도와 모두 A학점을 받으면 좋겠다."라는 사고를 지닌 학생들이었다.
　학기가 개학하고 한 달 반 후에 미국으로 온 신섭중에 대해 미국 학생들은 처음에는 "어, 저 사람은 누구지?"라며 의문의 눈초리를 보냈지만 신섭중의 사회사업 학문에 대한 열정과 친구들과의 친화력에 점점 매몰되기 시작했다. 신섭중은 수업 중에는 집중하면서 사회사업이 무엇인지를 알려고 노력했다. 그러한 노력에 대해 미국 학생들은 존경심을 표하기 시작했다.
　하지만 신섭중은 남이 알지 못하는 고민이 있었다. 그것은 완벽하게 영어를 알아듣지 못한다는 것이었다. 한국에 있을 때 신섭중은 원래 언어에 재능이 있었고 대학 졸업 후 동래여고에서 영어 교사를 해서인지 영어에 자신이 있었다. 미국에 와서도 미국인과의 일상적인 대화는 아무런 어려움이 없었다. 그러나 전공 수업은 완전히 알아듣지 못했다.

어느 날 미국 친구가 신섭중에게 커피 한 잔 같이 하자며 접근을 해 왔다. 신섭중과 미국 친구와의 대화가 시작되었다.

American Student:

Mr. Shin, you seem to have something on your mind lately. If it's a problem I can help with, I'd be happy to.

Shin Seop Joong:

(After a brief moment of thought) Actually, I do have a concern. I thought I was good at English, but I'm realizing that's not the case. I can't fully understand all the lecture. I understand about 70%, but the remaining 30% is beyond me. I also can't take perfect notes. I've never told anyone about this problem before.

American Student:

It's completely normal for a foreign student not to understand 100% of a class. But understanding 70% is already impressive! I have a suggestion—how about we talk about the lessons together after class?

Shin Seop Joong:

That would be great.

그날 이후부터 신섭중과 미국인 학생은 수업 후가 되면 도서관에서 그날 수업 복습을 같이 했다. 그러면서 신섭중은 수업 내용을 100% 이해하게 되었다. 신섭중은 복습 후 저녁을 사겠다고 했지만 미국인 학생은 저녁 값을 각자 부담하면 가겠다고 했다. 신섭중은 한국 문화에서는 도움을 준 사람에게 은혜를 갚는 것이 당연하다고 했지만 미국 학생은 미국 문화에서는 각자가 각자의 음식에 대해 부담을 한다고 하면서 여기는 미국이니 미국 문화에 따라야 한다고 했다. 하지만 신섭중은 물러서지 않았다. 수업 후 복습을 하고 난 후의 식사비는 매번 신섭중이 냈다.

학과의 중심인물이 된 신섭중

　신섭중이 앨라배마대학교 사회사업대학원의 중심인물이 되는 데는 한 학기가 채 걸리지 않았다. 미국 학생들은 신섭중이 중간고사 칠 무렵에 학교에 와서 수업도 듣지 않고 중간고사를 쳤지만 우수한 성적을 받은 것을 알고는 매우 놀랐다. 신섭중은 자신이 한국에서 부산대학교 사회사업학과 교수였다는 사실을 학생들에게 얘기하지 않았다. 그래서 미국 학생들은 신섭중을 늦은 나이에 한국에서 유학 온 학생으로만 알았다. 그런데 우연히 신섭중이 한국에서 정치학 석사과정을 마치고 정치학과에서 강의하다 총장이 사회사업학과 교수로 발령을 내면서 전공을 사회사업으로 바꾸게 되어 사회사업을 체계적으로 공부하기 위해 앨라배마대학교 사회사업대학원으로 유학을 왔다는 것을 알고는 모두 신섭중을 새로 보기 시작했다.
　미국 학생들이 신섭중을 높이 평가하기 시작한 것은 그가 한국에서 교수 신분임에도 최선을 다해 공부하는 모습을 보면서였다. 학과의 유일한 동양계 학생이었던 신섭중은 누구보다도 더 열심히 공부했다. 사회사업대학원 수업은 대부분의 학생들이 사회사업실천 현장에서 사회사업가로 일을 하고 있었기 때문에 3시간 연강 수업이 많았고 토론으로 진행되는 수업이 많았다. 교수가 강의 주제를 제시하고 나면 토론이 시작되었다.

영어가 모국어가 아니어서 아무래도 미국 학생들보다 영어 구사 능력이 떨어지긴 하지만 신섭중은 질문을 많이 하면서 토론을 주도했다. 그러면서 신섭중은 서서히 학과의 중심인물이 되었다.

신섭중이 학과의 중심인물이 되는 데는 그의 친화력도 한 몫을 했다. 신섭중은 중간고사를 마친 후와 기말고사를 마친 후엔 미국 학생들을 집으로 초청해서 파티를 열었다. 첫 번째 파티는 신섭중이 경비를 모두 부담했지만 두 번째 파티부터는 학생들이 자기가 마실 맥주와 음식은 가져오기 시작했다.

신섭중은 첫 번째 학기 기말고사를 마치자 학생들을 집으로 초대했다. 파티가 무르익어갈수록 미국문화와 한국문화는 하나가 되기 시작했다. 분위기가 무르익자 미국 학생들이 신섭중에게 한국 노래를 불러줄 것을 요청했다. 잠시 생각하더니 신섭중은 노래를 부르기 시작했다. 이은상 시에 김동진이 곡을 붙인 가곡 '가고파'였다.

> 내 고향 남쪽 바다 그 파란 물이 눈에 보이네
> 꿈엔들 잊으리요 그 잔잔한 고향 바다
> 지금도 그 물새들 날으리 가고파라 가고파
> 어릴 제 같이 놀던 그 동무들 그리워라
> 어디 간들 잊으리요 그 뛰놀던 고향 동무
> 오늘은 다 무얼 하는고 보고파라 보고파

노래를 부르는 신섭중의 눈가에 눈물이 비치기 시작했다. 갑자기 파티장이 숙연해졌다. 신섭중은 '가고파'를 다 부른 후 잠시 쉬었다가 내가 부른 가곡 '가고파'는 고향을 그리워하는 감정을 담고 있어 타향에서 생활하는 많은 사람들에게 사랑을 받고 있다고 설명했다. 미국 학생들은 그제야 신섭중의 눈가에 눈물이 비치는 이유를 알았다.

파티장에서 신섭중의 모습을 본 미국 학생들은 타향에서 고향을 그리워하며 공부하는 신섭중을 더 존경하기 시작했다. 한국에 사랑하는 아내와 어린 세 딸이 있다는 것을 알고 난 후에는 더 신섭중을 존경했다.

이런 과정을 거치면서 신섭중은 사회사업대학원의 중심인물이 되었다.

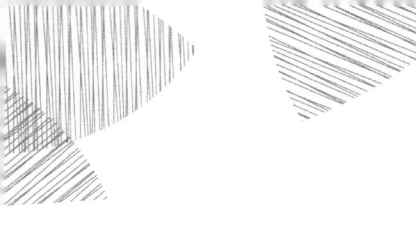

사고의 전환

　신섭중은 원래 보수적인 사고의 소유자였다. 정치학을 공부할 때에도 정치 이념은 보수적이었다. 신섭중은 인간은 자유의지를 소유하고 있기 때문에 성공하는 데 도움이 될 수 있는 근면을 선택하거나 혹은 실패를 가져올 수 있는 낭비를 선택할 수 있다고 믿었다. 그래서 사람이 진정으로 가난을 원하지 않는다면 그들은 가난하지 않을 수 있다고 보았다. 뿐만 아니라 빈곤, 범죄, 마약오용, 아동학대와 같은 문제들이 인간의 부정적인 본성 때문에 생겨난다고 보며, 이러한 문제를 다루는 사회복지프로그램은 인간을 통제하는 수단으로 사용되어야 한다고 믿었다. 이런 보수적인 사고가 정립된 데에는 외할머니가 4개의 사찰을 소유할 정도로 부유한 환경에서 성장한 것도 일조했다.

　그런데, 신섭중의 보수적인 사고는 앨라배마대학교 사회사업대학원에서 사회복지정책을 공부하면서 조금씩 허물어지기 시작했다. 인간은 선하게 태어났고, 성장할 수 있는 무한한 가능성이 있다는 것을 생각하면서 인간은 그들을 오염시키는 것으로부터 보호받아야 할 필요가 있다고 믿게 되었다.

　신섭중의 보수적 사고로부터의 탈피는 정부와 경제체계에 대한 관점에서 두드러졌다. 원래 신섭중은 최소한의 정치가 최고의 정치라고 믿으면서 정부는 개인생활에 가능한 적게 개입해야 한다고 믿으면서, 개인의 자유를 최대한 보장하고 자유시장의 기능을 순조롭게 해야 한다고 보았다. 그런데, 신섭중은 사회복지정책론을 공부하면서 사회와 경제체제는 정부의 개입에 의해서만 치유될 수 있는 결점을 갖고 있기 때문에 경제에 대한 정부의 개입은 정당하며 바람직하다는 사고가 싹트기 시작했다. 특히 1930년대 대공황 시기에 미국이 경제에 깊이 개입하면서 대공황을 극복하는 것을 보고 경제에 대한 정부의 개입이 필요하다는 것을 깨달았다.

신섭중의 사고 전환 중에서 가장 의미 있는 것은 정부에 의한 소득재분배였다. 신섭중이 정부가 부자집단으로부터 세금을 많이 받아 가난한 집단에게 사회보장이나 사회복지서비스, 공공복지와 같은 형식으로 자원을 분배해야 한다는 사고가 생긴 것은 대단한 변화였다.

💕 부성래 교수와의 만남

　신섭중은 앨라배마대학교 사회사업대학원 석사과정 4학기 때였던 1973년 5월 전미사회사업가협회(NASW)가 주최한 학술대회에 참석해서 "한국문화에 기반 한 사회복지정책"이란 제목의 논문을 발표했다. 신섭중은 미국에서 공부하는 동안 줄곧 한국형 사회복지에 대해서 생각했다. 미국의 사회복지는 미국의 개인주의 문화를 바탕으로 하고 있다는 것을 알게 되면서 한국의 사회복지는 미국의 사회복지를 그대로 도입하기보다는 한국의 문화를 바탕으로 변형시켜야 한다는 것을 느꼈다. 그날의 발표도 이러한 생각을 정리한 것이었다. 발표가 끝나자 동양에서 온 유학생의 발표가 신선해서인지 신섭중과 발표장을 가득 메운 미국인 교수와 학생들 간의 열띤 토론이 이어졌다.

　신섭중의 발표와 이어진 토론이 다 마무리되었을 때 청중 속에서 발표와 토론을 말없이 지켜보던 훤칠한 키에 드물게 잘생긴 동양인이 찾아와 미소를 지으며 한국말로 말했다.
　"신섭중 씨, 오늘 발표 잘 들었습니다."
　"감사합니다. 그런데 누구신지요?"
　"저는 Catholic University School of Social Work 교수로 있는 부

성래입니다."

신섭중과 부성래(1932-2020)는 그날 학술대회에서 처음 만났다. 1932년생인 부성래가 1934년생인 신섭중보다 두 살 많았다. 그 날 이후 신섭중과 부성래는 의기투합하여 남은 여생 동안 때로는 학문적 동반자로 때로는 친구로 교류하며 지냈다.

부산 영도에서 태어난 부성래는 가슴이 따뜻한 사람이었다. 그는 한국전쟁 중 전쟁고아의 비참한 상황에 충격을 받고 평생을 고아와 가난한 사람과 더불어 사는 사회사업가로 살기로 결심했다. 부성래는 해병대를 제대하고 고향인 부산 영도에서 전쟁고아들을 돌보고 있었는데 우연히 임시 수도인 부산에 내려와 있던 중앙신학교[13]에서 사회사업학과 입학생을 모집한다는 소식을 접했다.

"사회사업학과라…"

"이 학과에 들어가서 공부하면 내가 하고 싶은 사회사업을 체계적으로 공부할 수 있겠구나."

1953년 부성래는 중앙신학교 사회사업학과에 입학했다. 중앙신학교 1회 입학생이었다. 그는 중앙신학교에서 사회사업을 공부하면서 가난한 사람, 장애자, 불우한 환경 속에 있는 아동, 혼자 사는 가난한 노인들의 삶을 어떻게 하면 개선할 수 있을까를 생각했다.

부성래는 1957년 중앙신학교 졸업 후 한국의 척박한 사회사업의 환경에서는 제대로 된 사회사업을 하기 어렵다고 판단하고 선진국의 사회사업을 공부해야겠다는 생각으로 미국 유학을 결심했다. 그가 미국으로 유학을 떠난 1963년의 한국은 1인당 국민소득이 83달러밖에 되지 않던 모두가 가난하던 절대빈곤의 시기였기 때문에 미국 유학은 하늘에서 별을 따는 것만큼이나 힘든 일이었다. 그러한 시기에 미국 유학을 택한 부성래는 시대를 앞서가는 사람이었다. 당시 미국으로 유학을 가기 위해 학생

---

[13] 중앙신학교는 현재의 강남대학교 전신이다.

비자(F1)를 받으려면 재정증명이 필요했다. 돈이 있으면 가난한 사람들을 위해 다 써 버리는 부성래는 빈털터리였다. 부성래는 사회사업에 뜻이 있는 어느 독지가의 재정증명으로 미국 유학 비자를 받았다.

부성래는 미국에서 공부하는 동안 낮에는 학교에서 공부하고 밤에는 야채가게나 생선가게에서 아르바이트를 하며 공부했다. 그는 공부와 아르바이트를 병행하면서도 미국 사회가 지닌 문제들을 자세히 들여다보면서 1965년 플로리다주립대학교 사회사업대학원에서 사회사업학 석사학위(MSW)를, 1971년에 철학 박사학위(Ph.D.)를 취득했다.

부성래는 몸은 미국에 있지만 마음은 항상 한국에 있었다. 공부를 다 마치면 한국으로 돌아갈 것이라고 생각했다. 그러나 부성래는 박사학위를 취득한 후 한국으로 돌아가지 못했다. 이유는 불의를 보면 참지 못하는 성격이어서 박정희 정부가 독재 정권으로 치닫는 것을 보고 가만히 있을 수 없어 미국에서 반정부 운동에 가담했기 때문이었다. 한국 정부가 볼 때 부성래는 요주의 인물이었다. 한국으로 돌아갈 수 없었던 부성래는 워싱턴에 있는 가톨릭대학교 사회사업대학원으로부터 교수 초빙을 받아 조교수로 임용되었다. 그리고 얼마 후 학술대회에서 신섭중을 만났다.

부성래는 신섭중을 만난 얼마 후 가톨릭대학교 사회사업대학원 조교수에서 웨스트버지니아대학교(West Virginia University) 사회사업대학원 조교수로 학교를 옮겼다. 애팔래치아산맥의 중턱에 위치한 광산촌이자 농촌마을인 웨스트버지니아주는 컨트리송(country song) 가수 존 덴버(John Denver)가 그의 노래 'Take Me Home, Country Roads'에서 '거의 천국 같이 아름다운 웨스트버지니아'(almost heaven West Virginia)라고 노래했듯이 미국에서 가장 아름다운 주이지만 미시시피주 다음으로 가난한 주였기 때문에 가난한 사람들이 많았다. 중앙신학교 사회사업학과를 다닐 때부터 가난한 사람들의 친구가 되기로 결심한 부성래가 연구하고 활동하기엔 웨스트버지니아대학교가 최적의 장소였다. 그는 웨스트버지니아대학교 사회사업대학원 조교수로 재직하면서 우수한 논문들을 발표하면서 열정적으로 강의를 하고, 지역사회의 가난한 사람들을 위한 프로그램을 개발했다. 그래서인지 부성래는 웨스트버지니아대학교에서 인정을 받아 테뉴(tenure)를 받고 종신교수가 되면서 사회사업대학원 부학장으로 임명되었다.

신섭중은 미국 유학 후 귀국하여 부산대학교 사회복지학과에서 후진을 양성하면서 한국의 사회복지발전을 위해 매진하던 1983년, 부성래가 한국을 방문한다는 소식을 접했다. 1963년 미국으로 떠난 부성래의 20년만의 한국방문이었다. 신섭중은 부성래를 부산대학교 대학원 사회복지학과 세미나 자리에 초청강사로 초청했다. 신섭중과 부성래는 1973년 전미사회사업가협회(NASW)가 주최한 학술대회 때 만난 후 처음으로 만났다.

1985년 5월 신섭중 교수의 West Virginia University 제자들 격려 방문
(왼쪽부터 John Peters 교수, 황성동, 박병현, Robert Porter 교수, 신섭중 교수, 부성래 교수)

그날 부성래의 강의내용은 사회사업 가치에 관한 것이었다. 강의를 마친 후 신섭중은 평소 미국 유학을 꿈꾸던, 1977년 3월에 부산대학교 사회복지학과에 입학한 제자인 박병현과 황성동을 부성래에게 소개했다.

다음해인 1984년 5월 박병현과 황성동은 부성래가 부학장으로 재직하던 웨스트버지니아대학교 사회사업대학원 석사과정에 입학하여 공부를 시작했다. 신섭중은 1985년 5월 제자들을 격려하기 위해 웨스트버지니아대학교를 방문하기도 했다.

부성래의 지도 아래 박병현은 웨스트버지니아대학교에서 사회복지학 석사학위를 취득한 후 펜실베이니아대학교(University of Pennsylvania) 사회복지대학원에서 사회복지학 박사학위를 취득하고 모교인 부산대학교 사회복지학과 교수가 되었고, 황성동은 웨스트버지아대학교에서 사회복지학 석사학위 취득 후 버클리대학교(University of California, Berkeley)에서 사회복지학 박사학위를 취득하고 건국대학교 사회복지학과를 거쳐 경북대학교 사회복지학과 교수로 재직하고 있다.

부성래는 1990년대 중반 미국 대학의 일본 분교 총장을 거쳐 일본여자대학교 사회복지학과 교수로 재직하면서 틈틈이 고향 영도를 찾았다. 2010년 이후부터는 일본과 영도를 매년 여러 차례 왕래하면서 영도에 올 때면 지역아동센터에서 일본여자대학교 사회복지학과 교수인 일본인 아내와 함께 아동들의 학업지도를 했다.

가슴이 따뜻한 사람 부성래는 2020년 소천했다.

한국 최초의 사회복지정책 전공자

　사회복지를 수학하기 위해 외국 유학을 신섭중보다 먼저 가신 분들이 있다. 미국 해외개발본부(United States Foreign Operations Administration)는 한국전쟁 후 한국을 둘러보고 돌아간 사회사업 전문가의 연구보고서를 통해 서울대학교에 사회사업학과를 설치하고, 이를 위하여 교수 요원을 선발하여 미네소타대학교(University of Minnesota)에서 수학하도록 했다. '미네소타 프로젝트'로 불린 이 제도로 1955년 하상락, 김학묵, 백근칠 세 분이 미네소타대학교 사회사업대학원에서 수학했다. 이들 세 분 외에도 더 계실 것이다. 그들은 대부분 미국식 사회사업실천을 주로 연구했다. 미국으로 유학을 가서 사회사업을 수학하신 분들은 귀국해서 미국식 미시적 사회사업을 한국의 사회사업계에 전파하고 확산시켰다. 따라서 한국의 1960년대와 70년대 사회사업교육은 미국식 사회사업실천 중심이었다. 이러한 경향에서 벗어난 첫 번째 사람이 신섭중 교수였다.
　신섭중은 1971년 앨라배마대학교 사회사업대학원으로 유학 가서 사회복지정책을 전공했다. 신섭중이 미국에서 사회복지정책을 전공하게 된 데는 그의 한국에서의 학부와 대학원 석사과정 전공이 정치학이었다는 것이 영향을 많이 미쳤다. 사회사업이라는 학문은 응용 학문이어서 사회사업실천 전공인 경우에는 의학과 심리학과 교류를 많이 하며, 사회사업정책 전공인 경우에는 정치학, 사회학 분야와 교류를 많이 한다. 이런 점에서 신섭중이 사회복지정책을 전공하는 것은 매우 자연스러웠다고 할 수 있다.

1970년대 초반의 한국은 사회복지정책이란 분야가 없었다고 할 수 있다. 당시 한국엔 4대 사회보험제도 중 연금제도는 1960년에 도입된 공무원을 대상으로 하는 공무원연금제도와 1963년에 도입된 군인들을 대상으로 하는 군인연금제도만 있었을 뿐 전체 국민을 대상으로 하는 연금제도는 논의조차 되지 않고 있었다. 더군다나 공무원연금제도와 군인연금제도는 공무원과 군인들의 노후소득보장이라는 사회복지적 목적보다는 불법적으로 집권한 체제의 유지를 위한 목적이 더 앞선 면이 있었다. 산업재해보상보험제도는 1963년 도입되었지만 제 역할을 하지 못하고 있었다. 의료보험제도와 고용보험제도도 도입되지 않고 있었고 공공부조제도인 생활보호제도는 구색만 갖추어져 있을 뿐이었다. 사실 1970년대 초반의 한국엔 사회복지정책의 핵심 분야인 소득보장과 의료보장 분야는 전무했다고 할 수 있다. 이런 시기에 신섭중이 사회복지정책을 전공한 것은 선도적이었다고 할 수 있다.

하지만 신섭중의 사회복지정책 전공은 매우 시의적절했다. 한국은 1962년부터 경제개발5개년계획을 성공적으로 수행했으며, 1977년부터는 사회복지 분야가 포함된 경제사회개발5개년계획이 시행되기 시작했다. 이때부터 한국에서 사회복지정책이 본격적으로 발전했다고 할 수 있다. 신섭중은 귀국 후 한국의 사회복지정책 입안에 깊이 개입했다.

한국으로 돌아가야 하나? 브랜다이스대학교 박사과정에 입학해야 하나?

　신섭중은 앨라배마대학교 사회사업대학원 석사과정을 이수하면서 사회사업이라는 학문, 특히 그 중에서도 '사회복지정책'이라는 학문에 매력을 느껴 사회사업학 석사학위(MSW) 취득 후 한국으로 돌아갈지 아니면 미국에서 사회복지정책 전공 박사과정을 이수할지 고민을 하기 시작했다. 신섭중은 프리그모어 교수에게 만일 사회복지정책 전공으로 박사과정을 이수한다면 어느 대학에서 하면 좋을지를 자문을 구했다. 프리그모어 교수는 주저하지 않고 브랜다이스대학교 사회정책대학원(Brandeis University Heller School for Social Policy and Management)을 추천하면서 이 대학원은 사회정책 분야에선 미국 최고의 대학이라고 했다.

　브랜다이스대학교는 1948년에 유태인들이 설립한 학부와 대학원을 모두 합쳐 학생 수가 5,000명이 되지 않는 소규모 사립 대학으로 보스턴에서 서쪽으로 약 14km 떨어져 있는 도시인 왈템 시에 있는 신흥 명문 대학교였다. 브랜다이스대학교는 짧은 역사에도 불구하고 상위권 수준의 종합 대학으로 급성장을 했다. 브랜다이스대학교는 유태인들이 운영하는 교육기관 중 모든 인종에게 개방된 유일한 대학이었으며, 설립 초창기부터 유명 교수들을 초빙해 학교의 학문적 질을 높여온 대학이었다.

미국 대부분 대학의 사회사업 전공 단과대학은 School of Social Work으로 되어있지만 브랜다이스대학교는 Heller School for Social Policy and Management로 되어 있었다. 이것은 브랜다이스대학교의 사회정책대학원은 사회사업이라는 미시적인 학문보다는 사회정책이라는 거시적인 학문을 연구하는 곳임을 의미했다. 달리 표현하면 사회정책 연구로 특화된 대학교였다. 신섭중에겐 매력적이었다. 신섭중은 석사과정 세 번째 학기를 거의 마쳐가던 1973년 12월, 브랜다이스대학교 사회사업대학원 사회정책 전공 박사과정에 지원했다. 1974년 1월에 장학금을 지급하겠다는 편지와 함께 입학허가서(admission)가 왔다.

그때부터 신섭중은 고민이 시작되었다. 브랜다이스대학교에서 박사과정을 하게 되면 최소 3년, 길면 5년 동안 미국에 더 거주해야 했다. 남편이 앨라배마대학교에서 석사과정을 마치고 한국으로 돌아올 것으로 생각하는 아내에게 브랜다이스대학교 사회정책 전공 박사과정 입학이 허가되었다는 것을 알려야 하는가에 대한 고민이 시작되었다. 하지만 아내에게 박사과정 이수 건은 얘기하지 않기로 했다.

그러나 마냥 숨길 수는 없었다. 신섭중은 2년 가까이 미국에서 공부하면서 사랑하는 아내와 세 딸이 너무 그리웠다. 특히 아내에게 딸 셋을 맡긴 것이 너무 미안했다. 부산대학교 사회사업학과 학생들도 눈에 아른거렸다. 사회사업학과에 입학했지만 이끌어 주는 교수가 없어 학생들이 방황하고 있다는 소식을 전해 듣곤 했다. 부산대학교 총장도 내심 신섭중이 미국에서 석사학위 취득 후 한국으로 돌아오기를 바라고 있는 것 같았다. 그는 1973년 3월 아내에게 전화를 했다.

"여보, 사실 나 당신한테 숨기고 있는 것이 있어."
"나에게 숨기고 있는 것이 무엇이에요?"
"작년 12월에 사회정책으로 유명한 학교인 브랜다이스대학교 박사과정에 지원해서 지난 1월에 입학허가를 받았어."
"그래요?"

"나 미국에서 더 공부할까? 아니면 한국으로 돌아갈까?"
"당신 앨라배마대학교 갈 때 나한테 물어보고 갔어요? 아니잖아요. 브랜다이스대학교에서 박사과정을 할 것인가 안 할 것인가를 제게 물어보지 마세요. 여기는 걱정하지 말고 하고 싶은 대로 하세요."

아내는 이렇게 말했지만 남편이 사회정책 전공 박사학위를 취득하고 한국으로 돌아오기를 진정으로 원했다. 후일 아내는 남편에게 브랜다이스대학교에서 박사과정을 이수할 것을 더 강하게 얘기하지 않은 것을 후회했다. 하지만 신섭중은 박사학위도 중요하지만 가족과 학과가 더 중요했다. 결국 박사과정을 포기하고 한국으로 돌아가기로 했다. 부산대학교 총장에게 전화를 했다. 총장은 신기석 총장에서 신섭중의 서울대학교 정치학과 선배인 윤천주 총장[14]으로 바뀌어 있었다.
"총장님, 학교로 돌아가야겠습니다."
"잘 결정했어. 가족도 많이 기다릴 거고 학과 안정도 중요해. 9월에 학기가 시작되니 가족들 초청해서 여행도 좀 한 후에 돌아와."

신섭중은 총장에게 전화 한 후 브랜다이스대학교 사회정책대학원 학장에게 한국으로 돌아가야 하기 때문에 박사과정을 이수할 수 없게 되었다고 전화했다. 신섭중이 박사과정에 들어와서 공부하기를 원한 학장은 매우 아쉬워하며 신섭중이 한국에서 훌륭한 교수가 되길 바란다고 했다.

1973년 5월, 신섭중은 한국으로 돌아가기 전 앨라배마대학교 사회사업대학원 학장에게 작별인사를 하러 갔다. 학장은 신섭중에게 앨라배마대학교에서의 공부는 어떠했는지, 공부를 시작하기 전과 후에 어떤 변화가 있었는지, 미국이 당면하고 있는 문제는 어떤 것인지에 관한 질문을 했다.

---

[14] 윤천주 총장은 1973년 5월 10일에서 1975년 5월 26일까지 부산대학교 제8대 총장으로 재임하다 다음날인 1975년 5월 27일 서울대학교 총장으로 임용되면서 1979년 5월 16일까지 서울대학교 제13대 총장으로 재임했다.

Dean:

Mr. Shin, you've worked hard studying for the past two years.

Shin Seop Joong:

Thanks to your consideration, I have been able to study well, and I am now returning to Korea.

Dean:

Among the subjects you studied at our university, which one stands out the most in your memory?

Shin Seop Joong:

Many things remain in my memory, but the most unforgettable one is Social Welfare Policy, which I learned from Professor Prigmore. In Korea, social work education is primarily focused on the American-style social work practice, and social welfare policy is not taught much. When I return to Korea, my top priority will be to develop policies for marginalized individuals, the poor, the elderly, and children who lack proper care in the future Korean society.

Dean:

That is a great idea. One more question. Has Mr. Shin's perspective changed while studying at our university?

Shin Seop Joong:

Yes, it has. I used to believe that the best government is a minimal one, but after studying social welfare policy, I have come to understand that society and the economic system have flaws that can only be addressed through government intervention. This realization has led me to see government involvement in the economy as both justified and desirable. In particular, I have come to recognize the necessity of income redistribution by the government. I now believe that the government should collect more taxes from wealthy groups and redistribute resources to poorer groups in the form of social security, welfare services, and public welfare. This shift in my thinking marks a significant change for me.

Dean:

Yes, it is truly a meaningful change in perspective! The process of gaining new insights through academic studies is a highly valuable experience. Broadening one's view of society and the economy can be seen as a positive transformation. Now, shall we change the topic? Mr. Shin, after studying in the U.S. for two years, what do you think is the biggest problem in America today?

Shin Seop Joong:

That is a good question. I believe the biggest issue is racial problems. In the past, race has been a problem in the U.S., it remains a problem today, and it will continue to be a challenge that American society must confront in the future.

Dean:

Yes, I agree. Racial issues seem to be one of the biggest problems in American society.

Shin Seop Joong:

If the U.S. does not resolve racial issues in a desirable way, the country will continue to struggle with this challenge.

Dean:
Thank you for your insightful thoughts. I hope you become a great professor when you return to Korea. Mr. Shin, you were already good at English when you came to our university, but after studying for two years, it seems like your English has become flawless.

Shin Seop Joong:
Thank you. I will dedicate myself to improving Korea's social welfare based on what I have learned at the University of Alabam

신섭중은 학장에게 마지막 인사를 하고 사회사업대학원 정문을 나섰다. 1973년 5월 20일이었다.

많은 생각들이 지나갔다. 지난 2년이 순식간에 지나간 것 같았다. 중학교 때 신부가 되고 싶었던 꿈이 생각났고, 고등학교 때 외교관이 되고 싶었던 꿈도 생각났다. 대학 졸업 후 정치학과 교수가 되고 싶었던 꿈이 있었지만, 1971년 4월 매화와 튤립이 어우러진 부산대학교 본관 앞을 지나가다 우연히 만난 총장의 강권으로 사회사업을 공부하게 된 상황도 생각났다. 하지만 이제 사랑하는 아내와 눈에 넣어도 아프지 않을 세 딸을 만나러 간다. 미국에서 2년 동안 공부했던 사회복지정책을 펼칠 세상으로 돌아간다.

신섭중은 다짐했다.
이제부터는 사회사업만을 위해 살기로 했다.
사회사업에 '올인'(All In)하기로 했다.

맑은 하늘이 눈에 들어왔다.
어디선가에서 이름 모를 꽃의 향기가 날아왔다.
감미로운 향기였다.

제4부

한국의 **사회복지 발전**을 위한 여생

부산대학교 사회사업학과 교수로 복귀하다

1973년 9월 신섭중은 미국 유학에서 돌아와 부산대학교 사회사업학과 교수로 복귀했다. 학교에 돌아오니 학과가 너무 어수선했다. 부산대학교 사회사업학과는 1970년 총장의 의지에 의해 어려운 과정을 통해 창설되었지만 초창기엔 대학 구성원들의 사회사업에 대한 인식 수준이 낮았고, 사회사업학과 학생들의 학업 욕구를 해소해 줄 교수도 없었다. 이런 상황에서 학생들은 방황했다. 이와 같은 상황에서 신섭중 교수가 제일 먼저 한 일은 혼란스런 부산대학교 사회사업학과를 안정시키는 것이었다. 그 과정을 설명하기 전에 부산대학교 사회사업학과 창설 과정을 먼저 소개한다.[15]

부산대학교에 사회사업학과 설치를 처음 권고한 사람은 미국 앨라배마대학교 사회사업대학원의 찰스 프리그모어(Charles Prigmore) 교수였다. 1969년 10월 30일 앨라배마대학교와 부산대학교의 학술교류를 확대하기 위해 앨라배마대학교의 대표로 프리그모어 교수가 부산대학교를

---

[15] 부산대학교 사회사업학과 창설 과정에 관한 내용은 부산대학교 사회복지학과 50년사 편찬위원회, 「부산대학교 사회복지학과 50년사(1970-2020)」, (경기: 양서원, 2022)의 내용을 참조했다.

방문했다. 프리그모어 교수는 당시 신기석 총장을 예방한 자리에서 한국의 경제성장 과정에서 발생하는 사회변화에 대응하기 위해서는 사회복지 인력이 필요한데 국립 부산대학교에 사회복지 인력을 양성하기 위한 사회사업학과 설치를 권고했다. 프리그모어 교수는 부산대학교에 사회사업학과가 설치되면 앨라배마대학교 사회사업대학원과 부산대학교 사회사업학과 간 자매교류를 추진하겠다고 했다.

프리그모어 교수는 부산대 전체 교수들을 대상으로 한 강연에서도 산업화 과정에서 필연적으로 발생하는 사회부적응자를 위한 사회사업실천적 접근과 확대되는 빈부격차를 해소하기 위한 사회정책적 접근에 관한 대학 차원에서의 사회사업교육 필요성을 언급했다.

부산대학교에 사회사업학과가 설치되는 데 기여한 또 다른 인물은 외원기관인 캐나다구호재단 김운초 한국지부장이었다. 김운초 지부장은 6.25 전쟁 후 사회사업기관과 외원단체들이 부산에 밀집하여 활동하던 때부터 1962년 부산 기독교사회관에서 한국사회사업가협회를 창설하는 등 열정적인 사회사업 활동을 전개하고 있었다.

김운초 지부장은 당시 부산에 지부를 둔 대표적인 외원단체인 캐나다구호재단 한국지부장으로 있으면서 캐나다와 미국과의 교류도 활발하게 하고 있었다. 김운초 지부장은 1969년 10월 부산대학교로부터 미국 앨라배마대학교 사회사업대학원의 프리그모어 교수가 부산대를 방문했다는 소식을 듣고 프리그모어 교수를 만났다. 프리그모어 교수는 김운초 지부장의 주선으로 부산의 사회사업가협회에서 회원들을 대상으로 한국의 경제성장과 산업화 과정에서 발생하는 사회부적응자를 위한 전문사회사업과 사회변화에 대응하는 사회복지정책의 필요성에 관한 특강을 했다.

김운초 지부장은 프리그모어 교수를 통해 부산대학교 신기석 총장을 예방하면서 부산지역에 사회사업기관이 밀집해 있고, 대부분의 외원단체가 부산에서 활동하고 있는 점을 들어 부산대학교에 사회사업 인력 양성을 위한 사회사업학과 설치를 권유했다.

신기석 총장은 프리그모어 교수와 김운초 지부장의 권고를 받아들여 부산대학교에 사회사업학과 설치를 결심하고 문교부에 학과 신설에 필요한 서류를 준비하여 윤병기 법정대학 학장이 문교부 담당국장을 만나도록 지시했다. 윤병기 학장은 문교부 담당국장을 만나 부산대에 사회사업학과 신설의 필요성을 설명하였으나 긍정적인 답변을 얻지 못했다. 이러한 소식을 접한 캐나다구호재단 캐나다본부는 문교부에 공문을 발송하여 부산대학교에 사회사업학과 설치 필요성을 역설하면서 학과 개설에 협조해 줄 것을 요청하기도 했다. 부산대학교에 사회사업학과 설치가 원활하게 진행되지 않자 김운초 지부장은 당시 정일권 국회의장의 비서이던 토마스 정을 통해 허종현 부산대 교무처장, 프리그모어 교수, 정일권 국회의장 회동을 주선하여 문교부 협력이 이루어지도록 도왔다.

미국 앨라배마대학교 사회사업대학원 프리그모어 교수와 김운초 캐나다구호재단 한국지부장의 부산대학교 사회사업학과 창설 권유와 이 권유를 받아들인 신기석 총장의 노력으로 1969년 12월 17일, 문교부는 부산대학교에 정원 30명의 사회사업학과 설치를 인가했다. 그리고 1970년 3월 2일, 부산대학교 사회사업학과 첫 번째 신입생 30명이 입학했다.

사회사업학과는 처음에는 문리과대학에 설치되었으나 6개월 후 법정대학으로 소속이 변경되었다. 문리과대학과 법정대학 모두 사회사업학과 설치를 희망하였으나 법정대학에 소속되는 것으로 결정되었다. 사회사업학과는 1981년 사회과학대학으로 소속이 변경될 때까지 법정대학 소속을 유지했다.

초창기 부산대학교 사회사업학과 정착에는 여러 인물들이 기여했다. 1970년, 사회사업학과가 창설될 당시엔 사회사업이나 사회복지는 고아원이나 양로원을 연상하던 시절이었기 때문에 사회사업학과의 정체성에 대해 의문을 갖는 부산대학교 구성원들이 많아 사회사업학과가 대학에 하나의 학과로 정착하는 데에는 많은 어려움이 있었다.

이러한 일도 있었다. 법정대학 교수 휴게실에 교수들이 모여 담소를 나누고 있는데 사회사업학과 교수가 들어서니 갑자기 담소 나누는 것을 그만 두더니 한 사람 두 사람 자리를 뜨기 시작하는 것이었다. 나중에 알고 보니 다른 학과 교수들이 사회사업학과에서는 무엇을 가르치는지 모르겠다며 사회사업학과에 대해 험담을 하고 있던 중이었다. 이러한 사회사업에 대한 몰이해적인 인식을 극복하고 사회사업학과가 안정적으로 대학에 정착하는 데 기여한 사람은 당시 윤병기 법정대학장과 정권섭 법학과 교수였다.

일본 동지사대학교에서 정치학을 공부한 윤병기 학장은 사회사업을 단순히 도움이 필요한 사람들을 돕는 자선사업 성격이 아닌 신체적 및 사회적 기능이 손상된 사람들의 재활을 위한 사회사업실천과 산업화와 경제성장 과정에서 발생하는 빈부격차와 불평등과 같은 사회문제에 대응하는 사회복지제도나 정책의 관점에서 보았다. 이런 점에서 윤병기 학장은 당시 사회사업을 보는 관점이 매우 진보적이었다. 그는 한국 사회가 경제성장을 이루고 나면 필연적으로 나타나는 급격한 사회변화에 대응하기 위해 사회사업실천과 사회복지정책을 개발할 인력이 필요하다고 인식하고 사회사업학과의 정착에 크게 기여했다. 그는 사회사업학과가 문리과대학에 소속되어 있으면 정착과 발전에 어려움이 있을 것으로 보고 사회사업학과 소속 단과대학을 법정대학으로 변경하는 데에도 크게 기여했다.

초창기 부산대학교 사회사업학과가 정착하는 데 기여한 또 다른 인물은 법학과 정권섭 교수였다. 정권섭 교수는 부산대학교 법학과 출신으로 호주에서 신학을 공부한 뒤 1960년대 말 부산대학교 법학과 교수로 부임했다. 정권섭 교수는 1969년 10월 30일, 미국 앨라배마대학교 사회사업대학원 프리그모어 교수가 부산대학교와 앨라배마대학교 자매관계 활성화를 논의하기 위해 부산대를 방문했을 때 통역을 담당하면서 부산대학교에 사회사업학과가 설치되는 데 기여했다.

정권섭 교수는 사회사업학과 설치를 위해 외부에서 많은 도움을 준 김운초 캐나다구호재단 한국지부장과 교류하면서 사회사업학과 첫 신입생들을 위한 커리큘럼을 작성하는 등 사회사업학과가 정착되는 데 크게 기여했다. 사회사업학과에 전임교수가 부임하지 못한 상황에서 법학과 정권섭 교수가 만든 사회사업학과 최초 커리큘럼에는 민법, 헌법, 사회법(노동법), 국제법, 행정법 등이 포함되어 있었다.

사회사업학과 소속 단과대학이 문리과대학에서 법정대학으로 변경된 것과 커리큘럼에 법학과 행정학 교과목이 포함된 것은 학생들의 졸업 후 진로에 긍정적인 영향을 미쳤다. 1970년 부산대학교에 사회사업학과가 개설되었지만 사회사업전문직이 발전하지 못해 졸업생들은 은행, 회사, 고시응시, 언론계 등 사회사업과는 관계없는 곳으로 진출했다. 법학 관련 과목과 행정학 관련 과목이 커리큘럼에 포함된 것은 학생들이 다양한 방면으로 진출하는 데 기여했다. 특히 행정고시를 준비하는 사회사업학과 학생들에게 긍정적인 영향을 미쳐 1970년대와 1980년대에 부산대학교 사회사업학과에서 매년 1명 이상의 행정고시 합격자를 배출하는 데 기여했다.

한편, 사회가 변화하면서 사회복지학과 교과목 또한 계속 변화하였는데 법학 관련 과목인 사회복지법제는 현재 사회복지학과 학생들은 모두 수강해야 하는 필수과목으로 선정되어 있다. 이런 점에서 볼 때 학과 창설 초기부터 법학 관련 교과목이 사회사업학과 커리큘럼이 포함되었다는 것은 부산대학교 사회사업학과가 진취적이었다는 것을 시사하고 있다.

부산대학교에 사회사업학과가 신설되는 데 많은 기여를 한 법학과 정권섭 교수는 사회사업학과에 전임교수가 없는 상황에서 외국 대학교 사회사업대학원의 교과과정을 참고하여 1970년 첫 번째 사회사업학과 신입생들이 졸업할 때까지 수강할 기초과목, 전공필수과목, 전공선택 과목을 〈표 1〉과 같이 작성했다.

⟨표 1⟩ 부산대학교 사회사업학과 최초 교과과정

⟨ 1970학년도 제1학기 ⟩

기초필수, 전공필수	전공선택
사회학 사회법 인간성장과 발달(Ⅰ) 사회사업개론 사회사업조사 사회사업실습(Ⅰ) 사회사업실습(Ⅲ) Casework(I) Community Organization(I) 사회복지정책	청소년지도론 청소년비행론 사회복지조사이론 Groupwork(I) 사회복지 노인복지 사회보장 민법 헌법 거시경제학 헌법특강

⟨ 1970학년도 제2학기 ⟩

기초필수, 전공필수	전공필수
논리학 사회학 사회문제 인간성장과 발달(Ⅱ) Casework(Ⅱ) Casework(Ⅲ) Groupwork(Ⅱ) Community Organization(Ⅱ) 사회사업개론 사회사업조사 사회사업실습(Ⅱ) 집단지도이론 사회복지행정 지역사회조직방법	공적부조론 사회사업특강 슈퍼비전 사회복지법규 국제법 행정법총론

기초필수와 전공필수과목으로 사회법, 인간성장과 발달(I), 사회사업개론, 사회사업조사, 사회사업실습(I), 사회사업실습(III), Casework(I), Community Organization(I) 사회복지정책, 논리학, 사회학, 사회문제, 인간성장과 발달(II), Casework(II), Casework(III), Groupwork(II), Community Organization(II), 사회사업실습(II), 집단지도이론, 사회복지행정, 지역사회조직방법이 개설되었다. 전공 선택과목으로는 청소년지도론, 청소년비행론, 사회복지조사이론, 집단지도방법, 사회복지, 노인복지, 사회보장, 민법, 헌법, 거시경제학, 헌법특강, 공적부조론, 사회사업특강, 슈퍼비전, 사회복지법규, 국제법, 행정법총론 등이 개설되었다.

💕 혼란 속의 1970년대 초반의 부산대학교 사회사업학과

　사회사업학과 창설 과정에 깊이 간여하거나 창설 후 정착을 위해 노력한 많은 분들의 헌신에도 불구하고 부산대학교 사회사업학과 창설 초기에는 어수선한 날들의 연속이었다. 1970년 사회사업학과가 창설될 당시엔 사회사업은 고아원이나 양로원을 연상하던 시절이었기 때문에 사회사업학과의 정체성에 대해 의문을 갖는 부산대학교 구성원들이 많아 사회사업학과가 대학에 하나의 학과로 정착하는 데에는 많은 어려움이 있었다.

　학생들의 불만도 상당했다. 1970년에 1회로 입학한 학생들은 신입생 모집요강에 기술된 복지행정이라는 용어에 관심을 갖고 입학했으나 막상 입학하니 기대했던 강의가 아니어서 실망했다. 시일이 지날수록 나아질 기미가 보이지 않자 학생들은 체념적으로 변해갔다. 어떤 학생은 "우리 학과는 선생님도 없고, 무슨 내용을 공부하는지도 모르겠고, 졸업 후 어떤 방면으로 진출할지도 모르는 신비스런 학과"라는 자조 섞인 푸념을 했고, 부대신문 기자로 있던 어떤 친구는 "우리 대학에 사회사업학과라는 학과가 있는데, 이 과는 초등학교도 아닌데 한 명의 교수님이 모든 과목을 다 가르칩니다."라는 기사를 쓰기도 했다.

이런 일도 있었다. 사회사업학과가 수업을 하고 있는데 정치외교학과가 수업을 해야 하니 강의실을 비워달라고 해서 강의 도중 강의실에서 쫓겨나야 했다. 이런 일은 처음 있는 일은 아니었다. 강의실에서 쫓겨난 사회사업학과 학생들은 누가 얘기하지도 않았는데 이심전심으로 학교 뒷산인 동래산성으로 향했다. 산성에서 막걸리를 마시면서 강의실에서 쫓겨 난 설움을 달래고 있는데 한 학생이 노래를 부르기 시작했다.

목이 메어 불러보는 내 마음을 아시나요
사랑했던 내 님은 철새 따라 가버렸네

"애원"이란 노래였다. 그 가사가 사회사업학과 학생들의 심정을 울렸다. 거기 모인 모든 학생들이 "애원" 노래를 목청껏 불렀다. 목이 메었다.

이와 같은 일이 있은 얼마 후인 1971년 5월, 서울대학교 정치학과에서 학부를 졸업하고 부산대학교 정치외교학과에서 석사과정을 이수한 신섭중이 사회사업학과 교수로 임용되었다는 소식이 학생들에게 전해졌다. 학생들은 신섭중의 카리스마 넘치는 모습에 조금 놀라긴 했지만 반겼다. 그러나 신섭중이 가을 학기에 미국으로 유학을 간다는 소식을 접하곤 이내 실망했다.

1971년 10월에 미국으로 유학을 떠났다가 1973년 8월에 귀국하여 사회사업학과 교수로 복귀한 신섭중 교수는 사회사업학과 안정과 발전을 위해 혼신의 힘을 기울이기 시작했다. 먼저 '교수들은 도대체 무엇을 하고 있냐?'면서 불만이 가득 찬 학생들을 만나기 시작했다. 사회사업학과 학생들은 자신들을 진정으로 생각해주는 교수가 왔다면서 마음의 문을 열기 시작했다. 그러면서 사회사업학과는 안정되기 시작했다.

부산대학교 사회사업학과가 1973년부터 빠르게 안정되는 데는 1973년 9월 1일, 사회사업학과 전임강사로 부임한 김기태 교수의 역할도 컸다. 김기태 교수는 대구대학교의 전신인 한국사회사업대학교를 졸업하고 대구동산병원 정신건강사회복지사로 활동하였고 경북대학교 사회학과에서 석사학위를 취득한 후 1973년 3월부터 부산대학교 사회사업학과에서 강의하던 중 9월 1일 부임했다. 당시 한국 사회에서는 사회부적응자나 정서적으로 정상인과 차이를 보이는 사람에 대한 치료는 의료인들이 대부분 담당하면서 사회사업실천적 접근방법에 대한 인식이 거의 없었다. 케이스워크와 정신건강이 전공인 김기태 교수는 한국 사회복지학계에서 사회사업실천과 정신건강 분야를 개척한 선구자였다.[16]

신섭중 교수와 김기태 교수는 학생들과 활발하게 소통하면서 학생들의 요구사항들을 충분히 수렴했다. 그러면서 교수와 학생들 사이에 신뢰가 쌓였다. 부산대학교 사회사업학과 1회 입학생이자 동문회장을 지냈던 오규석은 다음과 같이 회고했다.

> 신섭중 교수가 미국 유학에서 돌아오고 김기태 교수가 부임하면서 학생들은 학과에 관심을 갖기 시작했다. 학생들은 여전히 강의에 만족하지는 못했지만 교수님들과 학생들 간의 만남이 자주 이어지면서 교수와 학생들 간에 신뢰가 쌓이기 시작했다. 이와 같은 교수와 학생 간

---

[16] 김기태 교수는 부산대학교 사회과학대학장과 행정대학원장, 한국사회복지학회 회장을 역임했다. 그가 한국사회복지학회 회장으로 재직할 당시 한국의 사회복지현장은 사회복지학 정체성의 위기 상황이었다. 특히 생활환경대학의 가정관리학과에서 졸업생들에게 사회복지사 자격증을 수여해 달라는 요구를 보건복지부에 전달하는 등 사회복지의 정체성이 위태롭던 상황이었다. 이런 상황에서 한국 사회복지현장과 학계를 총망라하는 한국사회복지학회 회장에 취임한 김기태 교수는 한국사회복지대학협의회장과 한국사회복지사협회장의 공동 명의로 사회복지사업법 시행령 시행규칙 개정안에 대한 사회복지계의 의견을 담은 최종 건의문을 보건복지부에 전달하는 등 보건복지부와 긴밀하게 소통하면서 사회복지학의 정체성 위기에 앞장서서 대처하여 위기 상황의 한국 사회복지학을 정립시키는 데 많은 기여를 하였다. 한국사회복지학회장을 역임한 가톨릭대 성민선 교수는 김기태 교수의 학회 활동에 대한 소견을 다음과 같이 표현했다. "아마 최근까지의 학회 발전을 위한 중요한 결정과 아이디어에 선생님의 영향이 미치지 않은 곳이 없다고 할 수 있습니다. 금년 가을 유수의 출판사와 손잡고 영문 저널 Asian Social Work & Policy Review를 우리 손으로 직접 펴낼 수 있게 된 것은 선생님의 덕이 아닌가 합니다. 이처럼 우리 학회는 선생님의 존재로 인해 음으로 양으로 도움을 많이 받고 발전할 수 있었기에 학회 창립 50주년을 맞은 2007년 봄, 우리 학회 회원들은 선생님께 원로교수 공로패를 증정하였습니다. 현역 교수로서는 선생님이 유일한 분이셨기에 원로교수님으로서는 가장 젊으신 분이셨습니다."

의 신뢰가 쌓이면서 법정대학 체육대회에 사회사업학과 교수와 학생이 단합하여 1등을 하기도 했다. 정치학 전공 출신의 신섭중 교수는 학생들이 행정고시를 거쳐 관계로 진출하거나 언론계로 진출할 것을 유도했고, 사회사업을 정통으로 전공한 김기태 교수는 우수한 학생들이 사회사업전문직으로 진출하도록 도왔다. 신섭중 교수가 학과의 아버지 역할을 했다면 김기태 교수는 어머니 역할을 했다.

오규석의 회고와 같이 신섭중 교수는 당시 사회사업전문직이 전무한 상황에서 학생들이 언론계로 진출하거나 행정고시에 합격하여 관계로 진출할 것을 권유했다. 신섭중 교수의 권유는 적중하여 많은 학생들이 언론계로 진출했고, 행정고시에 합격하여 고위공무원으로 관계에 진출했다. 부산대학교 전체 언론계와 행정고시 합격자 중 사회사업학과 재학생의 비율이 가장 많을 때도 있었다. 또한 김기태 교수는 우수한 학생들이 사회사업전문직으로 진출할 것을 권했다. 당시 한국에선 생소했던 사회사업전문직을 개척하기 위해 김기태 교수는 윤천주 총장을 설득하여 부산대학교병원에 사회사업실이 개소되는 데 크게 기여했다.

부산대학교 사회사업학과가 후일 한국의 사회복지학과 중에서 선도적인 역할을 할 수 있었던 데에는 신섭중 교수와 김기태 교수의 헌신이 있었기에 가능했다. 사회복지정책 전공의 신섭중 교수와 케이스워크 전공의 김기태 교수는 앞장서서 부산대학교 사회사업학과가 명문 사회복지학과로 발전하는 데 크게 기여했다. 신섭중 교수는 사회복지정책 분야의 거목으로, 김기태 교수는 사회복지실천 분야의 거목으로 우뚝 섰다. 신섭중 교수와 김기태 교수가 교수로 적을 둔 부산대학교 사회사업학과는 운이 따랐다고 할 수 있다.

신섭중 교수는 본인이 재직하고 있는 부산대학교 사회사업학과가 안정되자 본인의 박사학위를 취득하기 위해 1976년 3월 부산대학교 대학원 정치학과 박사과정에 입학했다.[17] 그리고 한국의 사회복지 발전에 눈길을 돌리기 시작했다.

[17] 신섭중교수는 1980년 2월 부산대학교 대학원 정치학과에서 정치외교학과 박사학위를 수여받았다.

의료보험제도 도입

　1976년 여름, 정부 기관에서 신섭중 교수에게 의료보험제도 도입을 논의하는 자리가 있으니 사회복지학계 대표로 참석해 달라는 연락이 왔다.
　당시 한국은 1960년대 초반부터 1970년대 중반까지 세 차례에 걸친 경제개발계획의 수행으로 연평균 경제성장률이 10%를 상회하는 고도경제성장을 이루었으나, 이 과정에서 빈부격차가 심해졌고, 이에 따른 상대적 박탈감의 증가가 새로운 사회문제로 등장했다. 또한 당시의 제3공화국 정부는 경제성장의 결과로 국민의 지지를 얻은 측면도 있었으나 유신과 긴급조치의 선포로 대표되는 억압 정치로 정치적 부담을 안고 있었다.
　증가하는 소득격차와 권위주의적 정부에 대한 일반 국민들의 저항이 거세지는 가운데 입원보증금이나 치료비가 없어 위급한 환자가 제대로 치료를 받지 못해 사망하는 사건들이 사회문제로 등장했다. 1976년 초반, 이와 같은 문제로 16명의 병원장이 구속되는 사태가 발생했다.
　이런 상황으로 인해 민심이 급격하게 나빠지기 시작하자 정부는 의료보험제도를 도입해야겠다는 생각을 굳히고 형식적인 절차를 거치기 시작했다. 보건복지부 주최로 회의를 소집했다. 의료보험과 관련이 있는 의료계, 경영계, 소비자단체, 그리고 학계 대표들이 소집되었다. 신섭중 교수는 학계 대표로 참석했다.

신섭중 교수는 회의에 참석하기 전 미국에서 공부할 때 미국에서 의료보험법이 제정되지 않은 이유에 대해 정리해둔 자료를 찾았다. 미국에서 대공황 기간 중이었던 1935년에 제정된 사회보장법에 노령연금제도인 OASDI(Old Age, Survivor, Disability Insurance), 실업보험제도, 공공부조제도인 ADC(Aid to Dependent Children)[18]가 포함되었으나 의료보험제도는 포함되지 않았다. 개인주의 정신이 강한 미국에서는 건강은 개인의 책임으로 지킨다는 사상이 오랫동안 지배하여 왔고, 이러한 배경 하에서 의료에의 연방 개입에 대한 의사단체의 반대와 보수주의자들의 법안 통과에 대한 반대를 우려해 루즈벨트 대통령은 경제보장위원회의 사회보장법 초안에는 들어있었던 건강보험을 사회보장법에서 제외했다.

신섭중 교수는 회의에서 의료계가 의료보험제도 도입을 반대할 것으로 예상하고 반론을 준비했다. 특히 미국에서 공부할 때 보았던 미국 의료보험 도입의 대부였던 아이작 루비노(Issac Rubinow)에 관한 자료를 다시 찾았다. 자료를 찾던 중 저소득층 여성들이 높은 진료비 때문에 아내가 운영하는 산부인과에 제때 와서 진료를 받지 못해 어려움을 겪던 상황들이 생각났다.

회의가 시작되자마자 한국에서 의료보험제도 도입은 시기상조라며 반대의사를 표명한 의료계 대표와 하루 빨리 의료보험제도를 도입하여 모든 국민들이 진료비 부담 없이 좋은 의료서비스를 받도록 해야 한다는 신섭중 교수 간에 설전이 벌어졌다.

의료계 대표:
한국에서 의료보험제도의 도입은 시기상조입니다. 의료보험제도에 가입하기 위해서는 국민들이 보험료를 납부해야 하는데 소득수준이 낮아 보험료를 납부할 수 있는 상황이 되지 않습니다.

---

[18] ADC 프로그램은 1961년 가족을 강조하기 위해 AFDC(Aid to Families with Dependent Children)로 개칭되었고, 1996년 TANF로 대체되었다.

신섭중 교수:

얼마 전 환자가 치료비가 없어 병원에서 쫓겨나 거리에서 이 병원 저 병원을 떠돌다가 사망한 사고가 여러 건 있었습니다. 한국이 복지국가를 향하는 이 시점에서 치료비가 없어서 진료를 받지 못해 사망하는 경우는 없어야 합니다. 그래서 의료보험제도의 도입이 반드시 필요합니다.

의료계 대표:

신섭중 교수님의 말씀은 의료계에서 나타나는 극소수 사례입니다. 그것을 확대해석할 필요는 없습니다.

신섭중 교수:

치료비가 없어서 이 병원 저 병원 떠돌다가 사망한 환자가 어떻게 극소수라고 할 수 있습니까? 질병은 예고하고 오는 것은 아닙니다. 특히 건강에 취약한 저소득층 계층에서는 언제든지 일어날 수 있는 일입니다.

의료계 대표:

의료보험제도 도입은 필연적으로 소비자가 보험료를 납부함으로써 그들의 소득을 감소시킵니다. 소득이 감소되면 소비할 여력도 감소되어 국가 경제에도 도움이 되지 않습니다.

신섭중 교수:

그건 맞지 않는 말씀입니다. 미국에는 의료보험제도가 없습니다. 1935년, 사회보장법이 제정될 때 의사협회의 반대로 의료보험제도가 사회보장법에 포함되지 않았습니다. 미국 의료보험의 대부로 알려져 있는 아이작 루비노에 의하면 미국에서 질병으로 인한 미국 기업의 손실은 매년 800만 달러에 달한다고 합니다. 이 통계는 1920년대의 미국 통계이니 현재 가치로 따지면 엄청나게 큰 손실입니다. 처음에는 의료보험제도 운영에 비용이 들겠지만 의료보험은 국민의 건강과 행복, 경제적 효율성을 높여주는 투자입니다.

의료계 대표:
신섭중 교수님의 주장에도 불구하고 의료보험제도를 국가가 운영하면서 모든 사람들을 강제로 가입시키는 것에는 반대합니다. 이것은 사회주의 국가에서나 가능한 의료의 사회화입니다. 의료보험제도가 필요하다면 민간의료보험제도를 도입하면 됩니다.

신섭중 교수:
민간의료보험제도로는 모든 국민들의 건강을 보장하지 못합니다. 민간의료보험제도는 자발적인 가입이기 때문에 경제력이 있으면서 병원에 갈 확률이 많은 사람들이 집중적으로 가입하게 될 것입니다. 그렇게 되면 민간보험회사는 가입자가 병원에 갈 확률이 많아 수익이 감소하기 때문에 보험료를 더 올릴 겁니다. 그렇게 되면 일반 서민, 특히 건강한 서민들은 민간의료보험에 가입하지 못합니다. 이것을 역의 선택 문제라고 합니다. 의료보험제도는 강제가입을 원칙으로 하는 사회보험의 형태가 되어야 합니다.

신섭중 교수의 의료보험 도입 논리에는 빈틈이 없었다. 의료계도 자기 나름대로의 논리를 내세워 현 시점의 한국에서 의료보험 도입은 시기상조라고 주장했다. 신섭중 교수와 의료단체 대표와의 논쟁은 끝없이 계속될 것 같았다. 회의 막바지에 이르자 신섭중 교수와 의료단체 대표 간의 논쟁을 지켜보고 있던 정부 측 대표가 한마디를 했다.

의료보험제도 도입은 각하의 뜻입니다.

이 한마디로 의료보험 도입 논쟁은 끝이 났다. 그 때 신섭중 교수는 정책결정은 정치적 과정이라는 것을 실감했다. 이 회의를 마친 직후인

1976년 6월 16일, 박정희 대통령은 '저소득층에 대한 의료혜택'을 약속하면서 의료보험제도 도입을 천명했다.[19]

그러나 의료보험제도는 신섭중이 기대했던 모습으로 나타나지 않았다. 신섭중은 한국의 의료보험은 직업, 직장, 지역별로 각각 독립적인 의료보험조합을 결성하고 이 조합이 해당 집단 내의 피보험자에 대한 의료보험을 관리·운영하는 조합주의보다는 국가가 하나의 조합을 구성하고 그 조합에 모든 국민들이 피보험자로 들어가는 통합주의를 선호했다.

정부가 통합주의보다는 조합주의로 의료보험제도를 운영하기로 한 데는 의료보험을 전 국민에게 동시에 적용하기 어려웠기 때문에 계층별, 집단별로 나누어 적용대상을 점진적으로 확대하는 것이 현실적이라는 판단을 했을 가능성이 있다. 또한 조합주의 방식은 재정자치의 원칙이 적용되는데 의료보험을 각 조합이 독립적으로 해결하도록 함으로써 정부가 많은 재정을 투입할 필요가 없다는 점도 고려되었을 것이다.

1976년의 의료보험법은 1977년 500인 이상 사업장부터 시작하여 1979년에는 300인 이상 사업장, 1981년에는 100인 이상 사업장으로 확대해 나갔다. 즉, 우리나라의 의료보험제도는 안정적인 대기업에 종사하면서 산업화에 기여도가 높은 계층을 대상으로 먼저 시행되었다. 이러한 현상으로 인해 상대적으로 낮은 생활수준으로 의료비 지출능력이 부족한 농·어촌 주민이나 소규모 자영업자 계층이 뒤늦게 의료보험의 혜택을 보게 되는 결과를 가져왔다. 또한 소득이 높은 대규모 사업체 근로자와 공무원이나 사립학교 교직원들은 의료보험의 혜택을 보면서 의료비 부담이 절감되었으나 상대적으로 소득이 낮은 그 외의 계층은 더 많은 의료비를 부담하는 불평등이 심화되었다. 결국 조합주의 방식의 의료보험제도는 소득계층 간의 불평들을 더욱 더 심화시키는 결과를 초래했다.

---

[19] 한국에서 의료보험법은 1963년 12월 16일 제정되었다. 이 법은 '근로자는 이 법에 의한 의료보험에 가입할 수 있다'(제8조)라고 규정하여 적용대상자의 임의가입을 원칙으로 하면서 사회보험의 강제가입 원칙에서 벗어나 유명무실한 법이 되었다.

결국 조합주의를 원칙으로 하는 의료보험제도는 시행 초기에는 문제가 발생하지 않았으나 시간이 지나면서 각 조합 간의 재정격차로 인해 여러 가지 문제가 발생하여 의료보험 통합 논쟁을 초래했다.

1998년 2월, 김대중 정부 집권 후 1기 노사정위원회에서 의료보험통합법의 연내 제정을 합의하고, 1998년 10월 1일에 227개의 지역의료보험조합과 공·교의료보험공단을 통합하여 국민의료보험관리공단이 발족되었으며, 1999년 2월 8일에는 2002년까지 의료보험 완전 통합 시행을 골자로 하는 국민건강보험법이 국회에서 통과되고, 2000년 7월 1일부터 시행되었다. 그래서 4대 사회보험 중 유일하게 분산관리 운영체제를 유지해 왔던 의료보험은 재정이 완전히 통합되어 중앙집중관리 운영체제를 갖추게 되었다.

사회사업학과에서 사회복지학과로

한국에서 사회복지 외연 확대의 전환점이 되었던 것 중의 하나가 학과 명칭을 '사회사업학과'에서 '사회복지학과'로 변경한 것임을 부인하는 사람은 별로 없을 것이다. 사회사업학과를 사회복지학과로 학과 명칭을 변경하는 데에는 신섭중 교수가 크게 기여했다.

신섭중이 전공분야를 정치학에서 사회사업학으로 전향한 후에 항상 마음속에 지녔던 질문은 '왜 사회사업학과일까?' 하는 것이었다. '사회사업은 독지가가 도움이 필요한 사람들을 개인적으로 돕는 자선사업과 같은 것을 의미하는 것 같은데 이것을 대학에서 학문으로 연구할 필요가 있는가?' 하는 것이었다.

신섭중은 미국의 사회사업대학원에서 사회사업을 공부하면서 사회사업이 개인이나 민간기관이 도움이 필요한 사람들을 돕는 것을 의미하지만 '자선(charity)'은 학문적으로 연구할 가치가 충분히 있다는 것을 깨닫기 시작했다. 특히 메리 리치먼드(Mary Richmond)가 주도했던 자선조직협회(Charity Organization Society)에 대해 공부하면서 '사회사업의 학문적 의미'에 대해 생각했다.

그럼에도 불구하고 신섭중은 한국에서 사회사업의 외연 확대를 위해서는 '원조', '자선' 등의 협소한 의미를 지닌 것으로 생각하기 쉬운 '사회사업'(Social Work)이라는 용어보다 범위를 넓혀 국가의 '정책'과 '행정'의 의미까지 포함하는 '사회복지'(Social Welfare)라는 용어를 사용하는 것이 바람직하다고 생각했다.

그러던 중 1978년 가을, 신섭중은 일본사회복지학회에 참석했다. 신섭중은 영어뿐 아니라 일본어에도 능통했기 때문에 일본 교수들과 일본어로 의사소통하는 데 전혀 불편이 없었다. 학회에 참석해보니 일본에서는 '사회사업'이라는 용어 대신에 '사회복지'라는 용어를 사용하는 것으로 변화되고 있었다. 학과 명칭도 '사회사업학과'에서 '사회복지학과'로 변화하고 있었고, 학회 명칭도 '사회사업학회'에서 '사회복지학회'로 변화했다. 학회가 한창 무르익고 있을 때 전체 세션 질문시간에 신섭중은 유창한 일본어로 질문을 했다.

"일본에서 학과명을 '사회사업학과'에서 '사회복지학과'로 전환하고 있는데 여기에 특별한 이유가 있습니까?"

신섭중 교수가 질문을 마치자마자 학회장을 가득 채운 일본인 교수들이 '와~~~' 하고 웃음을 터뜨렸다. 학회장이 갑자기 웃음바다로 변한 것이었다. 신섭중 교수는 '내가 바보 같은 이상한 질문을 했나?'라는 생각에 머쓱했다. 하지만 학회장에 모인 어느 교수도 신섭중 교수의 질문에 답변을 하지 않았다.

다음 날 아침 식사 시간이었다. 신섭중 교수가 '어제 내 질문에 왜 학회장이 웃음바다를 이루었지?', '왜 아무도 내 질문에 답을 하지 않았지?'라는 생각을 하며 식사를 하고 있는데 처음 보는 일본인 교수가 맞은편에 앉아도 되는지 물었다. 신섭중 교수와 그 교수 간에 대화가 시작되었다.
"신섭중 교수님, 어제 학회 때 신 교수님의 '일본에서 사회사업학과에서 사회복지학과로 학과명을 변경하는 데 특별한 이유가 있습니까?'란 질문에 학회장에 있던 일본인 교수들이 '와~~~'하고 웃었지요?"

"안 그래도 지금 그 생각을 하고 있었습니다. 내가 바보 같은 이상한 질문을 했나요?"

"그렇지 않습니다. 어제 일본인 교수들은 신 교수님의 질문에 어느 원로 교수가 생각나서 웃었지요."

"그래요? 어떤 내용인지 말씀해 주시지요."

신섭중 교수와 마주 앉은 일본인 교수가 얘기를 시작했다.

"일본에서는 학과명을 '사회사업학과'라는 협소한 명칭 대신에 '사회복지학과'라는 광범위한 명칭으로 바꾸자는 논의가 오래전부터 진행되고 있었습니다. '사회사업학과'는 아무래도 개인 차원의 자선사업 색채가 강해서 국가의 사회정책까지 포함하는 광범위한 범위를 포괄하는 '사회복지학과'로 학과명을 전환하자는 논의가 전개되어 왔지요. 대부분의 학과와 교수들이 '사회사업학과'에서 '사회복지학과'로 명칭을 변경하는 데 동의했어요. 그런데 어느 원로교수 한 분이 계속 학과명 변경을 반대하는 것이에요. 어제 그 교수가 학회장에 있었는데 학회장의 교수들이 신 교수님의 질문에 대해 웃음을 터뜨린 것은 신 교수님이 이상한 질문을 해서 그런 것이 아니고 사회사업학과에서 사회복지학과로 변경하는 것에 무작정 반대하는 그 원로교수가 생각나서 동시에 웃음을 터뜨린 겁니다.

"그 원로교수가 누구입니까?" 신섭중 교수가 궁금해서 물었다.

"일본사회사업대학[20]의 나카무라 유이치(仲村優一) 교수입니다. 그는 전후 일본 사회사업학계를 이끌며 중앙사회사업심의회 위원으로서 정책입안에 참가하였고, 일본사회사업학회 창립에도 기여하셨을 뿐만 아니라 일본 사회복지의 전반적인 발전에도 크게 공헌하신 교수님입니다."

신섭중 교수는 나카무라 유이치 교수에 대해 더 알고 싶어졌다.

"나카무라 유이치 교수에 대해 더 말씀해 주시죠."

---

[20] 일본사회사업대학은 지금까지 학교명에 '사회사업'이라는 용어를 유지하고 있다.

일본인 교수는 앉은 자세를 바꾸더니 자세하게 얘기하기 시작했다.

"나카무라 유이치 교수는 나이가 예순쯤 되었을 겁니다. 그는 그 유명한 공공부조-케이스워크 논쟁의 주인공입니다."

"공공부조-케이스워크 논쟁이라 함은 사회복지정책과 사회사업실천 간의 논쟁 같은데 자세히 말씀해주시죠."

신섭중 교수는 사회복지의 양 축인 '정책'과 '실천' 간의 논쟁이 일본에서 있었다는 것에 호기심이 생겼다. 일본인 교수는 공공부조-케이스워크 논쟁을 설명하기 시작했다.

"공공부조-케이스워크 논쟁은 1956년에서 1963년 사이에 일본사회사업대학의 나카무라 교수와 일본복지대학의 기시 이사무(吉西岸勇) 교수 간에 있었던 공공부조와 케이스워크의 관계를 둘러싸고 벌인 논쟁입니다. 나카무라 교수가 1956년에 발표한 '공공부조와 사례조사' 논문에 대해 기시 교수가 반론을 제기하면서 생긴 논쟁입니다. 나카무라 교수는 공공부조와 케이스워크를 분리하는 것보다는 공공부조에 케이스워크의 지식이나 기술을 이용할 수 있다고 주장했습니다. 또한 공공부조의 권위주의적·억압적 처우 방법에 대해 케이스워크의 원칙인 자기결정 원리의 존중으로 대치해야 한다고 보았지요. 반면에 기시 교수는 공공부조와 케이스워크의 분리를 강조했지요. 논쟁이 이뤄질 당시 정부는 생활보호 기준의 개선을 중지하고, '적정화 정책'이라고 칭한 생활보호·의료부조의 억제 강화를 추진하고 있었으며, 케이스워커는 보호 중단으로 인한 보호율 인하의 역할을 요구받았습니다. 이러한 시대 배경 속에서 제도·정책으로서의 공공부조와 원조기술로서의 케이스워크의 관계가 문제가 된 것입니다. 이 논쟁은 1963년 이후 더 이상 진행되지 않았고 결론은 나오지 않았지만 일본 사회복지이론 형성과 발전에 큰 기여를 했습니다."

신섭중은 일본에서 1950년대 중반에 '사회복지정책'과 '사회복지실천' 간에 큰 논쟁이 있었다는 것이 놀라웠다. 그렇지만 오늘 아침 식사 시간에 만난 교수 외에 학회장의 어느 누구도 자신에게 나카무라 교수에 대한 얘기를 해주지 않은 것이 의아했다.

"그러면, 어제 왜 아무도 나에게 그런 얘기를 해주지 않았습니까?"

일본인 교수는 잠시 생각하더니 다음과 같이 대답했다.

"아마 그것은 사회복지학과로 명칭 변경을 반대하는 나카무라 유이치 교수가 일본에서 매우 명성이 있는 교수이기 때문에 공개적으로 그 교수의 견해에 반대하는 말을 하기 어려워서 그랬을 겁니다."

그 날 점심시간이었다. 40대 중반의 신섭중 교수보다 열 살 이상 많아 보이는 머리카락이 희끗희끗한 일본인 교수가 신섭중 교수를 찾아왔다. 그는 어젯밤 잠을 설쳤는지 얼굴이 푸석푸석했다.

"신 교수님, 제가 앞자리에 앉아도 되겠습니까?"

"예, 앉으셔도 됩니다. 그런데 누구시죠?"

"저는 일본사회사업대학의 나카무라 유이치 교수입니다."

아침 식사 시간에 일본인 교수가 말한 바로 그 나카무라 유이치 교수였다. 신섭중 교수와 나카무라 유이치 교수 간에 대화가 오고 갔다.

"반갑습니다. 저는 한국의 부산대학교 신섭중 교수입니다."

"어제 신 교수님이 '일본에서 사회사업학과에서 사회복지학과로 학과명이 변경되는 추세인 것 같은데 특별한 이유가 있습니까?'라는 질문에 대해 학회장에 모인 모든 일본인 교수들이 웃음을 터뜨렸지요?"

"그랬었지요. 제가 어리석은 질문을 한 줄 알았습니다."

신섭중 교수는 아침 식사 시간 때 일본인 교수로부터 전후 상황을 들어서 알고 있었지만 모르는 척 하고 말했다.

"아뇨, 그렇지 않습니다. 어제 학회장의 교수들이 웃음을 터뜨린 이유는 바로 당신 앞에 앉아 있는 내가 생각이 나서 웃음을 터뜨린 것입니다. 사실 어제 제가 무시당한 것 같아 잠을 한숨도 자지 못했습니다."

나카무라 교수는 애써 웃으면서 말을 했다. 신섭중 교수는 계속 모르는 척하고 되물었다.

"그게 무슨 말씀이신지요?"

"신 교수님, 지금 일본 사회사업학계에서는 학과명을 '사회사업학과'

라는 명칭 대신에 '사회복지학과'로 전환하는 운동이 전개되고 있습니다. 저는 이 운동에 반대합니다."

신섭중 교수는 나카무라 교수와의 대화가 재미있어졌다. 신섭중 교수가 물었다.

"왜 반대하시는가요?"

신섭중 교수의 질문에 의외의 대답이 나왔다.

"모두 사회복지학과로 바꾸자고 하는데 한 사람이라도 반대해야 할 것 같아 내가 반대했지요!"

신섭중 교수는 일본에서 돌아와 학과 명칭을 '사회사업학과'에서 '사회복지학과'로 변경하는 운동을 시작했다. 먼저 본인이 재직하고 있는 부산대학교 사회사업학과부터 바꾸어야겠다는 생각에 학과 교수회의를 소집해 일본사회복지학회에 참석했던 얘기를 하고 사회사업학과에서 사회복지학과로 명칭을 변경해야겠다고 했다. 아직 한국에서는 사회사업기관이나 시설이 충분히 발전하지 않아 사회사업학과 졸업생들이 사회복지분야에 취업하는 것이 제한되어 있어 학과에서 의도적으로 행정고시 준비나 언론기관으로 취업하는 것을 권유하고 있는데[21] 보다 많은 학생들이 행정고시 준비를 하고 언론기관으로 진출하기 위해서는 협소한 의미의 '사회사업학과'보다는 광범위한 의미의 '사회복지학과'로 변경하는 것이 바람직하다고 얘기했다. 또한 국가적으로 복지사회를 지향하는 시점에서 사회복지라는 용어를 사용하는 것이 더 좋겠다고 얘기했다. 신섭중 교수의 의견에 학과 교수들은 모두 동의했다.

사회복지학과 교수들로부터 학과명을 사회사업학과에서 사회복지학과로 변경하는 데 대한 동의를 얻은 후 신섭중 교수는 총장을 찾아가 학

---

[21] 부산대학교 사회사업학과 학생들에게 행정고시와 언론계 진출 준비를 권유해서인지 1970년대 사회사업학과에서는 매해 1~2명씩의 행정고시 합격자를 배출했으며, 상당수의 학생들이 언론계로 진출했다.

과명을 변경해야 하는 사유를 설명했다. 총장은 신섭중 교수의 설명을 듣더니,

"신 교수, 그 결정 참 잘한 거야. 복지국가를 지향하고 있는 현 시점에서 사회사업학과에서 사회복지학과로 명칭을 변경하면 더 좋은 학생들이 찾아올 거야. 지금 당장 문교부에 학과명칭 변경 신청을 하게"

얼마 후 문교부에서 학과명칭 변경에 관한 회신이 왔다. 회신 내용은 다음과 같았다.

"서울대학교가 '사회사업학과' 명칭을 그대로 유지하고 있기 때문에 부산대학교가 요청한 사회사업학과에서 사회복지학과로의 명칭 변경은 불허한다."

신섭중 교수는 문교부에서 온 공문을 보고 분개했다. 비록 자신이 서울대학교 출신이지만 부산대학교를 마치 서울대학교 분교로 취급하는 문교부의 결정을 이해할 수 없었다. 그러나 별 뾰족한 수가 없었다. 엄연히 문교부는 부산대학교를 관할하는 상위기관이었다. 왜 이런 결정을 내렸냐고 항의할 수 있는 상황이 아니었다. 신섭중 교수는 다른 방안을 생각해냈다.

신섭중 교수는 다음 날 새벽 서울행 기차에 올랐다. 서울대학교 총장을 만나기 위해서였다. 서울대학교 총장은 부산대학교 총장으로 재직하다 서울대학교 총장으로 옮긴 윤천주 총장이어서 잘 아는 사이였다. 게다가 윤천주 총장은 신섭중 교수의 서울대학교 정치학과 선배이기도 했다. 윤천주 총장은 신섭중 교수를 반갑게 맞아주었다.
"신 교수, 오랜만이야, 어떤 일로 날 찾아왔어?"
"윤 총장님, 부탁이 있어서 왔습니다."
"무슨 부탁이기에 이렇게 먼 길을 왔어?"
신섭중 교수는 '사회사업학과'를 '사회복지학과'로 변경해야 하는 이

유를 일본 사회복지학회에서의 경험과 함께 윤천주 총장에게 얘기하기 시작했다.

"부산대학교가 '사회사업학과'에서 '사회복지학과'로 명칭을 변경하려고 문교부에 신청을 했더니 서울대학교가 사회사업학과 그대로 있어서 명칭 변경을 못해주겠다고 합니다. 서울대학교가 사회복지학과로 학과명을 변경하면 부산대학교도 학과명 변경을 허가하겠다고 합니다. 복지국가를 지향하는 요즘 시대에 사회사업학과로는 우수한 인재들을 모집하지 못합니다. 사회정책, 사회복지행정, 사회복지법 등을 포괄하는 '사회복지학과'로의 명칭 변경이 필요합니다. 서울대학교가 사회복지학과로 학과명을 변경하면 우수한 학생들이 사회복지학과에 지원할겁니다. 그러면 서울대학교 사회복지학과 졸업생들이 한국의 복지국가를 선도할 것입니다. 서울대학교가 사회사업학과를 사회복지학과로 명칭 변경하는 것이 어떻겠습니까?"

부산에서 온 교수가, 비록 잘 알기는 하지만, 한국 최고의 대학인 서울대학교 총장에게 한 이 말은 대단히 도발적이었다. 경우에 따라서는 서울대학교 총장이 매우 기분 나빠 할 수도 있었다. 그런데, 그렇지 않았다. 신섭중 교수의 말을 가만히 듣던 윤천주 총장이 말했다.

"신 교수 말이 맞아. 사회사업학과로는 사회변화의 추이를 따라가지 못해. 신 교수 말처럼 사회복지학과로 명칭을 변경하는 것이 좋겠어. 신 교수가 수고스럽더라도 우리 대학 사회사업학과장에게 가서 내가 사회복지학과로의 명칭 변경을 승낙했다고 얘기하고 부산으로 내려가게."

신섭중 교수는 총장 집무실을 나오자마자 그 길로 사회사업학과가 있는 건물로 향했다. 서울대학교 사회사업학과장을 만나 다음과 같이 말했다.

"학과장님, 방금 서울대학교 총장님을 예방하고 오는 길입니다. 서울대학교와 부산대학교는 '사회사업학과'라는 학과 명칭을 내년부터 '사회복지학과'로 변경하기로 했습니다. 총장님께서 사회사업학과장에게 이 얘기를 전달하라고 하셔서 말씀드립니다. 저는 이만 부산으로 내려갑니다."

신섭중 교수는 총장의 말만 전달하고 서둘러 학과장실을 나왔다. 서울대학교 사회사업학과장은 신섭중 교수의 말에 어안이 벙벙해져 아무 말도 하지 못했다. 학과장은 부산대학교 신섭중 교수가 자기와 한마디 상의도 없이 독단적으로 자기 대학교 총장을 만나 학과 명칭을 사회사업학과에서 사회복지학과로 변경하는 것을 논의하고 결정했다는 것이 매우 불쾌했다. 하지만 총장의 결정사항을 통보만 하고 연구실 문을 나서는 신섭중 교수를 붙잡지 못했다.

이러한 모습을 옆에서 물끄러미 바라보던 한 젊은 남자 교수가 신섭중 교수를 배웅하면서 알 듯 모를 듯한 미소를 지으며 말했다.

"신섭중 교수님, 제가 오늘 저녁 식사 대접을 하고 싶습니다."

그리고, 이듬해 1979년 서울대학교와 부산대학교는 사회사업학과 명칭을 사회복지학과로 변경했다. 그 후 한국의 대부분 사회사업학과는 명칭을 사회복지학과로 변경했다.[22]

---

22 | 본서에서는 1979년 이후부터 한국 대학의 사회사업학과가 사회복지학과로 명칭을 변경함에 따라 미국 대학교의 사회복지 전공 단과대학인 School of Social Work을 1979년 이전에는 사회사업대학원으로, 1979년 이후부터는 사회복지대학원으로 번역한다.

두 개로 쪼개어진 한국사회복지학회 통합에 기여

　신섭중 교수는 한국의 사회복지교육과 연구, 실천의 산실인 한국사회복지학회에 대한 애착이 대단했다. 학술대회가 열리는 날에는 만사를 제쳐두고 전국의 사회복지학과 교수들과 실천가들을 만나 한국 사회복지의 앞날을 논의했다. 그는 한국사회복지학회의 큰 어른이었다.

　신섭중 교수가 한국사회복지학회 발전에 가장 크게 기여한 것은 1985년 3월 1일부터 1987년 3월 28일까지 한국사회복지학회가 두 개로 쪼개어졌을 때 두 개의 한국사회복지학회를 하나의 한국사회복지학회로의 통합을 완성한 것일 것이다. 1987년에 있었던 두 개의 한국사회복지학회의 통합을 살펴보기 전에 한국사회복지학회의 역사를 먼저 살펴보자.

　한국의 사회복지학회의 역사[23]는 이러했다.
　해방과 전쟁으로 사회적 혼란이 채 가라앉지 않은 상황이었던 1957년 3월 2일 한국사회사업학회가 창립되었다. 당시의 사회사업은 외국으로부터의 원조를 바탕으로 한 전쟁고아들을 수용해서 보호하는 고아원이나 돌보아줄 사람들이 없는 노인들을 수용한 시설 중심의 자선사업 형

---

23 | 이 부분은 한국사회복지학회(2007), 「한국사회복지학회 50년사: 1957-2007」(서울: 한국사회복지학회)의 내용을 참조했다.

태였다. 이러한 사회사업에는 전문적인 지식과 기술이 필요한 사회사업 실천의 필요성이 대두되지 않았고 국가 차원의 사회정책도 언급되지 않았다. 사회사업 대학교육도 이화여자대학교 기독교사회사업학과와 중앙신학교[24] 사회사업학과에서 이루어지고 있을 뿐이어서 학회를 구성할 만큼의 폭넓은 교수나 연구자들 층이 형성된 것도 아니었다. 이러한 시기에 사회사업을 연구하는 학자들과 연구자들이 학술발표 등을 통해 사회사업교육과 연구, 실천을 논의하는 사회사업학회가 결성된 것은 의외였다.

한국사회사업학회는 초대 회장에 중앙신학교 김덕준 교수를 선임하였고, 1958년 9월부터는 서울대학교 하상락 교수가 2대 회장으로 선임되어 학회를 운영했다. 그러나 1960년에 있었던 4.19 혁명과 1961년에 있었던 5.16 군사정변으로 인해 학회 활동은 중단되어 오다가 1972년 6월 1일부터 3일까지 수원 아카데미하우스에서 개최되었던 '사회사업교육자세미나'에서 사회사업학회 재건의 필요성이 논의되어 서울대학교 하상락 교수, 이화여자대학교 지윤 교수, 중앙대학교 김덕준 교수 등 3인의 교수를 준비위원으로 선정하여 한국사회사업학회의 재건을 추진했다.

이러한 노력에 의해 한국사회사업학회가 공식적으로 재건된 때는 1973년 제1차 임시총회에서였다. 3대 학회장에 하상락 교수(서울대)를 다시 추대하고 부회장에 문인숙 교수(이화여대), 실행위원 3인에 조성경 교수(숭전대), 김덕준 교수(강남사회복지학교)를 추대했다. 감사에는 남경현 교수(이화여대)와 함세남 교수(강남사회복지학교)가 선임되었다.

이후 학회는 활동을 활발하게 해오면서 1982년 4월 10일 정기총회에서 4대 학회장으로 이명흥 교수(이화여대), 부회장으로 남세진 교수(서울대)를 선임하였다. 그리고 실행위원으로 조성경 교수(숭전대), 지양진 교수(중앙대), 김융일 교수(성심여대), 신섭중 교수(부산대), 감사로 이정숙 교수(이화여대), 조휘일 부장(정수직업훈련원)이 선임되었다.

신섭중 교수는 이날부터 한국사회사업학회 임원으로 선임되어 활발하

---

24 | 중앙신학교는 현재의 강남대학교의 전신이다.

게 활동을 시작했다.

그런데, 1985년에 들어서자 한국사회복지학계에 큰 변화가 몰아치기 시작했다. 기존에 한국사회사업학회가 존재함에도 불구하고 1985년 3월 1일, '사회사업학회'에서 '사회복지학회'로 명칭만 약간 달리 한 한국사회복지학회가 창립된 것이다.

1985년 2월 9일, 사회복지계 인사 20명은 한국사회복지학회 발기인 총회를 하고, 2월 12일에 창립총회 및 제1회 연구발표회를 위한 준비위원회를 개최하면서 준비위원장에 중앙대학교 사회복지학과 김영모 교수를 선임했다. 창립총회에서는 김영모 교수가 회장으로 선임되고 부회장에 권오구 실장(한국사회복지협의회), 박태룡 교수(대구대학교), 심대섭 교수(원광대학교)가 선임되었다.[25] 그리고 1985년 3월 1일, 한국사회복지학회가 창립되었다.

1985년 3월 1일 창립된 한국사회복지학회가 1986년 5월 9일 발간한 「한국사회복지학」 제1집 발간사에서 김영모 회장은 다음과 같이 한국사회복지학회 창립 이유를 밝히고 있다.[26]

> 우리는 지난해 한국사회복지학회를 창립하였다. 본 학회를 창립한 동기는 온 국민이 복지국가의 건설을 염원하고 정부에서도 복지사회의 건설을 국정지표로 내세웠지만 그것을 제대로 발전시키지 못하고 있기 때문에 이러한 역사적 과제를 풀어보는 데 기여하기 위한 것이다... (중략)... 우리 사회에 지난 25년간 일어났던 급속한 사회변화로 기존의 공동체적 결속이 거의 해체되어 가고 있는 실정이라서 이것을 대치하기 위한 사회제도를 우리 스스로 만들지 않으면 안 될 것이다. 해방 후 40여 년간 우리나라에 수용된 사회복지학은 비자주적 성격

[25] 한국사회복지학회, 「한국사회복지학회 50년사」, p.92.
[26] 한국사회복지학회, 「한국사회복지학회 50년사」, p.93.

이 대단히 강했다. 6.25전란으로 말미암은 외원과 더불어 미국식 사회사업 개념이 그 주류를 이루다시피 하여 행정가와 전문가로부터 경시되어 왔다. 사실 그러한 방법론은 우리의 사회적 요구와 문제를 해결하는 데 유용하지 못하였다. 그러한 많은 전문가의 노력에 의하여 80년대부터는 우리의 자주적 사회복지학풍을 형성하기 위한 노력이 나타나기 시작하였다. 이것이 복지사회 건설의 요청이고 해방 후 세대의 자주적 동기에서 나온 것이 아닌가 생각한다.

새로 발족한 한국사회복지학회는 학회 창립 이유를 미국식 사회사업 중심의 학풍을 배격하고 자주적 사회복지 학풍을 형성하기 위함이라고 명시하고 있다.

한편, 중앙대학교 김영모 교수 주도로 한국사회복지학회가 창설된다는 정보를 입수한 기존에 존재하던 한국사회사업학회는 내부 회의를 거쳐 학회 명칭을 한국사회복지학회로 변경하기로 결정하고,[28] 김영모 교수가 주도한 한국사회복지학회보다 먼저 1985년 2월 교육부에 '한국사회복지학회'를 등록했다.

이와 같은 과정에서 1985년 3월부터 한국에 '한국사회복지학회'라는 명칭의 학회가 두 개 존재하게 되었다. 이유야 어떠했든 이러한 모습은 다른 학문분야에서는 유례를 찾아보기 힘든 수치스러운 일이었다. 복지국가를 지향하는 시점에서 미래를 향한 생산적이고 긍정적인 변화가 아니라 분열과 부정적인 변화였다.

같은 명칭의 두 한국사회복지학회는 서로 적대적이었다. 늦게 창립한 사회복지학회는 기존의 학회는 시대정신을 반영하지 못하고 있다고 비판했다. 그 예로 사회사업이라는 명칭으로는 국가의 사회정책, 사회복지

---

28 | 한국사회사업학회에서 한국사회복지학회로 명칭 변경을 하는 결정 과정에서는 '사회사업'이라는 용어를 고수해야 한다는 일부 교수들의 주장이 있었다.

행정, 사회복지법 등 거시적인 사회복지환경을 포괄하지 못하기 때문에 대부분의 대학에서 학과 명칭도 사회사업학과에서 사회복지학과로 변경했음에도 사회사업학회로 있는 것을 들었다.[29]

이에 대해 먼저 창립된 사회복지학회는 늦게 창립된 학회를 향해 내부에서 변화를 모색하지 않고 바깥으로 뛰쳐나가 새로운 학회를 만들었다고 비판했다. 두 학회 간에는 시일이 경과할수록 서로 간의 적대감이 극에 달했다. 두 학회는 각각 독립적인 활동을 하면서 독자적인 학술대회를 개최했으며 세 확장을 위해 서로 경쟁했다.

한편, 뜻있는 사회복지계의 인사들은 한국에 두 개의 사회복지학회가 존재하는 현실에 안타까워하기도 하고, 사회복지 발전을 선도해야 할 사회복지학계가 두 개로 쪼개어진 것에 분개하기도 했다. 그들은 두 개의 사회복지학회는 통합해야 한다는 목소리를 내기 시작했다. 이 때 등장한 사람이 신섭중 교수였다.

신섭중 교수는 1986년 5월 10일, 한국사회사업학회에서 명칭이 변경된 한국사회복지학회 정기총회에서 남세진 교수(서울대)에 이어 회장으로 취임했다. 부회장에는 문인숙 교수(이화여대)와 민은식 원장(삼육재활원), 감사에 김태영 교수(경북대)와 김만두 교수(강남사회복지학교)가 선임되었다. 신섭중 교수는 한국사회복지학회 회장으로 취임하면서 두 개로 나누어진 학회를 통합하겠다고 선언했다.

1986년 9월 어느 날 저녁, 먼저 만들어진 한국사회복지학회 신섭중 회장은 양주 한 병을 들고 늦게 만들어진 한국사회복지학회 김영모 회장의 자택을 찾아갔다. 두 개의 한국사회복지학회 회장 간에 격한 얘기들이 오고갔다.

"김 교수, 왜 사회복지학회를 한 개 더 만들었습니까?"

---

29 | 한국사회복지학회, 「한국사회복지학회 50년사」, p.94.

"신 교수, 왜 만들었는지 모르십니까?"

"모르겠습니다."

"이전에 존재하던 사회복지학회가 제 역할을 하지 못해 새로운 사회복지학회를 만들었습니다."

"어떤 점에서 이미 존재하던 사회복지학회가 제 역할을 하지 못했습니까?

"신 교수, 정말 몰라서 묻는 겁니까?"

"좀 자세히 얘기해 주세요."

김영모 교수는 1957년 3월 1일 한국사회사업학회란 명칭으로 창립되어 그 명칭을 계속 사용하다 또 다른 한국사회복지학회가 창설된다는 정보를 입수하자 부랴부랴 한국사회사업학회에서 한국사회복지학회로 학회 명칭을 변경한 후 교육부에 한국사회복지학회로 먼저 등록한 기존의 한국사회복지학회는 사회가 변화하고 있다는 것을 알지 못해 아직도 사회사업학회라는 명칭을 유지하고 있다고 비판하면서 자신이 주도한 새로운 한국사회복지학회의 창립 정당성을 강하게 주장했다. 김영모 교수는 독자적으로 나갈 생각이 확고했다.

하지만 신섭중 교수는 물러서지 않았다. 신섭중 교수는 김영모 교수에게 한국사회사업학회에 불만이 있으면 안으로 들어와서 개혁을 할 것이지 명칭만 '사회사업'에서 '사회복지'로 약간 바꾼 한국사회복지학회를 새로 창설한 것에 대해선 동의하지 못한다고 했다. 이대로 가면 사회복지 학문 후속 세대가 현재의 세대를 배척하게 될 것이라고 했다.

그러나 두 한국사회복지학회 회장은 본인이 소속한 한국사회복지학회의 입장만 개진할 뿐 서로의 입창 차이를 줄이지 못했다. 밤이 깊어갈 무렵 신섭중 교수는 김영모 교수에게 최후통첩을 제시했다.

"김 교수, 두 쪽으로 나누어진 사회복지학회 통합합시다."

"통합 안 합니다."

"통합해야 한국 사회복지가 삽니다."

"신 교수, 아무리 얘기해봐야 난 통합 안 합니다."

"김 교수, 통합을 안 하겠다는 이유가 뭡니까?"

"통합해야 하는 이유가 뭡니까?"

두 사람 간의 대화는 평행선을 달렸다. 의견의 일치가 이루어질 것 같지 않았다. 그러나 신섭중 교수는 정치학을 공부했던 사람이었다. 정치학에 나오는 벼랑 끝 전술을 김영모 교수 설득에 사용했다.

"김 교수, 우리 통합합시다. 우리가 학문 후속 세대의 본이 되어야 하지 않겠습니까? 후속 세대에게 두 개의 사회복지학회를 물려줄 수는 없지 않습니까? 이대로 가면 후배들이 나뿐 아니라 김 교수도 비난할겁니다. 학문 후속 세대에 누가 되는 일을 우리가 해서야 되겠습니까? 그리고 우리가 앞으로 안 볼 사이가 아니지 않습니까? 오늘 김 교수로부터 통합하겠다는 말을 들어야 나는 부산으로 내려갑니다. 그렇지 않으면 계속 여기 있을 겁니다. 이틀이고 사흘이고 일주일이고 계속 당신 집에 있을 겁니다."

그러나 김영모 교수도 쉽게 물러나지 않았다.

"신 교수, 그렇게 하세요. 방을 하나 내어줄테니 그 방에서 계속 지내세요."

두 사람은 양주를 가득 채운 잔을 주거니 받거니 하면서 얘기하는 중 한국사회복지의 향후 발전까지 얘기했다. 두 사람은 각자 상대방이 한국사회복지 발전을 진정으로 원한다는 것을 알았다. 다만 방법이 다를 뿐이었다.

자정이 지나자 신섭중 교수가 김영모 교수에게 말했다.

"김 교수의 사회복지를 사랑하는 마음을 충분히 이해했습니다. 하지만 우리 학문 후속 세대에 사회복지학회가 두 개가 있다는 것을 물려줘야겠습니까? 우리 통합합시다."

두 개의 사회복지학회를 통합하는 데 반대하던 김영모 교수도 한발 물러섰다.

"좋소. 통합합시다."

두 사람은 쪼개진 두 개의 사회복지학회를 통합한다는 큰 틀에 합의했다. 통합에 합의한 후 김영모 교수는 오늘 밤을 우리 집에서 지내라고 했지만 신섭중 교수는 김영모 교수의 집을 나서 예약해 둔 호텔로 향했다.

한국사회복지학회라는 명칭을 지닌 두 학회의 회장이 큰 틀에서 통합에 합의하자 두 사회복지학회의 통합은 급물살을 타기 시작했다. 1986년 11월 8일 개최된 회장단 회의에서 '통합준비위원회'를 만들고 1986년 12월과 1987년 2월에 통합준비위원회를 개최하기로 하고 다음의 네 가지 사항에 합의했다.[30]

1. 1987년 춘계대회에서 양 학회의 통합총회를 갖는다.
2. 양 학회의 회장단으로 통합준비위원회를 구성한다.
3. 연구발표 및 학술토론회를 준비하기 위하여 양 학회의 회장과 학술 및 편집분과위원장으로 소위원회를 구성한다.
4. 연구발표 및 학술토론회를 합동으로 하고 1986년 추계학술대회는 김영모 회장이, 1987년 춘계학술대회는 신섭중 회장이 주관한다.

연구발표와 학술토론회를 합동으로 개최하면서 사회복지학회 통합은 순조롭게 진행되었다. 1986년 12월 20일, 홀트아동복지회 일산복지타운에서 열린 1986추계합동 연구발표 및 학술토론회는 양 학회의 회원들이 모여 연구논문을 발표하였다. 발표논문은 모두 6편이었는데, 그 중 3편의 저자는 오래된 오래된 학회의 회원이고 다른 3편의 저자는 신설된 학회의 회원(2명)과 초청전문가 1명이었다. 1986년 추계합동 연구발표 및 학술토론회의 발표논문과 발표자는 아래와 같았다.

---

[30] 이 부분은 한국사회복지학회(2007), 「한국사회복지학회 50년사: 1957-2007」(서울: 한국사회복지학회)의 내용을 참조했다.

연구논문

복지사회정책의 3대 영역 – 이윤구(한신대 교수)
고려시대의 구빈제도 – 조흥식(청주대 교수)
미혼모 발생의 요인 규명에 관한 연구 – 허남순(한림대 교수)

토론주제

입양제도의 문제점과 개혁의 필요성 – 김주수(연세대 교수)
국내입양 아동과 가정 – 최경석(중앙대 교수)
국내입양의 관행과 전문적 서비스 – 김근조(국립사회복지연수원 교수)

　　1986년 12월 20일 일산에서의 추계합동연구발표대회와 학술토론회에 이어 1987년 3월 28-29일 부산 해운대극동호텔에서 합동학술대회와 통합총회가 개최되었다. 1987춘계합동 학술대회와 통합총회는 상징성이 컸다. 합동학술대회는 양 학회에서 지정하는 학자가 학술토론회의 발표자로 참가하고, 회원의 신청에 의해서 자유논문을 발표하였다. 학술토론회에서 원석조 교수(원광대)가 지역의료보험에 대해서, 김상균 교수(서울대)가 국민연금제도에 대해, 차흥봉 교수(한림대)가 부랑인복지사업에 대해서 발표를 했다.

1987년 춘계한국사회복지학회 합동세미나 장소

신섭중 공동회장이 1987년 춘계한국사회복지학회 합동세미나에서
인사말을 하고 있다. 오른쪽은 김영모 공동회장

   3월 29일 열린 통합총회에서 한국사회복지학회 통합 안건은 회원 절대다수의 찬성으로 통과되었다. 그리고 통합 한국사회복지학회의 임원은 기존 학회의 임원을 그대로 계승하기로 하면서 김영모·신섭중 공동회장 체제로 하기로 했다.
   신섭중 교수가 아니었어도 나뉘어져 있던 두 사회복지학회는 언제가 되었을지는 모르나 통합되었을 것이다. 그러나 신섭중 교수는 그의 협상력, 인내력, 추진력을 총동원하여 두 개로 나뉜 사회복지학회를 하나로 통합하는 데 결정적인 기여를 했다.

한국형 사회복지에 대한 관심

　신섭중 교수는 앨라배마대학교 사회사업대학원 석사과정 4학기 때 전미사회사업가협회(NASW)가 주최한 학술대회에 참석해서 "한국문화에 기반 한 사회복지정책"이란 제목의 논문을 발표할 정도로 한국형 사회복지에 대해 관심이 많았다. 미국의 사회복지는 미국의 개인주의 문화를 바탕으로 하고 있다는 것을 알게 되면서 한국의 사회복지는 미국의 사회복지를 그대로 도입하기보다는 한국의 문화를 바탕으로 변형시켜야 한다는 것을 느꼈다.
　신섭중 교수는 한국형 복지사회복지의 근간이 될 수 있는 문화로 유교문화를 생각했다. 유교문화란 유교의 사상이 역사적으로 전개되어 사람들에게 전승되어 온 집단적인 생활의 능력을 말한다. 유교문화는 가족집단주의의 행동양식이나 가족 내부에 있어서의 생활의 질서, 지인 간이나 회사 내에서의 인간관계 등에 이어 지금도 분명히 존재하고 있다.
　신섭중 교수는 복지조직 또는 체계를 움직이는 원동력이 되는 복지문화에 뿌리박은 한국적 사회복지 혹은 한국형 가족복지의 정착을 위해서는 가족관계에 있어서의 가족집단주의의 윤리체계를 그 본질로 하는 동양의 유교문화의 현대화가 필요하다고 보았다. 이러한 노력을 통해 고유문화에 입각한 한국형 사회복지의 이론과 실천기술의 개발 연구에 주력해야 한다고 보았다.

신섭중 교수는 문화의 관점에서 볼 때, 21세기에 있어서의 경제의 주도력은 유교문화권을 중심으로 하는 아시아에 의하여 형성될 것으로 전망했다. 그 근거는 젊은 활력을 갖고 상승하는 청장년기의 경제발전의 단계, 세계 인구의 반 이상을 점하고 있는 인구 크기, 그리고 유교문화권의 정신문화의 세 가지 면으로부터 찾을 수가 있다. 그것은 사회조직의 원리를 갖고 있는 유교가 유교적인 집단주의의 문화로서 구미의 자본주의 시스템과 접합하여 경제발전을 가져왔기 때문이다.

이렇게 생각할 때, 21세기의 아시아는 윤리와 도덕을 중시하며 사회의 규율을 지키는 유교문화의 건전성을 보유하면서 지속적으로 발전하는 지역이 될 것이며, 구미 자본주의 시스템, 경제의 이론에 전통적인 유교문화의 논리와 정신을 융합시켜 새로운 문명을 주도하는 21세기를 향한 아시아시대 도래의 가능성을 의미한다.

유교 윤리의 근간은 '삼강오륜'(三綱五倫)이며, 이것을 검토함으로써 유교문화의 원리를 알 수 있다. 삼강은 (1) 군위신강(君爲臣綱), 즉 군주는 신하의 강이 되며, (2) 부위자강(父爲子綱), 즉 부는 자식의 강이 되고, (3) 부위부강(夫爲婦綱), 즉 부는 부인의 강이 된다는 세계이다. 여기에서 강이란 「신뢰의 강」, 「생명의 강」과 같이 사용되며, 인간관계에 가장 중요한 기본체계를 나타낸다. 삼강은 기본 체계 또는 질서원리를 나타내고 있으며 동시에 「집의 원리」로 되어 있다.

오륜은 인간이 반드시 지키지 않으면 안 되는 가족관계, 사회관계에 있어서의 다섯 개의 윤리이다. 오륜이란 (1) 부자유친(父子有親), (2) 군신유의(君臣有義), (3) 부부유별(夫婦有別), (4) 장유유서(長幼有序), (5) 붕우유신(朋友有信)이다.

이와 같은 오륜을 현대풍으로 분류한다면 부부유별, 부자유친, 장유유서는 합하여 가족윤리가 된다. 다음으로 군신유의는 국가질서에 있어서의 윤리가 되나 민주국가의 경우, 국가에 대한 의무, 즉 국민의 윤리가 될 것이다. 그리고 붕우유신은 사회생활에 있어서의 인간관계의 윤리가 되나, 여기에는 장유유서도 덧붙여진다고 말할 수 있다.

그런데 오륜 가운데 세 개가 가족윤리이지만 이것은 유교의 사상이 가족집단주의에 의하여 주로 형성되어 있다는 증거라고 할 수 있다. 구미사회에 있어서도 물론 가족은 중요시되고 있다. 그러나 구미의 경우는 개인주의의 문화가 근대 이후에 형성되어 어느 쪽이냐 하면 가족보다는 개인을 중시하고 있다. 그러나 동아시아제국에서는 구미의 근대화모델을 받아들이면서도 전통의 가족집단주의의 문화를 없애지 않고 활용해 온 것이다.

사회구성의 원리가 '집'이냐 또는 '마을'이냐의 논의가 있다. 유교문화의 나라에서는 가족집단주의이기 때문에 '집'의 원리가 적용된다. 그러나 구미 사회에서는 일반적으로 '마을'의 원리가 적용되고 있다. 왜냐하면 가족을 분석하여 개인 단위의 사회로 하는 것이 구미의 '마을' 사회이기 때문이다. 인간간계가 가족윤리에 의하기 보다는 개인의 권리와 의무의 관계로 바뀌는 것이 개인주의 사회인 것이다.

가정, 가족관계의 윤리가 붕괴되면, 어떠한 사회에 있어서도 그 질서가 흐트러지는 것이 필연적이지만 동아시아의 유교문화권에 있어서는 다행이도 가족의 윤리가 본래의 근원적 사상, 현실에 있어서의 질서로서 살아 있다. 말하자면 외견적으로 민주주의, 자본주의의 시스템이 도입되고 있어도 실질적인 인간관계의 질서에는 전통의 가족윤리가 문화로서 활용되고 있는 것이다. 가족윤리는 사회질서의 대단히 중요한 원천인 것이다.

신섭중 교수는 비록 자신의 전공 분야는 아니지만 한국문화에 기반 한 사회복지이론과 실천기술의 개발에도 관심이 많았다. 한국은 미국의 사회복지이론과 실천기술이 도입되어 오늘에 이르고 있는데, 가족복지의 중요성에도 불구하고 한국적 사회복지 또는 가족복지가 정착되고 있지 않는 것은 미국과 한국 또는 동양과 서양간의 생활문화의 차이에서 기인하는 것으로 보았다.

따라서 복지와 문화는 결코 별개의 것이 아니라 국가적, 지역적, 집단적, 개인적 생활상의 곤란과 장애의 해결을 위해서는 국가, 지역, 그리고 집단의 문화적 환경을 배경을 그 문화적 행동양식에 따라 사회복지를 실천하지 않으면 그 실표를 거둘 수가 없을 것이다. 이와 같은 의미에 있어 복지문화는 복지조직이나 복지시스템을 움직이는 원동력이 된다고 보다

따라서 복지조직 또는 체계를 움직이는 원동력이 되는 복지문화에 뿌리박은 아시아적 또는 한국적 사회복지 내지 가족복지의 정착을 위해서는 가족관계에 있어서의 가족집단주의의 윤리체계를 그 본질로 하는 동양의 유교문화의 현대화를 통해 아시아 각국의 고유문화에 입각한 아시아 사회복지의 이론과 실천기술의 개발 연구에 주력해야 한다고 보았다.

신섭중 교수는 한국적 복지모형은 균형적 복지국가(Balanced Welfare State)를 목표로 선진국의 사회보장에 대한 경험을 한국적 사회복지제도의 기반을 구축하는데 발전적으로 승화시켜 (1) 시장이념과 탈시장이념의 조화, (2) 경제성장과 분배정의의 합의적 추구, (3) 세계적 보편성과 한국적 특수성의 조화 등을 복지모형의 기본 이념으로 제시했다.

또한 한국적 복지모형의 추진방향으로 신섭중 교수는 (1) 국민최저생활수준(National Minium) 보장을 통한 절대 빈곤의 제거, (2) 사회안전망의 구축, (3) 사회복지관리체계의 효율화, (4) 복지공급주체의 다양화, (5) 전통적 가족복지기능의 강화, (5) 남북통일에 대비한 사회보장체계의 정비 등을 제시했다.

부산광역시 문화상을 수상하다

　　1998년 8월 초 부산시사회복지협의회의 사무국장으로부터 전화가 왔다. 신섭중 교수는 부산시사회복지협의회 회장을 역임했기 때문에 사무국장과는 잘 알았다.
　　"신섭중 교수님, 그동안 안녕하셨습니까?"
　　"김 사무국장, 오랜만이오. 오늘 어떤 일로 전화를 하셨소?"
　　"다름이 아니라 부산시에서 공문이 왔습니다. 9월에 부산광역시 문화상 시상식을 하는데 부산시사회복지협의회에서 '지역사회개발' 부문 수상후보자를 추천해달라는 공문입니다."
　　"그럼 부산에서 지역사회개발에 힘쓴 분을 추천하면 되겠네요."
　　"우리 사회복지협의회에서는 신 교수님을 추천하려고 합니다."
　　"나를 추천한다는 말이오?"
　　"예, 그렇습니다."
　　"그건 안 되지요. 부산시에서 주는 문화상은 부산에서 가장 훌륭한 분이 받으셔야 하는데 나는 그 부류에 속하지 않습니다. 다른 분을 찾아보세요."

　　부산시사회복지협의회 사무국장은 신섭중 교수의 고사에도 불구하고 공적조서를 작성하기 시작했다. 사회복지협의회에서 모든 서류를 작성해서 가져오자 신섭중 교수는 자신이 부산광역시 문화상 지역사회개발 부문 후보로 추천되는 것을 수락했다. 협의회에서 만든 공적조서는 아래와 같았다.

1. 수상후보자

소 속: 부산대학교 사회과학대학 사회복지학과
직 위: 교수
성 명: 신섭중(愼燮重)

2. 추천부문: 지역사회개발 부문

3. 주요공적사항

1) 부산광역시 사회복지협의회 회장과 사회복지사회 회장을 역임함으로써 부산지역사회의 민간 사회복지 실천분야 발전에 공헌함
2) 부산광역시 사회복지위원회 부위원장과 스마트 부산21 보건복지 분과위원회 위원장을 역임함으로써 부산광역시 지역사회개발과 사회복지정책개발에 기여함
3) 기타 사회복지관련 기관 및 단체들의 운영위원, 자문위원 등을 역임함으로써 기관 및 단체의 발전은 물론 지역사회복지발전에 기여함
4) 사회복지에 관한 탁월한 저술활동(저서 8권, 역서 5권)과 논문발표, 한국사회복지학회 회장, 사회정책학회 회장, 한국복지문화학회 회장을 역임함으로써 한국사회복지의 학문적 발전에 공헌함

4. 추천사유

신섭중 교수는 부산대학교 사회과학대학 사회복지학과 교수로서 부산광역시 사회복지위원회 부회장, 부산광역시 사회복지협의회 회장, 스마트 부산21 보건복지위원회 위원장, 기타 사회복지기관 및 단체의 운영위원과 자문위원을 역임하는 등 부산광역시의 사회복지발전과 지역사회개발에 많은 공헌을 하였을 뿐만 아니라 탁월한 저술활동과 한국사회복지학회, 사회정책학회, 한국복지문화학회 회장을 역임하는 등 한국사회복지의 학문적 발전에 지대한 공헌을 하였기에 제41회 부산광역시 문화상 지역사회개발부문 수상후보자로 추천합니다.

1998년 부산광역시 문화상 수상자는 9월에 결정되었다. 지역사회개발 부문에서는 신섭중 교수가 심사위원 만장일치로 선정되었다. 수상식은 10월에 거행되었는데 학과 교수들과 지인들이 참석하여 축하했다.

故 안상영 부산시장으로부터 부산시 문화상을 수여받는 신섭중 교수(오른쪽은 사모님인 김순애 여사)

한국의 사회복지정책 발전에 많은 영향을 미친 신섭중 교수의 대표 저작

신섭중 교수는 학구열이 대단해서 많은 논문을 발표하고 저서를 출간했다. 논문과 저서의 대부분은 사회복지정책과 사회보장에 관한 것이지만 사회복지 전반에 걸친 논문도 많이 발표했다. 여기에선 한국의 사회복지 발전에 많은 영향을 미친 저서의 내용과 서문, 목차를 소개한다.

「1. 사회보장정책론」

신섭중 교수는 사회복지정책과 사회보장을 집중적으로 연구하면서 1980년 9월 10일, 그동안의 연구 결과물인 「사회보장정책론」을 출간했다. 신섭중 교수가 「사회보장정책론」을 출간한 1980년에 한국에선 사회보장제도라고는 1960년에 도입된 공무원연금제도, 1961년 제정되었지만 그 역할을 제대로 하지 못하고 있던 생활보호제도, 1964년부터 시행된 산업재해보상보험제도, 그리고 1977년에 시행되기 시작된 의료보험제도가 전부였다. 이 시기에 출간된 「사회보장정책론」은 의미가 있었다.

신섭중 교수는 한국이 지향해야 하는 복지국가의 형성에 있어 무엇보다도 중요한 조건은 사회보장제도의 존재 여부라고 보았다. 사회보장이란 국민의 생존권 실현이란 목적을 달성하기 위하여 국가가 모든 최저한의 생활을 전체로서 보장하는 정책이다. 이와 같은 사회보장의 체계는 소득보장과 의료보장을 그 양대 지주로 하여 사회복지서비스와 관련공공정책 등으로 구성되고, 완전고용과 최저임금제를 그 전제조건으로 하고 있다. 그래서 사회보장은 복지국가의 중심적인 필요조건인 것이다. 이런 점에서 제대로 기술된 신섭중 교수의 「사회보장정책론」은 의미가 있다고 볼 수 있다.

신섭중 교수는 「사회보장정책론」의 서문에 이렇게 적었다.

| 서문 |

오늘날 우리나라는 지난 1962년부터 18년간, 4차에 걸친 경제개발5개년계획의 성공적인 수행으로 연평균 10%를 상회하는 지속적인 고도경제성장을 이룩함으로써 장차 고도산업사회와 나아가서는 복지국가를 지향하는 경제·사회적 발전단계에 이르렀다.

복지국가란 일반적으로 사회보장의 충실에 의하여 국민의 생활을 전체로서 안정시키고, 그 수준의 향상을 위하여 노력하는 국가로서 K. Boulding이 말한 바와 같이 이른바 전국민의 경제적 복지를 증진시키기 위한 국가가 복지국가인 것이다.

민주주의와 사회적 연대의식을 그 이념으로 하는 복지국가는 먼저 사회보장의 제도가 어느 정도 정비된 국가를 말한다. 그러나 아무리 사회보장의 관계 법률이 정비되어 있다고 하더라고 실업자가 가두(街頭)에 범람하고 있다면 그것은 복지국가라고 할 수 없다. 따라서 국민의 최저한의 생활보장이 복지국가가 되기 위한 요건이라고 한다면, 완전고용 내지 완전고용에 가까운 고용상태의 현실이 사회보장과 아울러 복지국가 성립의 필요조건이라 할 수 있다.

나아가서는 복지국가의 성립에 있어 국가 경제의 계획화와 사기업의 활동이 타협하여 존재하는 이른바 혼합경제체제가 필요하며, 아울러 완전계획경제체제나 독재전제정치의 국가가 아닌 의회민주주의의 존재가 복지국가의 중요한 필요조건이라 할 수 있다.

그러나 복지국가의 형성에 있어 무엇보다도 중요한 조건은 사회보장제도의 존재 여부이다. 사회보장이란 국민의 생존권 실현이란 목적을 달성하기 위하여 국가가 모든 최저한의 생활을 전체로서 보장하는 정책이다. 이와 같은 사회보장의 체계는 소득보장과 의료보장을 그 양대 지주로 하여 사회복지서비스와 관련공공정책 등으로 구성되고, 완전고용과 최저임금제를 그 전제조건으로 하고 있다. 요컨대 사회보장은 복지국가의 중심적인 필요조건인 것이다.

우리나라의 사회보장제도의 성립은 1960년의 공무원연금보장제도의 도입을 효시로 하여 1979년 공무원 및 사립학교교직원 의료보험제도의 도입에 이르기까지 일련의 사회보장의 관계 법률이 입법·제정되었으나, 그 실질적인 내용에 있어서는 다분히 명목적이며 입법 선행적인 성격으로 인하여 실효를 거두지 못하고 있는 실정이다.

예컨대 우리나라 사회보장제도의 소득보장부문에 있어 그 중심이 되는 국민복지연금제도는 이미 1973년에 그 근거법이 입법·제정된 이후 2차에 걸친 법제정에도 불구하고 그 시행이 유보되고 있으며, 실업보험은 아직도 그 법제정조차 되어 있지 않다.

사회복지서비스부문에 있어서는 1961년에 아동복지법이 제정·실시되어 오고 있을 뿐이며 그 밖의 노인복지법이나 심신장애자복지법 등 일련의 사회복지서비스 관계 법률의 입법 제정조차 보지 못하고 있다.

따라서 본 연구에 있어서는 우리나라가 장차 복지국가를 지향함에 있어 그 중심적인 내용으로서의 우리나라의 사회보장체계에 있어 소득보장과 더불어 그 양대 지주의 하나이며 전국민의 의료보장을 목표로 지난 1977년부터 실시되어 오는 과정에 있어 허다한 시행상의 문제점과 정책적인 과제를 내포하고 있는 의료보장제도와, 또 사회보장에 있어 소득보장의 중요 구성부문으로서 생활이 곤궁한 빈곤계층의 최저한의 생활을 보장하는, 이른바 사회보장제도의 최후의 거소(據所)이며, 1961년부터 제정·실시되고 있으나 그 실효를 거두지 못하고 있는 공적부조제도의 양대 부문에 대하여 정책론적인 입장에서 중점적이며 밀도 있는 논의와 연구를 시도함으로써 우리나라 사회보장제도의 개선과 확충 및 발전을 통하여 복지국가의 건설에 공헌하고자 시도하였다.

그러나 필자의 천학비재와 불충분한 연구의 조그마한 결과로서 이 졸저를 세상에 내놓게 되니 송구스러움과 외람된 생각이 앞선다. 강호제현의 질정(叱正)이 있기를 바라며 장차 보완의 기화가 있을 것으로 믿는다.

끝으로 본서의 출판에 있어 원고의 교정과 색인 작성에 수고가 많았던 유기형, 김동국, 신복기 諸氏에게 사의를 표한다.

1980년 4월 30일
초량 우거에서 저자

신섭중 교수가 집필한 「사회보장정책론」은 크게 총론과 각론으로 나누어져 있다. 제1편 총론에서는 사회보장의 기본적 개념, 사회보장의 연구방법과 과제, 사회복지의 역사적 전개와 사상적 배경, 복지국가의 이념과 사회보장정책, 사회보장정책의 이론적 기초로 구성되어 있다. 제2편 각론에서는 한국의 연금제도, 의료보장제도, 산업재해보상보험제도, 공공부조제도, 그리고 고용보험제도를 분석하고 있다.

「사회보장정책론」의 목차는 다음과 같다.

■ **제1편 총편**

제1장 사회보장의 기본적 개념

제1절 사회보장 정의의 음미와 재정립
제3절 사회보장, 공공부조, 사회복지사업 및 관련공공정책의 역할과 관계
제4절 사회보장의 목적과 원칙 및 기준

제2장 사회보장연구방법과 과제

제1절 우리나라 사회보장연구의 목적
제2절 사회보장의 연구방법
제3절 사회보장의 연구과제

제3장 사회보장의 역사적 전개와 사상적 배경

제1절 사회보장의 성립과 역사적 전개
제2절 사회보장의 사상적 배경
제3절 생존권의 보장과 사회보장의 권리성

제4장 복지국가의 이념과 사회보장정책

제1절 복지국가의 이념
제2절 복지국가의 성립과 특징
제3절 복지국가와 사회보장정책

제5장 사회보장정책의 이론적 기초

제1절 사회보장정책의 주체와 대상
제2절 사회보장정책과 완전고용정책 및 최저임금제
제3절 사회보장정책의 소득재분배 기능과 효과
제4절 사회보장의 급여기준 및 재원조달과 사회보장정책
제5절 경제성장정책과 사회보장정책

■ **제2편 각론**

제6장 한국의 국민연금정책

제1절 연금의 성격과 국민연금제도의 의의
제2절 선진제국의 연금제도의 구조와 현황 및 문제점
제3절 국민연금제도의 현황과 분석
제4절 농어민연금제도의 현황과 분석
제5절 국민연금제도의 과제와 개선방향

제7장 한국의 의료보장정책

제1절 의료보장의 의의
제2절 선진제국의 의료보장제도의 특징과 유형
제3절 한국 의료보장의 체계와 현황
제4절 한국 의료보장의 과제와 정책

제8장 한국의 산업재해보상보험정책

제1절 산업화의 추진과 산업재해의 다발
제2절 산업재해보상보험의 의의와 성격

제3절 선진제국의 산업재해보상보험의 특징과 유형
제4절 한국의 산업재해보상보험의 현황과 분석
제5절 한국 산업재해보장보험의 과제와 정책방향

제9장 한국의 공공부조정책

제1절 공공부조의 의의
제2절 공공부조의 원리와 원칙
제3절 신진제국의 공공부조제도의 특징과 유형
제4절 한국의 공공부조제도의 특징과 현황
제5절 한국 공공부조의 과제와 정책

제10장 한국의 고용보험정책

제1절 고용보험의 의의
제2절 선진제국의 고용(실업)보험의 특징과 유형
제3절 한국 고용보험제도의 개요와 현황 분석
제4절 한국 고용보험의 과제와 정책 방향

「**2. 사회복지정책 - 분석과 형성 -**」 (역서)

1980년, 신섭중 교수가 앨라배마대학교 사회복지대학원 석사과정에서 수학할 때 지도 교수였던 찰스 프리그모어 교수가 1979년에 출판한 자신의 저서를 보내왔다. 저서명은 「사회복지정책: 분석과 형성」(Social Welfare Policy: Analysis and Fomulation)이었다. 내용을 살펴보니 신섭중 교수가 앨라배마대학교에서 수학할 때 프리그모어 교수가 강의하던 내용이 보였다. 프리그모어 교수가 그때부터 계속 연구한 것을 저서로 엮은 것임을 알 수 있었다.

신섭중 교수는 프리그모어 교수의 책을 대학원 과정에서 교재로 사용하기 시작했다. 1980년대 초반 당시 한국에서는 국문으로 된 사회복지정책론 교재가 없었다. 가끔 사회복지정책과 관련된 논문이 발표될 정도였다. 사회복지정책론을 강의하는 교수가 해외에서 발간된 사회복지정책론 관련 책들을 구입하여 교재로 사용하곤 했다. 신섭중 교수는 프리그모어 교수의 저서를 번역하기로 하고 1984년 3월 번역서 「사회복지정책론: 분석과 형성」을 출간했다.

책의 내용을 소개하면 다음과 같다.

전체적으로 보면 이 책은 사회복지정책의 분석과 형성에 있어 지침이 되는 합리적인 기준을 제시하고 있으며, 특히 사회적 가치와 전문적 가치와의 연관에서 정책분석에 관한 접근법을 논의했다. 또한 저자는 사회복지정책에 있어 소득보장, 빈곤, 보건 및 정신위생, 주택과 주변 생활공간, 그리고 서비스 전달의 일반적 문제 등 구체적인 정책영역을 검토하고 그 대안적 정책을 제시하고 있다.

이 책의 처음 세 챕터(chapter)는 기초를 닦는 내용인데 저자들은 이들 챕터에서 사회복지정책의 중요성에 대해 설명하고, 정책분석과 형성에 대한 사회적 가치와 전문적 가치의 관계를 논의한 후, 정책분석에 관한 그들의 접근방법을 제시하고 있다.

그 다음 다섯 챕터에서는 구체적인 정책영역이 검토되었다. 구체적인 정책영역이란 소득보장, 빈곤, 보건 및 정신위생, 주택과 주변 생활공간, 그리고 서비스 전달이었다. 다양한 영역에 있어서의 프로그램을 이끌어 가고 있는 현행 정책들을 분석하고 논의하면서 그 대안적 정책을 제시하고 있다.

마지막 세 챕터에서는 학생들에게 사회행동, 사회계획, 그리고 행정을 소개했다. 이들 장은 사회복지정책의 분석과 형성을 정책실행과의 다리를 놓은 역할을 하도록 쓰인 챕터였다. 그러나 이러한 것들은 복합적인 주제들이기 때문에 이들 각 장은 단지 그 입문에 불과했다. 그리고 사회사업대학원의 학생들은 나중에 그들의 전문적인 교과과정에서 이러한 주제들에 대한 강좌를 듣게 될 것으로 보았다.

이 책에서 저자는 사회사업가들이 정책과정에 보다 더 관여할 수 있고 관여해야 한다고 믿고 있었다. 그래서 그들은 교수, 학생, 사회복지사들이 사회정책을 제시하기 위해 그 대안의 분석과 형성의 기반을 닦는 데에 도움이 되는 접근방법을 제시하고 있었다.

이 책에서 가장 관심이 가는 부분은 정책을 분석하는 분석틀이었다. 프리그모어 교수는 다음과 같은 분석틀을 제시했다.

1. 정책은 현대 스타일과 양립하는가?
2. 정책은 평등과 정의에 기여하는가?
3. 정책은 사회사업의 가치와 양립하는가?
4. 정책은 사회의 여타 중요한 가치와 양립하는가?
5. 정책은 정치적으로 수용가능한가?
6. 정책은 합법적인가?
7. 정책은 관련이익집단을 만족시키는가?
8. 정책은 과학적으로 건전한가?
9. 정책은 합리적인가?
10. 정책은 경제적으로 실현가능한가?
11. 정책은 시행가능한가?
12. 정책은 효율적인가?
13. 정책은 그 밖의 다른 사회문제를 발생시키는가?

신섭중 교수는 역자의 말에서 다음과 같이 썼다.

| 역자의 말 |

　　우리나라는 지난 20여 년간 5차에 걸친 경제개발5개년계획 또는 경제사회개발5개년계획의 성공적인 수행을 통하여 연평균 9%의 지속적인 고도경제성장을 이룩함으로써 장래 고도산업사회와 나아가서는 선진복지국가를 지향하는 국가발전의 단계에 이르렀다. 이와 같은 경제·사회의 발전을 토대로 하여 오늘날 우리나라는 복지사회 건설을 국정지표로 삼고 복지국가 건설에 진력하고 있다.
　　이와 같은 시점에서 볼 때 복지국가의 건설에 있어 중요한 것은 지속적인 경제성장정책의 추구와 아울러 효율적인 사회복지정책의 수립과 시행이라 할 수 있을 것이다.

그럼에도 불구하고 비록 우리나라에 있어 사회사업 또는 사회복지학의 도입이 타 분야에 비하여 성격상 뒤늦은 감이 있기는 해도 여태까지 우리나라의 사회복지학계에 있어 사회복지정책 분야의 저서 또는 역서의 출간이 아주 부진했던 것은 사실이다.

더욱이 지난 1950년대 후반부터 오늘에 이르기까지 20여 개의 사회사업 또는 사회복지학과가 경향의 여러 대학에 설치되고, 사회복지정책이란 과목이 거의 필수과목으로 교과과정에 들어가 있음에도 불구하고 이 분야의 저서나 역서의 출간이 매우 적었던 것은 사회복지학도의 한 사람으로서 언제나 아쉬웠던 일이라 할 수 있다.

본서는 미국 Alabama대학의 사회복지정책 담당교수인 Charles S. Prigmore와 Charles R. Atherton의 공저인 Social Welfare Policy - Analysis and Formulation - 를 완역한 것이다. 본서의 저자 중의 한 사람인 Charles S. Prigmore 교수는 본인이 10수년 전 미국의 Alabama대학의 School of Social Work에서의 수학 시 사회복지정책과목을 담당하셨던 은사이기도 하거니와 지난해 본 학과에서 교재로 사용해 본 결과 그 내용이 우리에게 시사해주는 바가 많았기 때문에 번역하기로 하였다.

본서에서 저자는 사회복지정책의 분석과 형성에 있어 지침이 되는 합리적인 기준을 제시하고 있으며, 특히 사회적 가치와 전문적 가치와의 연관에서 정책분석에 관한 접근법을 논의하고 있다. 또한 저자는 사회복지정책에 있어 소득보장, 빈곤, 보건 및 정신위생, 주택과 주변 생활공간, 그리고 서비스 전달의 일반적 문제 등 구체적인 정책영역을 검토하고 그 대안적 정책을 제시하였다. 본서의 내용이 사회복지학도들에게는 사회복지정책의 이해에 도움이 될 것이며 나아가서는 사회복지정책의 입안자와 일선 사회사업가들에게도 참고가 될 것으로 믿는다.

본래 원서의 번역이 제2의 저작에 버금하는 일이란 것은 주지한 바이지만 번역에 있어 용어의 선택과 표현상의 문제로 많은 어려움을 겪었다. 부득이한 경우에는 괄호 속에 원어를 병립하여 이해를 돕고자 시도하였으며 가능한 한 충실한 번역이 되도록 최선의 다하였다.

그러나 역자의 천학비재(淺學菲材)와 부주의로 본의 아닌 오역이나 표현의 미숙이 있었을까 두려우며, 이 점에 대해서는 장차 보완의 기회가 있을 것으로 믿는다.

끝으로 본서의 번역에 적극적으로 협조를 아끼지 않았던 본 학과 대학원을 수료한 박병현, 양정하, 노길상 제군과 원고의 교정과 색인작업 등 본서의 출간에 수고를 아끼지 않았던 본 학과 조교 이삼연 양을 비롯하여 본 대학원생 박문숙, 황성동, 김경호, 박광준 제군들의 수고에 깊이 사의를 표한다. 아울러 본서의 출판을 맡아 준 부산대출판부에도 감사드린다.

1984년 3월 1일
역자

신섭중 교수가 번역 출판한 프리그모어 교수의 저서 「사회복지정책 – 분석과 형성」의 목차는 아래와 같다.

■ **제1부 사회복지정책에 대한 기초와 정책분석 및 형성에 대한 접근**

제1장 사회복지정책분석의 맥락

1. 사회적 갈등의 기능
2. 사회복지에의 욕구
3. 사회복지와 인도주의
4. 비공식적 복지체계에서 공식적 복지체계로의 이행
5. 상호보주의 약사

제2장 현대사회복지정책에 있어서의 가치와 선택

1. 가치와 지식과의 관계
2. 미국에 있어서의 중심적인 가치
3. 사회사업가치
4. 사회복지정책에 언급된 가치와 문제
5. 사회문제, 사회정책 및 사회사업
6. 결론

제3장 정책분석과 형성의 체계적인 과정

1. 평가기준의 필요성
2. 정책분석에 있어서 여타의 준거틀
3. 욕구, 목표 및 정책
4. 정책분석과 형성을 위한 준거틀

■ **제2부 정책분석과 형성에의 도전**

제4장 화폐경제에 있어서의 소득보장

  1. 사회보험의 정의
  2. 노동자재해보상
  3. 실업보험
  4. 퇴직·유족·가족·건강보험
  5. 현행정책과 선택된 대안과의 비교
  6. 결론

제5장 빈곤정책

  1. 빈곤이란 무엇인가?
  2. 현행의 제정책
  3. 현행정책과 가능한 대안
  4. 이러한 접근방법에 의해 나타나는 결과는 무엇인가?
  5. 분석
  6. 결론

제6장 보건 및 정신위생제도에 관한 정책

  1. 목표: 국민건강보험
  2. 국민보건복지제도에의 전조
  3. 현행정책과 선택된 대안과의 비교

제7장 생활공간문제에 관한 정책

  1. 연방정책과 주택산업

2. 연방정책과 저소득층
3. 생활공간에 있어서의 다른 관심사
4. 생활공간에 관한 정책, 어디까지 왔는가?
5. 생활공간에 관한 문제들에 대해 무엇을 행할 수 있는가?
6. 결론

제8장 사회복지정책과 사회복지서비스 전달체계

1. 간단한 예
2. 서비스 전달에 있어서의 정책선택
3. 실례분석
4. 소내실천(所內實踐)과 긴급상담모델의 분석
5. 정책결정의 도달점은 어디가 되어야 하는가?
6. 결론

■ 제3부 사회행동, 기획과 행정: 정책으로부터의 몇 가지 가교

제9장 공공정책에 있어서 의사결정에 미치는 영향

1. 정책결정은 어떻게 이루어지는가?
2. 의사결정의 중심부
3. 제전략에 대한 결언

제10장 정책과 기획의 연결

1. 기획: 서비스 제공에 있어서 제단계 중의 하나
2. 실천가의 과업

제11장 정책과 행정의 연결

1. 행정이란 무엇인가?
2. 행정가는 무엇을 하는가?
3. 행정가의 역할
4. 행정가의 활동
5. 행정과정
6. 훌륭한 의사소통의 중요성
7. 행정가의 중요성

제12장 미래에 대한 전망

1. 미래의 소득보장과 사회복지정책
2. 빈곤
3. 보건과 정신위생
4. 생활공간문제
5. 서비스 전달
6. 결론

「3. 한국사회복지정책론」

1993년 신섭중 교수는 그의 대표저서인 「한국사회복지정책론」을 출간했다. 신섭중 교수가 「한국사회복지정책론」을 출간하기 이전에 사회복지정책과 관련한 서적들이 출간된 적이 있으나 신섭중 교수의 「한국사회복지정책론」은 사회복지정책의 집대성이라고 할 수 있다. 신섭중 교수는 사회복지정책론이라는 일반적인 제목을 붙이지 않고 '한국'을 넣어 「한국사회복지정책론」이라는 제목을 붙였다. 제목에 '한국'을 구태여 넣은 것은 한국의 사회복지정책의 내용을 심층적으로 분석하고 싶은 생각이 있었기 때문이었을 것이다. 그래서인지 이 책의 각론 부분은 한국의 아동복지정책, 청소년복지정책, 장애인복지정책, 노인복지정책을 분석했다.

이 책의 내용은 사회복지의 개념부터 시작하여, 사회복지정책의 개념, 사회복지정책과 관련 공공정책, 복지국가와 사회복지정책, 사회문제와 사회복지정책, 사회복지정책의 형성과 분석, 지방자치와 사회복지행정, 사회복지정책과 재원조달 등 사회복지정책의 모든 분야를 망라하여 기술되고 있다.

　이 책의 가장 특징적인 내용은 사회정책과 경제정책을 동일한 개념으로 보았다는 것이다. 최근에 와서 교과목 명을 '사회복지와 경제'로 하여 교과과정에 포함시키는 학과가 많이 증가했지만 1990년대 이전에는 사회복지학과에서 경제정책의 강의하는 경우는 매우 드물었다. 신섭중 교수는 이 책에서 경제정책과 사회정책을 동일한 개념으로 보면서 사회복지정책의 중요성을 인식시켰다.

　또한 「한국사회복지정책론」에는 비교사회복지정책에 관한 내용이 들어가 있다. 부산대학교 사회복지학과의 박병현 교수가 쓴 이 부분을 구태여 넣은 것은 신섭중 교수가 외국의 사회복지정책에 관해 관심이 많았음을 보여준다.

　지금은 많은 교수들이 사회복지정책을 출간하면서 신섭중 교수의 「한국사회복지정책론」은 절판되었지만 한국의 사회복지정책 연구에 많은 영향을 미쳤다고 할 수 있다.

　신섭중 교수는 「한국사회복지정책론」을 저술하면서 '복지주의'를 자본주의와 사회주의를 초월하는 체제라고 보았으며, 그 '복지주의'의 밑바탕에 사회복지정책이 있다고 보았다. 그래서 한국이 21세기에 복지국가로 나아가기위해서는 사회복지정책의 확립이 필요하다고 보았다.

　그는 「한국사회복지정책론」의 서문에 다음과 같이 썼다.

> 우리나라는 지난 1962년부터 4차에 걸친 경제개발5개년계획과 2차에 걸친 경제사회발전5개년계획을 통해 지속적인 고도경제성장을 성공적으로 수행해 왔다. 그 결과 국민 1인당 GNP도 6천 달러를 상회하게 되어 선진복지국가를 전망하는 국가발전단계에 이르렀다고 할 수 있다.
>
> 일반적으로 복지국가란 모은 국민의 최저생활을 보장하고, 나아가서는 국민의 복지를 증진시키는 것을 국가의 가장 중요한 임무로 하며, 이를 위해 완전고용 및 최저임금제도와 사회보장, 그리고 사

회복지 등의 정책을 실현하는 국가라고 할 수 있다.

이와 같은 복지국가의 주요 특징으로서는 일반적으로 ① 빈곤의 소멸 또는 현저한 감소와 그 의의의 저하, ② 소득의 분배와 재분배에 의한 '평등화'의 경향, ③ 완전고용의 실현, ④ 사회보장의 충실, ⑤ 혼합경제 등의 다섯 가지로 요약될 수가 있다.

복지국가의 체제는 일반적으로 말해 자본주의와 사회주의의 중간체제 또는 혼합체제라고도 할 수 있는 것이다. 그것은 오늘날 복지국가에 있어서는 자유시장경제를 그 기반으로 하며, 생산수단의 대부분이 사유화되어 있다는 점에서 기본적으로는 자본주의경제라고 할 수 있으며, 전술한 바와 같이 복지국가의 특성으로서의 완전고용의 실현이나 사회보장의 충실 또는 누진과세 등에 의한 평등주의에 입각한 소득재분배정책의 추구라는 점에서 사회주의적인 경제요소를 내포하고 있기 때문이다.

그러나 현존하는 복지국가는 근래에 있어서 소련과 동구 사회주의국가들의 붕괴와 더불어 여전히 자본주의국가임에는 틀림이 없으며, 이와 같은 의미에서 오늘날의 복지국가를 '복지자본주의국가'라고 부르기도 하는 것이다.

자본주의와 사회주의를 초월하는 제3주의라고도 할 수 있는 '복지주의'에 입각하여 21세기를 지향하는 복지국가 내지 복지사회건설의 수단으로서 사회복지정책의 확립 또는 확충이 민주화에 따른 국민욕구의 동시 다발적인 분추로가 더불어 오늘날 절실히 요구되고 있다고 할 수 있다.

이와 같은 시점에서 '한국사회복지정책론'이란 제하의 본서의 출판은 뜻이 있는 것으로 나름대로 생각해 보는 것이다.

본서의 자매서라고 할 수 있는 '사회보장정책론'의 증보 개정판이 1989년 출판되었을 당시 자매서로서 본서의 출판을 기약했던 것이다. 그러나 저자가 근무하는 대학의 기획실장, 그리고 사회과학대학장 등의 보직을 맡아 대학의 행정업무에 대부분의 시간을 빼

앗겨 본서의 출간이 이처럼 지연되었다.

 다행히 지난 3월부터 1년 대학당국과 일본사회사업대학의 三浦文夫 학장의 호의로 동 대학원 객원교수로서 연구의 기회가 주어져 이제야 겨우 본서의 출간을 하게 되었다. 이 기회를 빌어서 부산대학교 당국과 三浦文夫 학장에게 깊은 사의를 표하는 바이다.

 본서는 총론 '사회복지정책의 이론'과 각론 '현대 산업사회의 사회문제와 사회복지정책'으로 구분하여 서술하였다.

 총론에 있어서는 제1장부터 제7장에 걸쳐 '사회복지정책의 성격', '사회문제와 사회복지정책', '사회복지정책의 형성과 분석', '사회복지정책과 사회복지계획 및 사회복지행정', '지방자치와 사회복지행정', '사회복지정책과 재원조달', 그리고 '비교사회복지정책의 연구동향' 등의 장명(章名)으로 사회복지정책의 이론을 논의·전개하였다.

 각론에 있어서는 제8장부터 제13장에 걸쳐 '빈곤문제와 빈곤정책', '아동문제와 아동복지정책', '청소년문제와 청소년복지정책', '모자가정문제와 모자복지정책', '장애인문제와 장애인복지정책', 그리고 '노인문제와 노인복지정책' 등의 장명으로 오늘날 우리나라가 직면하고 있는 산업사회의 생활상의 제사회문제의 분석과 그에 대처할 사회복지정책을 논하였다. 각론에 있어서의 각 장은 따로따로 작성·발표한 논문을 수정·보완했기 때문에 상호간 다소 중복된 내용이 있을지도 모르니 독자들의 양해를 구한다.

 본서의 출판에 있어 독자(특히 대학생)의 편의를 도모하기 위해 한글을 전용하였다. 또한 한글만으로는 이해가 어려운 단어에는 독자의 이해를 돕기 위해 한자 또는 영자를 병기하였다.

 본서의 출간이 사회복지학도와 사회복지관계 고시준비생은 물론이거니와 사회복지정책 입안자나 사회복지행정가 그리고 사회복지실천가들에게 일독의 가치가 있을 것으로 기대되며, 우리나라 사회복지 발전에 보탬이 되기를 바라는 마음 간절하다.

그러나 저자의 천학비재(淺學菲才)와 불충분한 연구의 결과로서 졸저를 세상에 내놓게 되어 송구스러움과 외람된 생각이 앞선다. 강호제현(江湖諸賢)의 질책이 있기를 바라며 장차에 있어 수정·보완의 기회가 있을 것으로 믿는다.

본서의 출간에 있어 제7장 '비교사회복지정책의 연구동향'을 기고해 준 본 학과 박병현 박사에게 사의를 표한다. 또한 본서의 출간에 있어 자료의 보완과 원고의 교정 및 색인 작성 등으로 적극 참여해 준 양정하 박사, 박성빈 동국대학교 사회복지학과 전임강사, 그리고 부산대학교 사회복지학과 김경호, 이경희 선생의 수고와 협조에 깊은 사의를 표한다.

특히 우리나라 사회복지의 학문적 박전을 위하여 본서의 출판을 기꺼이 맡아주신 대학출판사 강문성 사장과 편집에 수고가 많으셨던 관계 직원들에게도 심심한 감사를 드리는 바이다.

일본사회사업대학 연구실에서
저자

신섭중 교수의 저서 「한국사회복지정책론」의 목차는 다음과 같다.

■ 제1편 총론 : 사회복지정책의 이론

제1장 사회복지정책의 성격

제1절 사회복지의 개념
  1. 복지의 의미
  2. 사회복지의 개념
  3. 사회복지개념의 확대

제2절 사회복지정책의 정의
  1. 정책의 개념과 특징
  2. 사회복지정책의 정의

제3절 사회복지정책과 관련 일반공공정책
  1. 사회복지정책과 사회보장정책
  2. 사회보장정책과 완전고용정책 및 최저임금제
  3. 사회정책과 경제정책
  4. '사회=경제정책'과 인적, 물적 자원을 대상으로 하는 관련 일반공공정책
  5. '총합사회정책'과 관계적, 문화적 자원을 대상으로 하는 관련 일반공공정책

제4절 복지국가와 사회복지정책
  1. 복지국가의 정의와 특징
  2. 복지국가와 복지사회와의 구별
  3. 복지국가와 사회복지정책의 기능

제2장 사회문제와 사회복지정책

제1절 사회변동과 사회문제
  1. 사회문제의 정의와 그 원인
  2. 사회변동의 정의와 그 원인

제2절 산업사회의 정의와 발전단계
  1. 산업사회의 정의
  2. 산업사회의 발전단계

제3절 탈산업사회와 그 특징적 구성요인

제4절 고도산업사회·탈산업사회의 생활문제와 사회복지정책
  1. 산업화·도시화·핵가족화와 사회문제
  2. 고도산업사회·탈산업사회의 생활문제와 사회복지정책

제3장 사회복지정책의 형성과 분석

제1절 사회복지정책의 형성과 체계
  1. 사회복지정책의 목적
  2. 사회복지정책의 주체
  3. 사회복지정책의 대상
  4. 사회복지제도의 체계에 있어 사회복지정책의 위치와 기능

제2절 사회복지정책의 목표와 가치의 선택
  1. 사회복지정책의 목표(목적)와 가치와의 관계
  2. 사회복지정책의 주된 가치개념과 그 선택
  3. 사회복지정책의 가치선택에 있어서의 모순과 조화

제3절 사회복지정책의 가치이념과 정책기준
　1. 사회복지정책의 기준으로서의 유효성
　2. 사회복지정책의 원칙으로서의 사회권과 유효성의 관계
　3. 사회복지정책의 유효성과 사회적 자원 및 재정
　4. 사회복지정책의 목표 및 수단과 사회권

제4절 사회복지정책의 분석과 형성과정
　1. 정책분석의 목표와 특징
　2. 사회복지정책의 분석과 형성을 위한 준거틀
　3. 사회복지정책의 형성과정과 전문가의 역할

제4장 사회복지정책과 사회복지계획 및 사회복지행정

제1절 사회복지정책과 사회복지계획
　1. 사회복지계획의 개념
　2. 사회복지계획의 과정과 계획화원리, 기능 및 실천적 단계
　3. 사회복지정책과 사회복지계획

제2절 사회복지정책과 사회복지행정
　1. 사회복지행정의 정의와 특징
　2. 사회복지행정의 과정과 기능 및 사회복지행정가의 역할
　3. 사회복지정책과 사회복지행정과의 관계

제3절 사회복지정책과 사회복지의 전달체계
　1. 사회복지정책에 있어 전달체계의 의의
　2. 사회복지서비스 전달의 문제점과 전략

제4절 사회복지정책의 집행과 평가
　1. 사회복지정책의 집행
　2. 사회복지정책의 평가

제5장 지방자치와 사회복지행정

제1절 지방자치와 민주주의
  1. 우리나라 지방자치제의 연혁과 실시
  2. 지방자치의 정의
  3. 지방자치와 민주주의의 정착

제2절 지방자치와 사회복지의 공사책임분담
  1. 경영주체에 따른 사회복지의 공사구분
  2. 공적 사회복지와 민영(간) 사회복지의 관계
  3. 공적사회복지사업과 민영 사회복지사업의 특성과 분야
  4. 공적 사회복지와 민영(간) 사회복지사업의 관계 변화와 전망

제3절 지방자치의 실시와 사회복지행정의 전망
  1. 지방자치단계의 복지행정에 대한 법적 책임과 역할
  2. 지방자치의 실시와 사회복지의 증진효과
  3. 지방자치의 실시와 사회복지재원의 확보

제6장 사회복지정책과 재원조달

제1절 사회복지정책에 있어 재원조달의 중요성
제2절 재원조달의 방법과 원칙
제3절 우리나라 사회복지재원조달의 형황과 분석
제4절 우리나라 사회복지 재원조달의 문제점과 개선방향

제7장 비교사회복지정책의 연구동향

제1절 비교연구방법의 개념
제2절 비교사회복지정책의 개념과 연구동향

제2절 비교사회복지정책의 목적

제3절 비교사회복지정책의 한계

제4절 비교사회복지정책 비교연구의 이론적 모형
  1. 경제적 요인
  2. 산업화 요인
  3. 정치적 요인
  4. 문화적 요인

■ **제2편 : 현대 한국 산업사회의 사회문제와 사회복지정책**

제8장 빈곤문제와 빈곤정책

제1절 빈곤개념의 현대적 재조명

제2절 현재 생활구조의 변화와 새로운 빈곤
  1. 고도경제성장에 따른 생활조건 및 생활구조의 변화
  2. 새로운 빈곤의 대두

제3절 우리나라 빈곤의 실태 분석
  1. 저소득 보호의 범위
  2. 저소득층 보호의 내용
  3. 저소득층 지원 행정체계
  4. 저소득층 지원 예산

제4절 우리나라 빈곤의 원인과 특성
  1. 우리나라 빈곤의 원인
  2. 우리나라 빈곤의 특성

제5절 우리나라 빈곤대책의 방안
　1. 저소득층 선정범위와 최저생계비의 합리적 책정
　2. 저소득층 보호내용의 현실성
　3. 생활보호행정 체계의 확립
　4. 예산의 획기적인 증액의 필요성

제9장 아동문제와 아동복지정책

제1절 아동복지의 정의와 이념 및 원칙
　1. 아동복지의 정의
　2. 아동복지의 이념과 원칙

제2절 사회변동과 아동복지

제3절 사회복지정책 차원에 있어서의 아동복지정책의 재차원
　1. 사회복지정책의 차원
　2. 아동복지정책의 재차원

제4절 아동복지의 현황과 분석
　1. 아동복지의 대상
　2. 요보호아동복지서비스
　3. 일반아동복지서비스
　4. 아동복지법제
　5. 아동복지 전달체계
　6. 아동복지 재정

제5절 아동복지의 과제와 정책방향
　1. 가정·학교·지역사회의 기능 강화
　2. 아동복지 시설의 확충

3. 시설수용의 불우아동 대상
4. 아동복지 유관기관의 정비와 전달체계의 확립
5. 아동복지 예산의 획기적인 증액

제10장 청소년문제와 청소년복지정책

제1절 청소년의 일반적 특질과 청소년문제의 정의
   1. 청소년의 일반적 특질
   2. 청소년문제의 정의

제2절 산업화·도시화·핵가족화와 청소년문제의 본질

제3절 우리나라 청소년문제의 현황과 분석
   1. 청소년인구의 현황 및 특성과 추이
   2. 가족생활과 청소년문제
   3. 학교생활과 청소년문제
   4. 직장생활과 근로청소년문제
   5. 지역사회생활과 청소년문제
   6. 비행과 비행청소년문제

제4절 우리나라 청소년복지정책의 방향
   1. 가정생활과 청소년복지정책
   2. 학교생활과 청소년복지정책
   3. 직장생활과 근로청소년복지정책
   4. 지역사회생활과 청소년복지정책
   5. 비행청소년복지정책

제11장 모자가정문제와 보자복지정책

제1절 현대산업사회와 모자가정

제2절 모자가정의 실태와 문제점
   1. 모자가정의 실태
   2. 모자가정의 문제점

제3절 모자가정을 위한 사회복지정책의 내용과 문제점
   1. 외국의 모자복지제도 및 내용
   2. 우리나라의 모자가정을 위한 사회복지정책과 문제점

제4절 우리나라 모자가정정책의 방향
   1. 제도적 측면
   2. 정책적 측면

제12장 장애인문제와 장애인복지정책

제1절 장애인복지정책의 성격
  1. 장애인의 개념
  2. 장애인복지의 개념
  3. 장애인복지의 특성
  4. 장애인복지정책의 필요성
  5. 장애인복지정책의 주체와 대상

제2절 장애인복지정책의 기본 이념
  1. 자립
  2. 정상화
  3. 통합화
  4. 참가

제3절 우리나라 장애인복지의 실태
　1. 장애인 확정인구 및 등록사업
　2. 장애인의 경제활동 상황
　3. 장애인 시설
　4. 장애인의 의료 및 직업재활 현황
　5. 장애인복지의 현행 관계법과 행정전달체계
　6. 장애인복지의 재정 현황
　7. 장애인의 생활관경과 사회적 편견

제4절 우리나라 장애인복지정책의 방향
　1. 장애발생예방사업의 강화와 장애인등록제의 활성화
　2. 의료 및 직업재활사업의 확충
　3. 장애인 취업기회의 확대
　4. 특수학교의 대폭 증설
　5. 재가장애인복지서비스의 확대
　6. 장애인 생활환경과 국민의식의 개선
　7. 장애인복지의 행정전달체계의 확립과 재정지원의 확충

제13장 노인문제와 노인복지정책

제1절 사회변동과 노인문제
　1. 산업화와 노인문제
　2. 인구고령화의 패턴
　3. 노인문제의 현대적 특성

제2절 노인복지의 개념과 정책체계
　1. 개념과 원칙
　2. 노령보장의 3단계

3. 노인복지의 정책체계와 접근방법

제3절 노인복지관련여건의 변화
   1. 고령인구의 동향
   2. 사회경제적 여건 변화
   3. 문화적·심리적 여건변화

제4절 선진제국의 노인복지정책
   1. 영국의 노인복지정책
   2. 미국의 노인복지정책
   3. 일본의 노인복지정책
   4. 최근 선진제국의 노인복지정책 동향

제5절 한국 노인복지정책의 분야별 과제와 방향
   1. 정책이념과 기본방향
   2. 소득보장과 정년제
   3. 노인의 보건과 의료보장
   4. 사회복지서비스
   5. 노인복지시설의 확충
   6. 재가노인복지의 추진

「4. 세계의 사회보장」(공저)

신섭중 교수는 1994년 세계 주요국의 사회보장제도의 역사, 현황, 그리고 전망을 살펴보는 「세계의 사회보장: 역사, 현황, 그리고 전망」을 출간했다. 이 책은 영국, 스웨덴, 서독, 프랑스, 미국, 중화민국, 일본, 중국, 호주, 캐나다, 한국 등 11개국의 사회보장제도의 역사, 현황, 그리고 전망을 살펴보는 책이다. 각 챕터의 저자들은 모두 그 나라에서 수학하였거나 그 나라 사회복지학과의 교수들이다. 이 책은 세계 각국의 사회보장제도를 한 눈에 볼 수 있고, 국가 간의 사회보장제도를 비교할 수도 있는 매우 유용한 책으로 인정받았다.

「세계의 사회보장」에 등장하는 국가는 11개 국가인데 이들 국가에서 수학한 교수나 그 국가에서 교수를 하고 있는 분을 섭외하는 일은 쉬운 일이 아니다. 하지만 신섭중 교수의 전세계에 걸친 그의 인맥으로 「세계의 사회보장」이라는 명저를 출간했다. 이 책은 1994년에 초판이 출간되었다가 2001년에 개정판을 출간되었다. 소개되는 목차는 2001년 개정판의 목차이다.

제1편 영국의 사회보장
(박광준, 신라대학교 사회복지학과 교수)

I. 서론

II. 사회복지의 전사
  1. 무엇을 사회보장의 시작으로 볼 것인가?
  2. 구빈법 탄생의 배경
  3. 엘리지베스구빈법의 전개과정
  4. 신구빈법

III. 사회개혁으로서의 사회보장의 성립과 확충
  1. 구빈법의 한계와 사회개혁사상의 대두
  2. 자유당 사회개혁의 내용
  3. 전간기의 경험과 사회보장
  4. 베버리지보고서와 복지국가의 성립
  5. 전후 사회보장의 확충

IV. 대처리즘과 사회보장의 변화
  1. 대처리즘의 대두
  2. 대처리즘 하의 소득보장제도
  3. 의료보장제도의 변화

V. 영국 사회보장의 현황
   1. 소득보장제도의 현황
   2. 의료보장제도의 현황

VI. 사회보장의 문제점과 과제
   1. 소득보장의 문제점과 과제
   2. 의료보장의 문제점과 과제

VII. 토니 블레어 정부의 사회보장개혁의 전망
   1. 새로운 정치이념으로서의 제3의 길
   2. 블레어 정부의 사회보장 개혁 계획
   3. 사회보장개혁의 전망

제2편 스웨덴의 사회보장
(천세충, 국제문제연구소 Fellow)

I. 스웨덴의 역사적 발전

II. 창조된 복지낙원
   1. 집권당의 정책
   2. 행운, 지리 및 인화

III. 사회보장제도의 특징
   1. 사회복지정책의 발전
   2. 각 부문 별 정책

IV. 복지국가의 고뇌
  1. 스웨덴의 동향
  2. 스웨덴 모델의 부침

제3편 독일의 사회보장
(유광호, 한국정신문화연구원 교수)

I. 사회보장의 개념

II. 사회보장의 역사적 전개
  1. 세계 최초의 사회보험
  2. 두 차례 세계대전 시기의 사회보장
  3. 전후 서독의 사회보장

III. 현행 사회보장의 중요 내용
  1. 개관
  2. 사회보험
  3. 사회부조
  4. 공적원호
  5. 특수형태 및 기타 사회복지서비스

IV. 현행 사회보장의 특징, 문제점 및 전망
  1. 특징
  2. 문제점,
  3. 전망과 과제

제4편 프랑스의 사회보장

(나병균, 한림대학교 사회복지학과 교수)

I. 사회보장의 개념
　1. 사회보장과 사회보호
　2. 사회보장: 두 가지 상이한 원리

II. 사회보장의 사적 전개
　1. 프랑스 대혁명 전단계
　2. 19세기: 부조에서 재해예견적 조치로
　3. 20세기: 사회보험에서 사회보장으로
　4. 사회부조제도의 성립

III. 현행제도
　1. 개관
　2. 급여
　3. 행정
　4. 재정

IV. 프랑스 사회보장의 특성
　1. 특성
　2. 문제점

V. 1980년 이후 사회보장정책의 변화
　1. 사회당 집권기에 도입된 새로운 제도들
　2. 사회보장의 위기
　3. 쥐베안

VI. 결론: 프랑스 사회보장의 장래와 시사점
1. 프랑스 사회보장의 장래
2. 한국 사회보장에의 시사점

제5편 미국의 사회보장
(박병현, 부산대학교 사회복지학과 교수)

I. 서론

II. 역사적 전개
1. 제도의 성립 이전
2. 제도의 성립: 1930 – 1940년
3. 제도의 발전: 1940 – 1970년
4. 제도의 위기: 1975 – 1985년
5. 제도의 안정: 1985년 이후

III. 현행 사회보장의 내용
1. OASDHI 프로그램
2. 실업보험
3. 근로자보상제도
4. 공공부조 프로그램

IV. 사회보장의 특징 및 문제점
1. 사회보장제도의 특징
2. 사회보장제도의 문제점

V. 사회보장의 전망
  1. 제도의 대상
  2. 급여수준문제
  3. 재정문제

제6편 캐나다의 사회보장
(Ray J. Thomlison, Professor, Florida International University)

I. 캐나다의 상황

II. 캐나다의 사회복지 프로그램

III. 캐나다 사회복지에 대한 현재의 쟁점

IV. 미래를 위한 고려사항

제7편 호주의 사회보장
(김형식, 중앙대학교 아동복지학과 교수)

I. 서론

II. 사회복지의 환경요인
  1. 복지사상
  2. 정치·경제·사회적 배경

III. 사회복지 개요
1. 사회복지 입법 및 행정체제
2. 사회복지 지출

IV. 사회보장의 분석
1. 사회보험
2. 공공부조
3. 사회복지서비스
4. 취업보호 및 직업훈련

V. 평가 및 전망

제8편 중화민국의 사회보장
(임춘식, 한남대학교 사회복지학과 교수)

I. 서론

II. 사회보장정책의 수립과 발전과정
1. 헌정 이전
2. 헌법 규정
3. 헌정 이후

III. 사회보장제도의 현황
1. 사회보험
2. 사회구조
3. 사회복지서비스
4. 의료보건

IV. 사회보장정책의 최근 동향
  1. 복지행정체제의 건립과 전문요원 양성
  2. 사회복지예산이 충실한 운영
  3. 전민의 참여와 기업인의 동참
  4. 사회보장입법의 체계적 수립
  5. 평가제도 확립
  6. 연구활동의 강화 및 국제교류협력의 강화

V. 결론

제9편 일본의 사회보장
(신섭중, 일본 나가사키국제대학 의료복지학부 교수)

I. 사회보장제도의 구조
  1. 사회보장의 의의
  2. 사회보장제도의 구조

II. 사회보장제도의 성립과 발달

III. 사회보장의 현황과 분석
  1. 사회보장부문
  2. 아동수당부문
  3. 생활보호부문
  4. 사회복지부문
  5. 보건의료

Ⅳ. 사회보장의 특징

Ⅴ. 사회보장의 문제점과 전망
  1. 사회복지의 전반적 문제점과 전망
  2. 사회보장의 중요 부문별 문제점과 전망

제10편 중국의 사회보장
(이수영, 일본 현립대학 사회복지학과 교수)

1. 서론

Ⅱ. 헌법과 이에 근거하는 사회보장 제법률

Ⅲ. 관계법률 등의 법사정에 있어서의 문제점

Ⅳ. 중국의 사회보장사업의 현황과 문제점

Ⅴ. 복지시설과 사회구제
  1. 도시부의 복지시설
  2. 생활보호
  3. 도시 최저생활보장제도
  4. 농촌부의 경로원과 '五保戶'

Ⅵ. 장애자복지
  1. 장애자보장법
  2. 장애자 대국
  3. 특수교육
  4. 재활

VII. 최근의 동향
1. 10년래의 동향
2. 농촌에 있어서 사회양로보험의 움직임

VIII. 전망

제11편 한국의 사회보장
(손준규, 동국대학교 명예교수)

I. 역사
1. 사회보험의 태동
2. 사회보장제도의 창설과정

II. 현황
1. 연금보험
2. 의료보험
3. 산업재해보상보험
4. 고용보험

III. 전망
1. 국민연금
2. 의료보험
3. 산재보험
4. 사회보장의 전망
5. 맺는 글

「5. 사회복지의 역사와 과제」
신섭중 교수 회갑 기념 논문집

신섭중 교수는 1994년 회갑을 맞이했다. 신섭중 교수의 제자들과 신섭중 교수를 존경하는 전국에 걸친 교수들이 논문을 보내와 신섭중 교수 회갑 기념 논문집인 「사회복지의 역사와 과제」가 발간되었다. 「사회복지의 역사와 과제」는 제1부와 제2부로 나누어져 있는데 제1부는 사회복지의 역사에 관한 논문으로 구성되었고, 제2부는 사회복지의 과제 부분으로 구성되었다.

신섭중 교수 회갑 기념 논문집 「사회복지의 역사과 과제」 목차는 다음과 같다.

제1부 사회복지의 역사

- 1910년대 미국 사회보험 논쟁의 계급적 특성 | 원석조
- 18세기 영국 작업자의 용도와 작업장선서법 | 김동국
- 부우스의 빈곤조사에 관련된 세 개의 새로운 논의에 관한 연구 | 박광준
- 영국과 미국의 사회복지제도발달 비교 – 1850~1930 - | 박병현
- 대처 집권기의 사회정책의 변화 | 앙정하
- 일본 아동수당제도의 성립배경과 정책형성과정에 관한 연구 | 박경일

제2부 사회복지의 과제

- 사회사업 실습교육 지침개발에 관한 연구 | 남세진·조흥식
- 불법취업 외국인의 복지문제와 사회사업의 과제 | 박종삼
- 모자복지 증진을 위한 지역사회 활동 | 전재일

- 미국의 노인장기요양보호사업 | 차흥봉
- 한국사회복지전달체계의 발전방안 | 이정호
- 대전시 사회복지시설의 현황과 과제 | 임춘식
- 입양가족을 위한 가족치료: 입양가족의 위기 | 배태순
- 재가복지사업과 사례관리적용방법 | 김범수
- 영·유아보육법의 문제점과 개선방향: 아동복지적 측면에서 | 문선화
- 공동모금의 이념 및 조직원리에 관한 연구 | 류기형
- 기업복지의 원리와 한국 기업복지의 추진 방향 | 신복기
- 욕구, 사회문제 및 사회복지 | 현외성
- 재가노인복지서비스의 활성화 방안 | 김수영
- 복지수요자 관점에서 본 한국의료복지제도 | 박차상
- Theories of Poverty: An Overview | 황성동

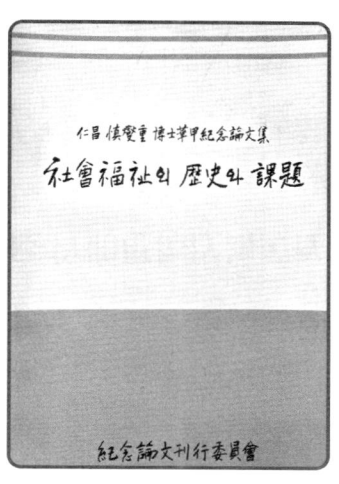

회갑기념논문집을 증정 받는 신섭중 교수, 왼쪽은 부산대 사회복지학과 신복기 교수

부산대학교 사회복지학과에서 정년퇴임을 하다

신섭중 교수는 1999년 2월 28일 부산대학교 사회복지학과에서 정년퇴임을 했다. 정치학과 교수를 꿈꾸어 왔지만 1971년 4월 매화와 튤립이 아름답게 어우러진 날 만난 총장이 정치학 공부 그만두고 사회사업학과를 맡아서 운영하란 말에 사회복지로 선회한지 28년이 지난 후였다.

부산의 대표적 일간지인 부산일보(1999.2.19)는 다음과 같이 신섭중 교수의 정년퇴임 소식을 전했다.

스승 앞장서자 제자 뒤따르고...
정년퇴직 부산대 신섭중 교수 후학 장학금 1천만 원 쾌척

부산의 한 교수가 정년퇴직하면서 학과 후학들을 위해 1천만 원을 내놓자 제자들도 1천만 원을 모아 장학기금으로 쾌척, 잔잔한 감동을 주고 있다. 1999년 2월 26일 정년퇴임하는 부산대 신섭중 교수(65.사회복지학과)는 학과 후학들을 위해 도움이 되는 일이 없을까 고민하다 지난해 부산시로부터 받은 부산시문화상 상금

(5백만 원)을 포함, 1천만 원을 사회복지학과 장학기금으로 내놓았다. 신교수는 "사회복지학과의 경우 자신이 어려우면서도 사회복지에 이바지하기를 꿈꾸는 소년소녀가장이나 장애인 입학생들이 많다는 점을 감안, 퇴직 기념으로 장학기금을 조성하는 것이 가장 바람직하다고 생각했다."고 밝혔다. 신 교수는 지난 1970년 부산대에 사회복지학과가 설립될 당시 가장 먼저 임용된 교수로 사회복지학과를 만든 장본인이라 해도 과언이 아니라는 게 주위의 평이다. 꼼꼼한 성격에 "명강의"로 소문난 신 교수는 지난 1989년 사회과학대 학장을 역임했으며 이에 앞서 1986년에는 한국사회복지학회장을 지낸 사회보장 및 사회복지정책 분야의 권위자로 꼽히고 있다. 한편 신 교수로부터 수업을 받은, 이미 대학을 졸업한 제자들도 십시일반으로 성의껏 1천만 원을 거둬 신 교수의 장학기금 조성사업에 동참, 요즘 드물게 보는 사제일체의 귀감으로 사상최악의 취업난으로 우울한 캠퍼스에 한줄기 "온풍"이 되고 있다. 사회복지학과 관계자는 "이번 장학기금조성은 스승과 제자가 합심, 첫 '벽돌'을 한 장 놓은 것"이라며 "앞으로 많은 '벽돌'들이 모여 어려운 대학생들을 돕는 보호막이 되기를 기대한다."고 말했다.

신섭중 교수 정년퇴임기념 및 장학기금 전달식

신섭중 교수의 학문 세계

　신섭중 교수는 한국의 사회복지 연구에 있어서 사회복지정책을 전공한 제1세대였다. 그는 학부와 대학원 석사과정에서 정치학을 전공 한 후 사회복지학 연구자로 전향했다. 사회복지학은 응용사회과학이어서 다른 학문 영역의 이론과 연구방법을 원용한다. 사회복지정책론은 정치학, 사회학, 경제학 영역의 이론과 연구방법을 원용하는 경우가 많다. 신섭중 교수가 학부와 석사과정에서 정치학을 전공한 것은 사회복지정책 연구에 많은 긍정적인 영향을 미쳤다고 할 수 있다. 신섭중 교수는 정책결정에 관해 관심이 많았는데 이것도 정치학 배경이 영향을 미쳤다고 볼 수 있다.

　신섭중 교수의 학문 세계의 특징은 사회복지와 경제의 균형 추구였다. 신섭중 교수는 경제성장 없이는 사회복지정책이 존재할 수 없다는 것과 경제성장만 추구하면 그 국가의 사회복지 수준은 최저 수준에 머물러 있을 뿐만 아니라 경제적 효율성도 한계에 봉착한다는 철학을 지니고 있었다. 신섭중 교수는 1995년에 출간된 「사회보장연구」 제11권에서 다음과 같이 기술했다.

고도경제성장에는 자연파괴, 과도의 개인권리의식의 현출, 정부에 의 의존성 등 바람직스럽지 못한 영향을 미친 면도 있으나 대체로 생활수준의 향상에 공헌한 것으로 생각된다. 즉 ① 경제 확대에 의한 소득수준의 향상과 물적 생산의 증대, ② 그것에 의한 절대적 빈곤으로부터의 탈출, ③ 선택의 자유와 그 폭의 증대, ④ 실업의 해소와 이중구조의 해소, ⑤ 영양개선이나 의료의 보급에 의한 질병의 감소와 수명의 연장 등의 플러스 면을 가져왔다. 고도경제성장이 이와 같은 플러스 면을 가져오게 되었다고 하여, 그것이 사회보장제도의 필요성을 작게 하는 것은 아니다. 오히려 사회보장제도를 더욱더 필요불가결한 것으로 할 뿐 아니라 그것의 기초가 되는 경제효율을 높임으로써 더한층 공헌을 할 수 있게 되는 것이다. 즉 한편으로는 고도경제성장을 하는 가운데 어떠한 사정으로 그것의 은혜를 입지 못한 사람들에 대하여 이른바 안전망(safety-net)의 역할을 함과 아울러 다른 한편으로는 사회보장의 충실에 의하여 경제효율을 높이는 역할을 하는 것이다.

즉, 신섭중 교수는 경제성장이 생활수준의 향상에 공헌한 면이 있지만 그러한 면이 있다고 해서 사회보장이나 사회복지정책의 필요성이 적어지는 것은 아니라고 보았다. 오히려 사회보장제도나 사회복지정책이 경제적 효율성을 높일 수 있다고 보았다.

또한 신섭중 교수는 그의 학문 세계에서 끝없이 한국형 사회복지 모형을 찾으려고 노력했다. 그는 한국의 고유문화에 바탕을 둔 사회복지의 형태를 찾으려고 노력했다. 신섭중 교수는 언젠가 발표한 논문에서 다음과 같이 기술했다.

복지와 문화는 결코 별개의 것이 아니라, 어느 국가적, 지역적, 집단적, 개인적 생활상의 곤란과 장애의 해결을 위해서는 국가, 지역, 그리고 집단의 문화적 환경을 배경으로 그 문화적 행동양식에 따라 사회복지를 실천하지 않으면 그 실표를 거둘 수가 없을 것이다. 이와 같은 의미에 있어 복지문화는 복지조직이나 복지시스템을 움직이는 원동력이 된다고 할 수 있다. 따라서 복지조직 또는 체계를 움직이는 원동력이 되는 복지문화에 뿌리박은 아시아적 또는 한국적 사회복지 내지 가족복지의 정착을 위해서는 가족관계에 있어서의 가족집단주의의 윤리체계를 그 본질로 하는 동양의 유교문화의 현대화를 통해 아시아 각국의 고유문화에 입각한 아시아 사회복지의 이론과 실천기술의 개발 연구에 주력해야 할 것이다.

신섭중 교수는 한국적 사회복지정책 모형의 기본 이념으로 (1) 시장이념과 탈시장이념의 조화, (2) 경제성장과 분배정의의 조화 추구, (3) 세계적 보편성과 한국적 특수성의 조화를 제시했다.

이 외에도 신섭중 교수는 사회복지교육에 있어서 사회사업실천과 사회복지정책의 균형을 추구했다. 그는 자신이 전공하는 사회복지정책이 다른 전공분야보다 우월하다는 인식을 가지지 않았다. 신섭중 교수는 사회복지의 미시적인 사회사업실천과 거시적인 사회복지정책은 동전의 양면과도 같아서 서로 조화를 이룰 때 사회복지가 최적의 상태가 될 것으로 보았다.

신섭중 교수는 퇴임할 무렵 대학 교육에 있어서 학생들의 성적의 대한 평가방법이 절대평가에서 상대평가로 흐르는 경향을 강하게 비판했다. 신섭중 교수는 상대평가제도는 학생들의 창의성을 상실하게 만든다고 보았다. 상대평가를 하게 되면 학생들이 서열에 익숙해지며, 서열에 익숙해진 학생들은 창의성을 발휘할 수 없다고 보았다.

신섭중 교수는 상대평가제도는 더 나아가 학생들의 도전 정신과 상생(相生)의 정신을 말살시킨다고 보았다. 학생들은 어렵고 과제가 많은 과목

이더라도 많이 배울 수 있는 과목이라면 수강하여 개인의 학문적 발전을 도모해야 한다고 보았다. 하지만 상대평가제도는 학생들의 도전정신을 도모하기는커녕 좋은 학점을 받으려고 저학년 수업을 골라 듣도록 조장하며 학생들로 하여금 상생을 통해 화합을 이루기보다는 다른 학생들을 경쟁의 상대로 보게 한다며 상대평가제도를 강하게 비판했다.

이 외에도 신섭중 교수는 상대평가제도는 변화하는 세계의 시대정신에도 부합하지 않는다고 보았다. 대학은 평가 목적을 다른 사람과의 비교를 통한 차별적 보상에서 개개인의 역량 개발로 바꾸어야 할 때이며, 학점을 등급별로 강제 할당할 것이 아니라 노력에 대한 정당한 평가를 받는 공정한 시스템으로 바꾸어야 한다고 보았다. 신섭중 교수는 대학 교육의 목표를 경쟁을 통한 개인 업적 추구에서 협력을 통한 집단지성을 강조하는 방향으로 전환해야 하며, 학생들은 다른 학생과의 비교가 아니라 교수와 학생이 설정한 목표 달성 정도에 따라 평가 받아야 한다고 주장했다.

특히 더불어 사는 세상을 추구하는 사회복지학과는 학생들의 성적을 상대적으로 평가하면 절대 안 된다고 주장했다. 이러한 관점은 미국에서 공부할 때 사회복지대학원 학생들이 '나는 A학점을 받고 너는 C학점을 받으면 좋겠다'가 아닌 '우리 모두 같이 노력해서 A학점을 받자'라는 가치 아래 더불어 공부하는 모습을 보고 생겨난 것이었다.

신섭중 교수는 어떤 사람이었는가?

학구열이 높았던 사람

신섭중 교수의 학구열은 끝이 없었다. 그래서 신섭중 교수에게는 교수라는 직업이 천직이었는지도 모른다. 그는 연구실에 있을 때 다른 일이 없으면 항상 책을 보거나 논문이나 책 원고를 쓰곤 했다. 그는 학구열뿐만 아니라 지구력 또한 대단했다. 한번 집필하기 시작하면 세 시간은 기본이고 네 시간 다섯 시간 계속 앉아 집필을 했다.

필자는 생애사를 쓰면서 도서관에서 신섭중 교수가 쓴 논문을 찾아 읽었다. 논문 편수도 많았거니와 지금으로부터 20년 혹은 30년 전에 작성된 논문이지만 그 내용도 탁월해서 지금도 그대로 인용할 수 있는 내용이었다. 신섭중 교수의 논문과 저서는 시대의 변화에 따라 적절한 주제로 집필되면서 그 시대의 좌표가 될 수 있는 내용들이어서 그가 얼마나 학구열이 높았는지를 다시 확인할 수 있었다〈부록의 신섭중 교수 논문 참조〉.

제자 사랑이 유별났던 사람

신섭중 교수의 제자 사랑은 유별났다. 신섭중 교수가 가장 사랑했던 제자는 유기형이었다. 유기형은 1972년 부산대학교 사회사업학과에 입학했다. 그는 한국전쟁 때 아버지를 잃고 어머니가 키운 유복자였다. 그의 어머니는 재혼을 하지 않고 독자인 유기형을 애지중지 길러 부산대학교 사회사업학과에 입학시켰다.

유기형의 부산대학교 사회사업학과에서의 성적은 탁월했다. 신섭중은 성격이 온순하고 학업성적이 탁월한 유기형을 유심히 관찰하면서 미래 부산대학교 사회사업학과 교수로 키우기로 했다. 그러나 유기형은 어머니를 모시기 위해서는 대학원에 진학하기보다는 직장을 가져야한다고 생각했다. 하지만 신섭중 교수의 설득으로 학문의 길로 들어섰다.

유기형은 학부 재학 중 한번도 1등을 놓친 적이 없었고 1976년 2월 부산대학교 졸업식에서 전체 수석졸업자로 선정되어 대통령상을 수여받았다. 그리고 부산대학교 대학원 사회사업학과 석사과정에 진학하여 교수의 길로 나아가기 시작했다. 유기형은 1978년 2월 석사학위를 수여받고 1년의 조교생활을 거친 후 1979년 5월에 부산대학교 사회사업학과 전임강사로 임용되었다. 그때 그의 나이 스물일곱이었다. 유기형 교수는 서울대학교 사회복지학과에서 문학박사학위를 수여받았으며 부산대학교 사회과학대학장과 행정대학원장, 한국사회복지학회장을 역임했다. 그는 2017년 2월 28일 정년퇴임을 했다. 사실 신섭중 교수의 생애사는 신섭중 교수의 수제자였던 유기형 교수가 집필하는 것이 마땅했다. 하지만 유기형 교수는 건강이 좋지 않아 2019년 영면하여 필자가 대신 집필하게 되었다.

신섭중 교수의 제자 사랑은 여기에서 그치지 않았다. 신섭중 교수는 직장 생활을 하던 신복기를 학과로 불러들여 공부를 하게 하면서 교수가 되게 했다. 신복기 교수는 부산대학교 사회과학대학장, 행정대학원장, 대학본부의 대학원장을 역임하면서 부산대학교 발전에 기여했다. 신복기 교수와 유기형 교수는 부산대학교 사회복지학과 72학번 동기였다. 동기 두 사람이 한 학과에 교수로 있으면 사이가 좋지 않은 경우가 많은데 유기형과 신복기 두 사람은 서로의 약점을 절묘하게 보완하면서 쌍두마차가 되어 부산대학교 사회복지학과를 이끌었다.

신섭중 교수는 학문에 뜻을 둔 제자들의 해외 유학에도 많은 도움을 주어 부산대학교 사회복지학과 77학번인 박병현과 황성동이 미국 유학을 가는 데 많은 도움을 주었다. 박병현과 황성동이 미국 West Virginia University 사회복지대학원 석사과정에서 공부하고 있을 때 신섭중 교수는 자신이 유학을 보낸 두 학생을 격려하기 위해 West Virginia University가 있는 미국 산골마을 Morgantown을 방문하기도 했다.

부산대학교 사회복지학과 77학번 박광준도 신섭중 교수가 아끼던 제자였다. 신섭중 교수는 박광준을 일본 불교대학교 사회복지학과 우에다 치아키(上田千秋) 교수에게 소개했다. 박광준은 신섭중 교수의 기대에 부응하였고 우에다 교수의 사랑을 듬뿍 받았다. 박광준은 우에다 교수의 지도로 박사학위를 받고 귀국하여 신라대학교 교수로 재직하다가 박사학위를 취득한 학교인 일본 불교대학교 사회복지학과 교수로 옮겼다.

사회복지를 진정으로 사랑했던 사람

필자는 언젠가 신섭중 교수님과 다음과 같은 대화를 나눈 적이 있었다.
"정치학에서 사회복지학으로 전향하셨는데 후회한 적은 없었나요?"
"정치학이 사회복지보다 더 상위학문인 것 같아 처음엔 좀 후회했지. 그러나 지금은 후회하지 않아."
"후회하지 않는 이유는 무엇인가요?"
"정치학은 말이야, 상대방을 죽이고 내가 사는 방법을 연구하는 학문이야. 그래서 우리나라 정치인들을 살펴보면 모두 상대방을 죽이고 자기만 살려고 해. 그런데 사회복지는 달라. 사회복지란 말이야, 상대방도 살고 나도 사는 더불어 사는 사회를 연구하는 학문이야. 그래서 사회복지는 정치학보다 상위 학문이야. 이런 학문을 하는 것이 얼마나 좋아?"
신섭중 교수는 사회복지를 진정으로 사랑했다.

국제사회복지에 매진했던 사람

신섭중 교수의 국제적 감각은 탁월했다. 신섭중 교수는 어릴 적 꿈이 외교관이어서인지 거의 모든 사회복지 관련 국제학술대회를 찾아 다녔다. 요즘 같으면 학교에서 국제학술대회 참가비용을 보조해주지만, 학과

보조가 없던 당시에는 자비로 모든 경비를 충당했다. 필자는 신섭중 교수님을 모시고 스웨덴, 핀란드, 프랑스, 브라질, 홍콩 등에서 개최된 국제학술대회에 참가한 적이 있는데 신섭중 교수님은 국제학술대회에 참가하는 데만 목적을 두지 않고 다른 나라의 사회복지에 대해 한 가지라도 더 배우려고 했다. 논문을 발표하기도 하고 발표자와 열띤 토론을 하기도 했다.

신섭중 교수는 부산대학교 사회복지학과에서 1999년 2월 퇴임한 후 1년 동안 쉼의 기간을 갖고 2001년 3월부터 일본 나가사키 Wesleyan 대학의 특임교수로 임용되어 일본에서의 여정을 이어갔다.

일본어가 능통한 신섭중 교수는 한국에서도 명성이 대단했지만 일본에서도 대단했다. 일본에서는 사회복지학과 교수의 등급이 있는데 제일 낮은 등급은 동그라미가 한 개, 중간급 등급은 동그라미가 두 개, 최상급 등급은 동그라미가 세 개이다. 일본의 대학은 동그라미가 세 개인 교수를 일정 수 확보해야만 대학원 박사과정을 개설할 수 있어서 각 대학은 동그라미가 세 개인 교수 초빙에 발 벗고 나선다. 한국인인 신섭중은 동그라미가 세 개인 교수였다. 신섭중 교수는 여러 일본 대학으로부터 초빙을 받았으나 나가사키에 있는 웨슬리안대학을 택했다. 이유는 아마 한국과 가까워 쉽게 한국과 일본을 왕래할 수 있었기 때문이었을 것이다.

부산대학교 사회복지학과 교수들과 함께 브라질 리우데자네이루에서 개최된
제18회 세계노년학회 참석한 신섭중 교수. 왼쪽부터 최송식 교수, 신복기 교수, 김기태 교수,
신섭중 교수, 유기형 교수, 박병현 교수

노래 부르는 것을 좋아했던 사람

　신섭중 교수는 예술적 감각이 뛰어났다. 특히 노래 부르는 것을 좋아했다. 신섭중 교수가 가장 좋아했던 노래는 이은상 작사 김동진 작곡 가곡인 '가고파'였다. 학술대회, 논문발표와 같은 학과 행사를 마칠 때면 모든 학과 교수와 학생들이 가곡 '가고파'를 부르기를 원했다. 신섭중 교수가 선창을 하면 학과 교수와 학생들이 모두 '가고파'를 합창했다.

　'가고파'는 1932년에 이은상이 발표한 시에 김동진이 곡을 붙여 1933년에 완성했다. 마산이 고향인 이은상은 이화여전에 재직하면서 조국의 참모습을 그리면서 시를 지었고, 김동진은 숭실전문학교에서 양주동으로부터 시를 배우던 중 이은상의 시 '가고파'를 읽는 순간 작곡을 하고 싶어졌다고 한다. 곡에는 시 전체가 포함되지 않았으나, 1973년에 나머지 부분을 연가곡으로 작곡하였다. 고향이 진주인 신섭중 교수는 시인 이은상이 고향인 마산을 배경으로 쓴 시인 '가고파'를 마치 자기를 위한 노래인양 불렀다.

　가곡 '가고파'는 광복 후 교과서에 실리게 되었고 얼마 지나지 않아 국민 가곡이 되었다. 1967년에는 노래를 곁들인 동명의 영화가 제작되기도 했다. 1984년에는 문화방송에서 시청자를 대상으로 한 설문조사에서 가장 인기 있는 가곡으로 선정되었다. 마산에 1970년에 세운 노래비가 있다.

신섭중 교수는 가곡 '가고파'를 미국에서 유학할 때 불렀던 적이 있었다. 매학기 중간고사와 기말고사를 마친 후엔 수업을 같이 듣던 미국 학생들을 집으로 초대하여 파티를 열곤 했는데, 미국 학생들이 신섭중 교수에게 한국 노래를 불러달라고 해서 '가고파'를 불렀다. 그때 이후 신섭중 교수는 '가고파'를 틈만 나면 부르곤 했다.

벽돌 한 장 놓고 떠난 사람

   신섭중 교수는 그가 모든 정열을 바쳤던 부산대학교 사회복지학과에서 정년퇴임을 하면서 "나는 한 장의 벽돌을 놓았을 뿐이다. 이제 후학들이 내가 놓은 벽돌 위에 계속 벽돌을 쌓아가기 원한다."라고 말하며 떠났다. 그가 간 곳은 일본 나가사키 Wesleyan 대학이었다.

   많은 대학에서 교수가 정년퇴임을 하면 그 학교에서 한 과목 혹은 두 과목 강의를 하곤 한다. 어떤 교수들은 신임 교수가 연구실을 배정받지 못하고 있음에도 연구실을 비워주지 않기도 한다. 신섭중 교수가 퇴임 후 일본 나가사키 Wesleyan 대학으로 간 이유는 그 대학에서 초빙하기도 하였지만 자신이 한국에 남아 있으면 후배 교수들에게 폐가 될 것이란 것을 알았기 때문이었다.

신섭중 교수의 생애사를 마무리하며

　필자는 신섭중 교수님을 1977년 1월 부산대학교 사회복지학과 입학시험을 치른 후 합격자 면접 때 처음 뵌 후 2018년 소천하실 때까지 41년 동안 만남을 이어왔다. 1977년 처음 만난 후 1990년까지는 스승과 제자와 관계로, 1991년부터는 같은 학과에서 동료 교수로 지냈다. 그렇지만 필자는 신섭중 교수님의 동료 교수라는 생각을 해 본 적이 없다. 신섭중 교수님은 필자의 영원한 스승이었다.

　필자는 신섭중 교수님과의 사이에 있었던 몇 가지 일들을 잊지 못한다. 필자가 1977년 1월 부산대학교 사회사업학과 입학시험에 합격한 후 면접을 볼 때였다. 당시 면접관이었던 신섭중 교수님은 필자에게 사회사업학과를 지원한 동기가 무엇이냐고 물으셨고, 필자는 사회사업을 하시는 아버님의 권유로 지원하게 되었다고 대답했다. 그 대답을 들은 신섭중 교수님은 환한 웃음을 지으며 필자에게 관심을 갖고 지켜볼 테니 공부 열심히 하라고 격려해 주었다. 다른 학생들은 사회사업학과가 법정대학에 소속되어 있어 법대에 가고 싶어 사회사업학과에 지원하였지만 이 학생은 사회사업을 제대로 공부하기 위해 지원했다고 생각하신 것 같았다.
　하지만 필자는 대학 입학 후 신섭중 교수님의 기대에 부응하지 못했다.

신섭중 교수님께서 기대한 사회복지 공부보다는 교내 합창단 활동에 더 많은 시간을 보냈다. 아버님께서 하시던 장애인재활시설을 이어받을 생각으로 사회사업학과에 진학하였지만 제대로 된 교재도 없이 공부하는 것이 너무 진부했다. 더군다나 당시엔 장애인재활시설에 대한 정부 지원이 거의 없어 시설을 닭과 돼지를 기르며 자급자족 형태로 운영해야 했는데 그러한 시설을 이어받아 운영하는 것이 엄두가 나지 않았다.

그에 비해 합창단에서 노래 부르는 것은 너무 좋았다. 대학 2년 때에는 사회사업 공부를 그만 두고 음악과 피아노 전공으로 다시 진학할 것을 심각하게 고민하기도 했다. 진로를 진지하게 생각해야 하는 시기인 대학 4년 때에도 부산대학교 합창단을 지휘할 정도로 클래식 음악에 빠져 지냈었다. 학부 졸업이 눈앞에 다가왔을 때 아버지만큼 사회사업실천을 잘할 수 없다는 결론에 이르러 사회복지학과 교수가 되어야겠다는 생각을 갖게 되면서 대학원 석사과정에 진학했다.

필자는 신섭중 교수님의 제자로서 교수님의 모습을 닮으려고 노력해 왔다. 그 중에 가장 닮고 싶었던 것은 그의 끝없는 학문에의 열정이었다. 필자는 컴퓨터 워드프로세스 프로그램이 개발되기 전이었던 1982~83년 부산대학교 대학원 사회복지학과 석사과정에 재학할 때, 교수님께서 대학노트에 쓰신 원고를 400자 원고지에 옮겨 적는 일을 했다. 교수님은 자주 필자를 아침 6시에 자신의 집으로 원고를 받으러 오라고 하셨다. 교수님의 자택은 사모님께서 운영하는 산부인과 병원 3층에 있었다. 아침 6시 정각에 산부인과 문을 열고 들어가는 것이 약간은 쑥스러웠지만, 교수님께서 밤새워 쓰신 원고를 받아 400자 원고지에 정리하는 것은, 요즘 같으면 대학원생에 대한 교수의 갑질이라고 비난받겠지만, 그 시절 나에게는 남들이 알지 못하는 나만의 기쁨이었다.

교수님께서 밤새 쓰신, 한자가 유독 많았던 원고를 깨끗이 정리하고, 어울리지 않는 표현이 있으면 표시해 두었다가 교수님께 알려드리면서 나도 모르게 학문하는 것이 재미있어지곤 했다. 그때 필자는 교수가 되면 교수님의 학문에의 열정을 본받아야 되겠다고 다짐하곤 했다. 필자가 교수가 된 후 발표한 논문과 책들을 찾는 학생들이 있다면 그것은 신섭중 교수님의 덕분이라고 생각한다.

필자는 신섭중 교수님의 생애사를 집필하면서 자료를 수집하기 위해 교수님의 서재에 간 적이 있었다. 필자가 대학원 석사과정에 재학할 때 여러 번 갔던 서재가 그대로 보존되어 있었다. 교수님께서 여기에서 수많은 논문과 책을 집필하셨다는 생각에 필자는 교수님께서 사용하시던 의자에 앉아 많은 상념에 파묻혔다.

신섭중 교수님은 대학원 수업을 마치면 학생들에게 저녁을 사주시면서 본인의 미국 유학 얘기를 자주 하셨다. 1971년 부산대학교 본관 앞에서 우연히 만난 신기석 총장의 강권으로 정치학에서 사회복지학으로 전공을 변경하면서 사회복지학과 교수가 되었던 일, 미국 앨라배마대학교 사회복지대학원으로 유학을 갈 때 입학허가서가 진주 본가로 온지도 모르고 있다가 학기가 시작한 지 한 달 반 지난 후 학교에 도착하여 공부하던 일, 사회사업대학원에서 프리그모어 교수의 사회복지정책론 강의를 들으면서 사회복지정책을 전공해야겠다는 생각을 하던 일들을 실감나게 얘기해 주셨다.

필자는 교수님의 유학시절 얘기를 들으면서 자연스럽게 미국 유학을 꿈꾸게 되었다. 대학원 수업을 마친 어느 날 그 날도 예외 없이 신섭중 교수님은 학생들을 데리고 학교 앞 삼겹살집으로 향했다. 분위기가 무르익자 교수님은 필자에게 석사과정 후의 계획이 무엇이냐고 물으셨고 필자는 미국으로 유학을 가고 싶다고 말했다.

1983년 11월, 신섭중 교수님은 당시 미국 West Virginia University 사회복지대학원 부학장이셨던 부성래 교수를 부산대학교로 초청하여 특강을 마련했다. 특강을 다 마친 후 신섭중 교수님께서 필자를 부르시더니 부성래 교수에게 "이 학생이 미국으로 유학을 가고 싶어 하니 당신이 데려가 사회복지를 가르치는 것이 어떻겠소."라며 필자를 소개했다. 필자가 1986년 5월 West Virginia University 사회복지대학원 석사과정을 마치고, 1990년 5월에 University of Pennsylvania 사회복지대학원에서 사회복지학 박사학위를 취득하자 신섭중 교수님은 필자를 모교인 부산대학교 사회복지학과로 불러들였다.

신섭중 교수님은 제자와 한국의 사회복지밖에는 모르는 사람이었다. 그에게 있어 한국의 사회복지와 부산대학교 사회복지학과는 가족보다 우선했다. 신섭중 교수님은 "스승은 울타리를 쳐서 제자가 마음껏 공부를 할 수 있는 환경을 만들어주면서 길을 트고 이끌어주는 역할을 해야 하고 제자는 스스로 커야 한다."고 말씀하시곤 했다. 가끔 마음에 들지 않는 제자를 질책하기도 했지만 대부분 격려를 하면서 제자가 학문적으로 성장하기를 기다려주셨다. 사회복지학회가 열리는 날이면 만사를 제쳐두고 참석해서 좌장을 보시거나 발표를 하시고, 뒤풀이 장소에서는 전국에서 온 사회복지학과 교수와 실천가들과 한국 사회복지의 미래에 대해 토론하곤 하셨다.

필자는 신섭중 교수님의 생애사를 집필하면서 사모님은 소천하신 후여서 만나지 못했지만 세 딸을 여러 번 만났다. 필자는 가족보다 사회복지와 제자를 더 사랑하신 신섭중 교수님에 대해 가족이 어떻게 생각하고 있을지 궁금했다. 딸들은 "어릴 때는 사회복지를 먼저 생각하고 가족에는 소홀하신 아버지를 원망했지만 지금은 아버지께서 훌륭한 일들을 하셨기 때문에 존경한다."고 했다. 그들은 가족보다 한국의 사회복지와 부산대학교 사회복지학과, 그리고 제자들을 더 사랑하신 아버지를 존경했다.

신섭중 교수님은 생전에 죽음에 대해 얘기를 하시곤 했다. '죽으면 어디로 가는 것일까?' 하는 얘기를 자주 하시곤 했다. 외할머니가 사찰 네 곳을 소유할 정도로 불심이 가득한 집안에서 성장하여 한때 불교에 심취한 듯 보였던 신섭중 교수님은 소천하시기 1년 전인 2017년 5월 19일 독실한 기독교 신자인 막내딸 은주의 인도로 하나님을 영접하고 5월 25일 병상 세례를 받으셨다. 그리고 2018년 4월 14일에 소천하셨다.

신섭중 교수님께서 소천하셨다는 소식이 전해지자 전국에서 수많은 문상객들이 몰려들기 시작했다. 그들은 교수님을 존경했던 제자와 동료교수, 후배교수, 사회복지실천분야의 사회복지사들이었다. 그들은 장례식장에서 신섭중 교수님의 한국사회복지 발전에 기여하신 행적들에 관한 얘기로 얘기꽃을 피웠다. 그리고 천국으로 떠나는 신섭중 교수님을 배웅하고 있었다.

부록 1

신섭중 교수의 연보

신섭중 교수의 연보

신섭중(愼燮重)

호 仁昷

1934년 1월 10일 ~ 2018년 4월 14일

1934년 1월 10일 경상남도 진주시에서 신경재 님과 김진희 님의 3남 2녀 중 2남으로 태어났다.

1952년 3월 진주고등학교를 졸업했다.

1952년 4월 서울대학교 문리과대학 정치학과에 입학하여 1956년 3월 졸업했다.

1965년 11월 12일 대한적십자사 경남지사장으로부터 청소년 지도 유공 표창장을 수여받았다.

1966년 3월 부산대학교 대학원 정치학과 석사과정에 입학하여 1968년 2월 정치학석사 학위를 취득하다.

1968년 1월 15일 김순애 여사와 결혼하여 은영, 은성, 은주 세 명의 자녀를 두었다.

1968년 9월부터 1971년 6월까지 부산대학교 법정대학 정치외교학과에서 강사를 역임했다.

1969년 11월 5일 대한적십자사 부산지사장으로부터 청소년 적십자단 지도 유공 표창장을 수여받았다.

1971년 5월 부산대학교 정치외교학과에서 강사를 하던 중 신기석 총장의 권유로 사회사업 전공으로 전향했다.

1971년 5월 부산대학교 사회사업학과 전임강사로 임용되었다.

1971년 8월 미국 앨라배마대학교 사회사업대학원에 입학하여 1973년 5월 사회사업학석사학위를 취득했다.

1974년 10월 부산대학교 법정대학 사회사업학과 조교수로 승진했다.

1976년 3월 부산대학교 대학원 정치외교학과 박사과정에 입학하여 1980년 2월에 정치학박사학위를 취득했다.

1976년 6월 대한적십자사 부산경남지사 청소년사업 자문위원을 지냈다.

1979년 3월부터 1985년 6월까지 부산대학교 새마을운동연구소장을 역임했다.

1979년 12월 부산대학교 사회과학대학 사회복지학과 부교수로 승진했다.

1980년 「사회보장정책론」을 출간했다.

1981년 3월부터 1983년 3월까지 한국사회복지대학협의회 회장으로 재임했다.

1982년 「현대사회복지론」(공저)을 출간했다.

1983년 4월 부산시 동구 자문위원회 위원을 지냈다.

1983년 9월부터 1984년 8월까지 사회문화영남학회 회장으로 재임했다.

1984년 8월부터 1986년 6월까지 한국사회보장학회 부회장을 역임했다.

1984년 「사회복지정책」(역서)을 출간했다.

1984년 10월 24일 대통령으로부터 새마을 훈장 노력장을 수여받았다.

1984년 12월부터 1985년 2월까지 영국 런던대학정경학부 Fellow를 역임했다.

1985년 3월부터 1988년 3월까지 유네스코 한국위원회 위원을 역임했다.

1985년 4월 부산대학교 사회과학대학 사회복지학과 교수로 승진했다.

1985년 4월부터 1991년 8월까지 부산시 사회복지협의회 부회장을 역임했다.

1985년 6월부터 1986년 7월까지 부산대학교 교무부처장을 역임했다.

1985년 11월 1일 부산직할시장으로부터 감사장을 수여받았다.

1986년 「영미의 빈곤정책 비교연구」(역서)를 출간했다.

1986년 4월부터 1988년 3월까지 한국사회복지학회 회장을 역임했다.

1986년 8월부터 1987년 9월까지 부산대학교 기획실장을 역임했다.

1987년 「복지국가와 사회정책」(역서)을 출간했다.

1988년 11월 부산광역시사 편찬위원을 지냈다.

1988년 5월 부산광역시 아동청소년회관 상담전문위원을 지냈다.

1986년 1월부터 1988년 1월까지 부산광역시 사회복지사회 회장을 역임했다.

1988년 3월부터 1991년 3월까지 한국갱생보호공단 부산지부 자문위원을 지냈다.

1989년 「사회복지기관의 재무관리」(역서)를 출간했다.

1989년 5월 11일 부산직할시 교육회장으로부터 표창장을 수여받았다.

1989년 10월부터 1991년 9월까지 부산대학교 사회과학대학 학장을 역임했다.

1990년 「비교사회복지론」(공저)을 출간했다.

1991년 「한국사회복지법제개설」(공저)을 출간했다.

1991년 3월 부산광역시 노인복지기금운영위원회 위원을 지냈다.

1991년 3월부터 1992년 3월까지 부산광역시 사회복지협의회 회장을 역임했다.

1992년 3월부터 1993년 2월까지 일본 사회사업대학원 객원교수를 역임했다.

1992년 5월 16일 체육청소년부장관으로부터 표창장을 수여받았다.

1993년 「한국사회복지정책론」을 출간했다.

1993년 「한국 노령화와 사회적 대응」(日文)을 출간했다.

1993년 3월 일본사회복지학회 회원이 되다.

1994년 11월 부산광역시 사회복지위원회 부위원장을 지냈다.

1994년 6월 대한노인회 자문위원을 지냈다.

1994년 10월 부산광역시 장애인복지위원회 위원을 지냈다.

1994년 12월 부산광역시 보호관찰소 선도보호위원을 지냈다.

1994년 「세계의 사회보장」(공저)을 출간했다.

1995년 「현대사회복지학총람」(역서)을 출간했다.

1995년 「한국의 노령 – 오늘과 내일 –」을 출간했다.

1995년 5월 부산 한국노인의 전화 지회장을 역임했다.

1995년 5월 15일 한국교원단체총연합회장으로부터 표창장을 수여받았다.

1995년 5월 16일 교육부장관으로부터 표창장을 수여받았다.

1996년 부산발전위원회 자문위원을 지냈다.

1996년 10월 부산광역시 발전비전 및 전략수립 보건복지분과위원회 위원을 지냈다.

1996년 10월 스마트 21 보건복지분과위원회 위원장을 지냈다.

1997년 1월 부산광역시 연제구 자원봉사센터 소장을 지냈다.

1997년 3월 한국국민복지추진연합 부산광역시 공동대표를 지냈다.

1997년 4월 PSB 문화대상 사회봉사부문 심사위원을 지냈다.

1997년 8월 부산광역시 사회복지협의회 고문을 지냈다.

1997년 12월 한국사회정책학회 회장을 역임했다.

1998년 10월 부산광역시 문화상을 수여받았다.

1999년 2월 28일 부산대학교 사회복지학과에서 정년퇴임했다.
2000년 3월 일본 나가사키 Wesleyan 대학의 특임교수가 되었다.
2018년 4월 14일 소천했다.

대표학술논문

"매스컴과 민주정치", 「법학연구」, 제17호, 1969.

"The Role of Social Policy in Welfare State", 「법학연구」, 제21호, 1973.

"A Comparative Study on the Social Security System in the United States and the United Kingdom", 「부산대학교논문집」, 제15집, 1973.

"공공복지의 문제점 및 개선책", 한국사회사업가협회, 1974.

"Social Worker's Ethical Responsibility in Client Self-Determination", 「법학연구」, 제24호, 1975.

"A Comparative Study on the Significance of Family Planning in Relation to Population Growth in the Republic of Korea and Japan", 「부산대학교논문집」, 제22, 1977.

"한국의료보장의 실태와 그 대책", 「부산대학교 논문집」, 제25집, 1978.

"우리나라 농촌에 있어 복지제도의 개념과 그 방향 설정에 관한 연구", 「새마을연구논총」, 제4집, 1978.

"지역사회개발과 복지농촌", 아동복지학회 제3회 지역사회개발사업, 1978.

"청소년지도의 문제점과 그 종합대책에 관한 연구", 문교부학술연구조성비 정책과제분, 1978.

"생존권의 보장과 공적부조", 「법학연구」, 제27호, 1979.

"70년대 농가 경제행위 변화에 관한 연구". 「법학연구」, 제29호, 1979.

"도시 새마을운동 활성화의 저해요인인 사치·낭비 풍조의 사획응별 연구", 「새마을연구논총」, 제5집, 1980.

"새마을운동이 농가 경제행위 유형 변화에 미친 영향 분석에 관한 연구", 「새마을운동연구논집」, 제3집, 1980.

"새마을운동의 이론 재정립과 그 영속적 추진방안에 관한 연구", 「새마을운동연구논총」,
    제6집, 1981.
"80년대 새마을운동의 주도방안에 관한 연구", 「새마을운동연구논총」, 제7집, 1982.
"한국사회사업(복지)대학 커리큘럼의 개선방향", 「사회복지」, 1982.
"한국의 노인복지정책에 관한 연구", 「사회과학논총」, 제1권, 제1호, 1982.
"일본사회보장제도의 전개", 「일본연구」, 제1집, 1982.
"새마을운동에 따르는 농업정책의 변화 방향", 「새마을운동연구논총」, 제8집, 1983.
"한국의 아동복지정책에 관한 연구", 「사회과학논총」, 제3권, 1984.
"사회복지재원조달의 문제점과 개선방향", 한국사회사업가협회, 1984.
"선진조국 창조를 위한 새마을운동의 국제화 방안에 관한 연구", 「새마을운동학술논문집」,
    1985.
"영국의 공적연금제도에 관한 연구", 「사회과학논총」, 제4권, 1985.
"한국에 있어서의 지역복지활동(日文)", 「불교복지」, 제12호.
"새마을청소년회의 활성화 및 조직 강화 방안", 「새마을운동학술논문집」, 1987.
"Welfare Policies and Programs for the Aged in Korea – Mainly of the Aged at Home",
    한일고령자·장애자복지 비교연구 전문가 회의, 1987.
"청소년 선도, 보호, 유석을 위한 지역사회 역할", 부산대 청소년대책위원회, 1987.
"인구문제와 가족계획 – 복지국가 건설을 위하여", 부산시 교육위원회, 1987.
"한국의 노인복지정책과 프로그램", 「남송 김태영 교수 회갑기념 논문집」, 1988.
"복지기업의 단계적 접근을 위한 공장 새마을운동의 활성화 방안",
    「새마을운동 학술논문집」, 1988.
"한·일 노인복지정책의 비교연구", 「사회과학논총」, 제7권, 1988.
"국민연금제도에 관한 연구", 「사회과학논총」, 제7권, 1988.
"국가여념과 국가체제", 경상남도 지방공무원 교육연구원, 1988.
"심신장애자 복지대책", 한국특수교육협회, 1988.
"사회구조적 모순과 성범죄 예방의 대책과 프로그램", 부산시아동청소년회관
    제1회 청소년문제 심포지움, 1989.
"지방자치와 장애자 복지행정", 한국장애자재활협회 광주·전남지부, 1989.

"지방화시대를 맞이한 사회복지체계의 공사분담", 부산시사회복지협의회. 1990.

"지방자치의 실시와 사회복지의 발전", 부산시사회복지협의회, 1990.

"사회복지와 민간자원의 동원",「민족지성」, 통권 제50호, 1990.

"사회복지사의 처우문제 - 시설종사자를 중심으로 -", 한국사회복지사협회, 1990.

"2000년대 한국사회보장의 과제와 전망",「사회복지연구」, 창간호, 1991.

"현대 한국사회복지제도의 과제와 전망"「일본연구」, 제9집, 1991.

"한국의 빈곤문제와 그 정책",「사회과학논총」, 제10권, 1991.

"지방자치제를 통한 노인고지의 증진방안", 한국노년학회, 1991.

"지방자치의 실시와 사회복지의 발전",「지방행정연구」, 한국사회복지협의회, 1991..

"지방자치와 사회복지행정의 전망",「지방행정연구」, 1991.

"청소년과 유해환경", 아동청소년회관, 1991.

"한국불교사회복지의 과제와 전망",「일본연구」, 제10집, 1992.

"사회복지재원조달의 문제점과 개선방안",「사회복지연구」, 제2집, 1992.

"신복지정책의 방향과 과제",「사회복지」, 제119호, 1993.

"한국에 있어서 고령화와 사회적 대응",「사회복지연구」, 제3집, 1993.

"한국 사회보장제도의 과제와 발전방향", 한림대학교, 1993.

"21세기 한국 불교사회복지의 과제와 전망", 중앙승가대학 불교사회복지연구소, 1994.

"2000년대를 향한 한국 가정복지정책 방향", 부산가정복지연구소, 1994.

"사회복지사의 정책결정에의 참여", 한국사회복지사협회, 1994.

"부산 사회복지발전의 방향", 부산여대 사회복지학과 창설 6주년 기념 학술대회, 1994.

"21세기를 향한 일·한 노인복지의 비교(日文)", 일본생명재단, 1994.

"사회복지전달체계와 자원봉사활동의 발전방향", 부산시사회복지협의회, 1994.

"한국, 일본, 미국의 복지의식 비교연구 - 부산, 오사카, 시카고를 중심으로",
「한국사회복지학」, 1995.

"경제성장과 사회보장의 조화", 사회보장학회, 1995.

"지방자치시대의 청소년 육성방안", 한국청소년단체협의회, 1995.

"가족정책의 국제적 동향과 한국의 대응", 한국사회복지학술세미나, 1995.

"세계화와 사회복지제도의 과제", 한국사회복지협의회, 1995.

"한국사회복지 인력수급과 대학교육의 과제", 한국사회복지대학협의회, 1995.

"사회복지공동모금법과 과제" 민간복지 관련법안 입법청원을 위한 범시민 공청회, 1995.

"노인대학 교육프로그램의 모형에 관한 연구 – 부산광역시를 중심으로", 「사회복지연구」, 제5집, 1995.

"우리나라 사회복지사제도의 문제점과 개선방향", 한국사회복지협의회출판부, 1996.

"복지 경북 – 지역사회자원의 활용", 경상북도 사회복지협의회, 1996.

"부산사회복지의 발전방향", 부산대학교 개교 50주년 기념 사회복지학술 심포지움, 1996.

"복지 대구 – 지방자치시대의 사회복지 전략", 대구광역시 사회복지협의회, 1996.

"한국·일본·미국의 복지의식 비교연구 – 노인복지를 중심으로", 동신대학교 부설 노인복지연구소, 1996.

"한국에 있어서 노령화와 사회적 대응", 「지역사회」, 제23호, 1996.

"사회복지 환경변화와 사회복지사의 대응", 한국사회복지사협회, 1996.

"문화복지시대와 민간복지기관의 역할", 대한불교조계종 사회복지재단, 1996.

"노인의 삶의 질에 관한 조사연구 – 부산광역시를 중심으로", 「사회복지연구」, 제6집, 1996.

"지방화시대의 사회복지 계획", 21세기복지경제사회연구원, 1998.

"경제위기와 사회복지 대응전략", 한국사회복지학회, 1998.

"한국의 노인복지문제와 노인복지정책", 한국노인복지진흥회, 1998.

"21세기 국제사회복지에서의 한국의 역할(日文), 「대학사회복지학부개요」, 제4호, 1998.

"한국문화에 입각한 사회복지이론과 실천기술 개발" 일본복지문화학회, 1998.

부록 2

신섭중 교수 대표 논문

한국문화에 입각한 사회복지의 이론과 실천기술의 개발[31]

신 섭 중

(한국사회복지학회장)

1. 21세기를 향한 아시아 시대의 도래와 유교문화

20세기 후반의 세계사를 보건대, 세계 문명의 중심이 이제 환태평양시대를 통하여 다시 아시아로 회귀하여, 21세기를 향한 아시아 시대의 도래가 예상된다.

21세기에는 (1) EU를 핵으로 하는 유럽, (2) 동아시아 유교문화권을 중심으로 하는 아시아, 그리고 (3) 북미로부터 출발하는 NAFTA를 중심으로 하는 범미대륙이라고 하는 세 개의 경제적 세력권으로서의 신3극체제가 형성되어 세계경제의 질서를 전개하게 될 것이다.

문화의 관점에서 볼 때, 21세기에 있어서의 경제의 주도력은 유교문화권을 중심으로 하는 아시아에 의하여 형성될 것으로 전망된다. 그 근거는 젊은 활력을 갖고 상승하는 청장년기의 경제발전의 단계, 세계 인구의 반

---

[31] 본 글은 언제, 어느 학술대회에서 발표되었는지는 명기되어 있지 않다. 다만 신섭중 교수가 한국사회복지학회장 직책으로 발표된 글이어서 1985-1987년 사이에 발표된 것으로 추정된다. 이 글은 40년 전에 작성된 글이나 의미가 있어 본서에 소개한다.

이상을 점하고 있는 인구 크기, 그리고 유교문화권의 정신문화의 세 가지 면으로부터 찾을 수가 있다. 그것은 사회조직의 원리를 갖고 있는 유교가 유교적인 집단주의의 문화로서 구미의 자본주의 시스템과 접합하여 경제발전을 가져왔기 때문이다.

이렇게 생각할 때, 21세기의 아시아는 윤리와 도덕을 중시하며 사회의 규율을 지키는 유교문화의 건전성을 보유하면서 지속적으로 발전하는 지역이 될 것이며 구미 자본주의 시스템, 경제의 이론에 전통적인 유교문화의 논리와 정신을 융합시켜 새로운 문명을 주도하는 21세기를 향한 아시아시대 도래의 가능성을 의미한다.

2. 핵가족화에 따른 현대 가족문제와 가족복지의 중요성

오늘날 세계의 가족문제는 지역에 따라 다양한 형태로 나타남과 동시에 경제·사회의 발전단계에 따라 고유의 공통성을 지니고 있다. 즉 (1) 다자가족의 빈곤, (2) 핵가족의 진전에 따른 노인부양문제, (3) 맞벌이 부부가정에 있어서의 자녀양육문제, (4) 미혼, 편친가족 및 이혼의 증가에 따른 문제와 가족해체, (5) 자녀의 가정 내 폭력, 자살, 그리고 비행문제, (6) 성차별에 따른 문제 등은 선진국과 발전도상국에 있어 가족문제의 출현형태가 다르다.

이와 같은 현대의 가족문제에 효율적으로 대처하기 위하여 「산업화 논리」에 따라 변모하는 가족문제나 가족기능을 사회복지를 통하여 지원하며, 가족구성원 개개인의 권리를 보장하는 방향으로 오늘날의 가조구이기에 대응하는 총합적인 가족복지정책의 확립이 요망된다.

3. 가족관계와 유교문화의 본질[32]

 유교문화란 유교의 사상이 역사적으로 전개되어 사람들에게 전승되어 온 집단적인 생활의 능력을 말한다. 유교문화는 가족집단주의의 행동양식이나 가족 내부에 있어서의 생활의 질서, 지인 간이나 회사 내에서의 인간관계 등에 이어 지금도 분명히 살아남아 있다.

 유교 윤리의 근간은 '삼강오륜'(三綱五倫)이며, 이것을 검토함으로써 유교문화의 원리를 알 수 있다. 삼강은 (1) 군위신강(君爲臣綱), 즉 군주는 신하의 강이 되며, (2) 부위자강(父爲子綱), 즉 부는 자식의 강이 되고, (3) 부위부강(夫爲婦綱), 즉 부는 부인의 강이 된다는 세계이다. 여기에서 강이란 「신뢰의 강」, 「생명의 강」과 같이 사용되며, 인간관계에 가장 중요한 기본체계를 나타낸다. 삼강은 기본 체계 또는 질서원리를 나타내고 있으며 동시에 「집의 원리」로 되어 있다.

 오륜은 인간이 반드시 지키지 않으면 안 되는 가족관계, 사회관계에 있어서의 다섯 개의 윤리이다. 오륜이란 (1) 부자유친(父子有親), (2) 군신유의(君臣有義), (3) 부부유별(夫婦有別), (4) 장유유서(長幼有序), (5) 붕우유신(朋友有信)이다.

 이와 같은 오륜을 현대풍으로 분류한다면 부부유별, 부자유친, 장유유서는 합하여 가족윤리로 된다. 다음으로 군신유의는 국가질서에 있어서의 윤리가 되나 민주국가의 경우, 국가에 대한 의무, 즉 국민의 윤리가 될 것이다. 그리고 붕우유신은 사회생활에 있어서의 인간관계의 윤리가 되나, 여기에는 장유유서도 덧붙여진다고 말할 수 있다.

---

[32] 김일곤, 동아시아의 경제발전과 유교문화(동경: 대수관서점, 1992), p.86-94 참조.

그런데 오륜 가운데 세 개가 가족윤리이지만 이것은 유교의 사상이 가족집단주의에 의하여 주로 형성되어 있다는 증거라고 할 수 있다. 구미사회에 있어서도 물론 가족은 중요시되고 있다. 그러나 구미의 경우는 개인주의의 문화가 근대 이후에 형성되어 어느 쪽이냐 하면 가족보다는 개인을 중시하고 있다. 그러나 동아시아제국에서는 구미의 근대화모델을 받아들이면서도 전통의 가족집단주의의 문화를 없애지 않고 활용해 온 것이다.

사회구성의 원리가 '집'이냐 또는 '마을'이냐에도 논의가 있다. 유교문화의 나라에서는 가족집단주의이기 때문에 '집'의 원리가 적용된다. 그러나 구미사회에서는 일반적으로 '마을'의 원리가 적용되고 있다. 왜냐하면 가족을 분석하여 개인 단위의 사회로 하는 것이 구미의 '마을'사회이기 때문이다. 인간간계가 가족윤리에 의하기 보다는 개인의 권리와 의무의 관계로 바꾸는 것이 개인주의사회인 것이다.

가족관계의 윤리가 붕괴되면, 어떠한 사회에 있어서도 그 질서가 흐트러지는 것이 필연적이지만 그러나 동아시아의 유교문화권에 있어서는 다행이도 가족의 윤리가 본래의 근원적 사상, 현실에 있어서의 질서로서 살아 있다. 말하자면 외견적으로 민주주의, 자본주의의 시스템이 도입되고 있어도 실질적인 인간관계의 질서에는 전통의 가족윤리가 문화로서 활용되고 있는 것이다. 가족윤리는 사회질서의 대단히 중요한 원천인 것이다.

4. 한국문화에 입각한 사회복지이론과 실천기술의 개발

1950년 한국전쟁을 계기로 미국을 위시한 서구선진제국의 구제와 원조에 수반하여, 미국을 비롯한 선진제국의 사회복지의 이론과 실천기술이 도입되어 오늘에 이르고 있다.

그러나 가족복지의 중요성에도 불구하고, 아직도 아시아적 사회복지의 하나라고도 할 수 있는 한국적 사회복지 또는 가족복지가 정착되고 있지 않는 것은 미국과 한국 또는 동양과 서양간의 생활문화의 차이에 기인하는 것이 아닌가 생각된다.

따라서 복지와 문화는 결코 별개의 것이 아니라, 어느 국가적, 지역적, 집단적, 개인적 생활상의 곤란과 장애의 해결을 위해서는 국가, 지역, 그리고 집단의 문화적 환경을 배경을 그 문화적 행동양식에 따라 사회복지를 실천하지 않으면 그 실표를 거둘 수가 없을 것이다. 이와 같은 의미에 있어 복지문화는 복지조직이나 복지시스템을 움직이는 원동력이 된다고 할 수 있다.

따라서 복지조직 또는 체계를 움직이는 원동력이 되는 복지문화에 뿌리박은 아시아적 또는 한국적 사회복지 내지 가족복지의 정착을 위해서는 가족관계에 이어서의 가족집단주의의 윤리체계를 그 본질로 하는 동양의 유교문화의 현대화를 통해 아시아 각국의 고유문화에 입각한 아시아 사회복지의 이론과 실천기술의 개발연구에 주력하지 않으면 안 될 것이다.

이와 같은 시도의 하나로 최근 한국의 국민복지기획단은 「한국적 복지모형」을 구축한 바 있다. 한국적 복지모형은 균형적 복지국가(balanced Welfare State)를 목표로 선진국의 사회보장에 대한 경험을 한국적 사회복지제도의 기반을 구축하는데 발전적으로 승화시켜, (1) 시장이념과 탈시장이념의 조화, (2) 경제성장과 분배정의의 합의적 추구, (3) 세계적 보편성과 한국적 특수성의 조화 등을 복지모형의 기본 이념으로 제시하고 있다.

한국적 복지모형의 추진방향으로서는 (1) 국민최조생활수준(National Minium) 보장을 통한 절대 빈곤의 제거, (2) 사회안전망의 구축, (3) 사회복지관리체계의 효율화, (4) 복지공급주체의 다양화, (5) 전통적 가족복지기능의 강화, (5) 남북통일에 대비한 사회보장체계의 정비 등을 제시하고 있다.

동아시아형 사회복지의 구축[33]

신섭중

(부산대학교 명예교수)

I. 동아시아의 경제발전과 유교문화

제2차 세계대전 이후에 있어서의 세계 경제의 흐름을 보건대, 동아시아 즉 일본과 한국, 대만, 홍콩, 싱가포르, 그리고 중국 등의 지역만이 높은 경제적 퍼포먼스를 보여줘 왔던 것이다. 왜 동아시아만이 발전에 성공하느냐를 생각할 경우에 많은 설명이 행해지고 있으나, 결국 유교문회의 역할이 가장중요하며, 또한 설득력을 갖는다고 생각된다. 그것은 유교적인 생활능력으로서의 유교문화가 경제발전에 있어서는 가장 중요한 역할을 다한다고 말 할 수 있기 때문이다.

미래학자들에 의하면 세계의 문명은 중국의 양자강으로부터 약 50년을 주기로 서방으로 회전하여 21세기의 환 태평양시대를 맞아 2050년경에는 중국이 세계문명의 중심이 될 것이라고 오래전부터 예측하였다. 여기에서 문명서점설(文明西漸設)에 따라 대항해시대를 연 스페인, 포르투갈, 화란을 거쳐 19세기가 영국이 지배하는 시대였고, 20세기가 미국이

---

[33] 본 논문은 「지역사회」 (2011), pp.117-121에 게재되었다.

지배하는 시대이었던 것처럼, 21세기는 이시아의 정치·경제·문화가 세계를 지배하게 될 시대가 될 것이라는 의미가 내포되어 있다.

　21세기에는 ① 27회원국의 구주연합을 중심으로 하는 유럽, ② 북미와 캐나다 그리고 멕시코를 연결하는 북미 자유무역협정을 중심으로 하는 범아메리카대륙, ③ 그리고 세계인구의 과반수의 유교문화권을 중심으로 하는 아세아 등의 3대 경제적 협력권이 세계경제를 전개해 나갈 것으로 전망된다.

　그러나 문화의 관점에서 볼 때, 21세기 세계 경제의 주도력은 유교문화권을 중심으로 하는 아세아에 의하여 형성될 것으로 전망할 수가 있다. 그 근거로서는 상승하는 경제의 발전단계와 세계인구의 과반수를 점하는 인구의 크기, 그리고 무엇보다도 중요한 의미를 갖는 유교의 정신문화를 들 수가 있을 것이다. 따라서 21세기의 아세아는 윤리와 도덕을 중시하며, 사회의 규율을 지키는 유교문화의 건전성을 보육하면서, 지속적으로 발전하는 지역이 될 것이다. 이것은 구미자본주의의 시스템과 정제 논리에 전통적 유교문화의 논리와 정신을 융합시켜 새로운 문명을 주도할 가능성을 시사하는 것이다.

II. 동아시아의 급속한 산업화와 사회문제

　오늘날 동아시아는 일본을 비롯하여 아시아에서는 일본에 이어 경제협력개발기구에 가입한 탈공업국의 발전단계에 있는 한국을 포함한 아시아의 신흥공업경제지역, 그리고 중국의 지속적인 고도경제성장과 이울러 세계무역기구가입 및 경제개방과 더불어 급속한 산업화가 진행되고 있다.

　그러나 급속한 산업화의 결과, 도시와 농촌을 비롯하여 지역 간의 발전의 불균형, 1, 2, 3차 산업 간의 불균형, 그리고 계층 간의 소득의 격차를 가져와 이른바 상대적 빈곤의 출현과 더불어 계층 간의 위화감을 조성하고 있다. 급속한 산업화의 진전은 농촌인구의 향토적 인구이동 현상을 가져와 농촌인구의 과소화와 더불어 도시인구의 과밀화 현상을 가져왔다.

그 결과 농촌에 있어서는 노동력의 부족과 더불어 도시지역에 있어서는 주택난과 교통난 및 교통사고의 다발, 그리고 하층노동자와 실업자의 빈곤문제와 슬럼문제 등 도시지역사회의 여러 가지 문제들을 초래하고 있다. 또한 산업재해와 공해 그리고 자연파괴 등이 일어나고 있어, 인간에 의한 환경의 파괴가 두드러지고 있다.

그러나 무엇보다도 급속한 산업화의 진전에 의한 급격한 일련의 사회변동은 산업화의 논리에 수반하는 핵가족 의 진전에 의한 전통적인 가족의 구조와 기능의 변화에 대한 부적응에 의해 야기되는 이혼율의 증가와 가족해체, 모자 및 부자가정의 문제, 청소년비행의 심각성, 심신장해자의 증가, 그리고 점차 심각화 되고 있는 저출산·노령사회의 문제 등 현대 산업사회의 과제로서 이른바 풍요한 사회로부터 정신적·육체적·경제적으로 소외된 계층이 증가되어 새로운 사회문제 내지 장해가 다발하고 있다. 그러나 이들의 사회문제에 대하여 종합적, 효율적으로 대응해 나가야 할 복지정책과 제도로서의 동아세아적인 가족복지는 아직도 충분히 확립되어 있다고는 힐 수 없다.

III. 핵가족화에 따른 현대의 가족문제와 가족복지의중요성

가족정책의 목적으로서의 가족복지에 대하여 黑川昭登는 '사회복지의 한 분야이며, 가족집단 및 가족원을 원조하고 가족관계를 유지·강화하기 위한 사회복지서비스라고 규정하면서, 광의로는 노인복지·모자복지·생활보호 등을 포함하지만, 가족으로서는 대인서비스를 중심으로 하는 개별적 원조'로 정의 내리고 있다.

그러나 오늘날 가족문제는 가족관계의 정비라든가 기존의 사회자원의 이용만으로는 해결되지 않는 소득보장, 의료보장, 주택보장, 모자가정 및 부자가정 지원, 그리고 아동복지 및 노인복지 등의 문제가 증가하고 있다.

따라서 가족복지의 개념도 가족 및 가족구성원 간의 적응관계와 원조를 중심으로 하는 협의의 개념으로부터 생활불안, 주택난, 보육 및 아동복지, 심신장해자복지 및 노인복지 등의 시설 및 사회서비스의 부족 등의 가족복지의 과제를 해결하기 위해서는 광의의 가족복지의 개념에 입각한 가족정책의 필요성이 강조된다고 할 수 있다.

가족문제란 다양한 사회문제 중에서도 가족집단 혹은 가족성원이 직면하여 해결이 요구되어 방치하면 가족 혹은 인간의 생명 그 자체의 해체나 붕괴가 일어나는 문제를 말한다. 오늘날 세계의 가족문제는 지역에 따라 다양한 형태로 나타남과 아울러 경제 – 사회의 발전단계에 따라 다양한 형태로 나타남과 아울러 경제·사회의 발전단계에 따라 고유의 공통성을 갖고 있다. 즉 ① 다자가족의 빈곤, ② 핵가족의 진전에 따른 노인부양문제, ③ 맞벌이 부부가정에 있어서의 자녀양육문제, ④ 미혼 편친가족 및 이혼의 증가에 따른 문제와 가족해체, ⑤ 자녀의 가정 내 폭력, 자살, 그리고 비행문제, ⑥ 성차별에 따른 문제 등은 선진국과 발전도상국에 있어서의 가족문제의 출현상태가 다르다.

특히 핵가족화에 따른 특징적인 가족문제로서는 ① 아동학대 및 유기, ② 세대 간의 단절, ③ 가출 및 증발, ④ 부모로서의 역할방기, ⑤ 이혼 등 가족 병리·해체라고 하는 현상이 도처에서 나타나고 있다. 이와 같은 현대의 가족문제에 효과적으로 대응하기 위해서는 가족의 민주화를 지향하며, 개인과 가족 그리고 사회의 보다 좋은 관계의 형성을 그 이념으로 하여 ① 가족에 대한 이해의 증진과, ② 가족을 원조하는 국가지원체계의 보완, 그리고 ③ 가족구성원의 책임공유의식의 확산 등을 정책목표로 하는 「94 UN 국제가족의 해」의 의의는 크다고 할 수 있다.

사회변동에 따라 변모하는 가족관계나 가족기능을 사회복지를 통하여 지원하며 가족구성원 각자의 권리를 보장하는 방향으로 오늘날의 가족위기에 대응하는 종합적 가족복지정책의 확립이 요망된다.

Ⅳ. 가족관계와 유교문화의 본질

　유교문화란 유교의 사상이 역사적으로 전승되어 온 집단적인 생활능력을 말한다. 집단적인 생활능력으로서의 유교문화는 오늘날에도 가족집단의 행동양식이나 가족생활의 질서와 인간관계 등에 보존되어 있다. 유교문화의 원점은 유교윤리의 근간인 삼강오륜을 검토함으로써 알 수가 있다 삼강은 ① 군위신강, ② 부위자강, ③ 부위부강으로서 사회 구성의 3대 기본체계인 동시에 집의 원리로 되어 있다. 오륜이란 ① 부자유친, ② 군신유의, ③ 부부유별 ④ 장유유서, ⑤ 붕우유신으로서 인간이 반드시 지키지 않으면 안 될 가족관계나 사회관계의 윤리이다. 이와 같은 오륜 가운데 부자유친, 부부유별, 그리고 장유유서는 현대적으로 분류하면 가족윤리가 된다. 이것은 유교의 사상이 가족집단주의로 형성되어 있다는 것을 입증하는 것이라고 할 수 있다. 구미사회에 있어서도 물론 가족은 소중한 것으로 되어 이다. 그러나 구미의 경우에는 개인주의의 문화가 근대화 이후 형성되어 가족보다는 개인을 종시하고 있다. 그러나 동아시아제국에서는 구미의 근대화모델을 수용하면서도 전통의 가족 집단주의 문화를 보존해 오고 있는 것이다.

　가정이나 가족관계의 윤리가 붕괴되면, 어떠한 사회에 있어서도 그 질서가 문란해지는 것은 불가피한 것이지만 동아시아의 유교문화권에서는 가족의 윤리가 미래의 근원적 사상, 현실에 있어서의 질서로서 살아 있다. 말하자면 외견적으로 민주주의, 자본주의 시스템이 도입되어 있어도 실질적으로 인간관계의 질서에는 전통의 가족윤리가 문화로서 활용되고 있다는 것이다. 가족윤리는 사회질서의 대단히 귀중한 원전인 것이다.

　현대 산업사회에 있어 경제적 합리주의에 의한 과도한 물질추구나 민주주의에 따른 지나친 자유와 평등의 추구는 산업화의 논리에 수반된 핵가족화와 더불어 다양한 현대 문명의 병리현상을 야기하고 있다. 이와 같은 현대 산업사회의 인간소외나 도덕적 퇴폐 등의 사회병리현상을 치유하기 위해서는 인간중심주의와 도덕주의가 강조된 유교적 가치와 문화를 활성화 하는 것이 될 것이다.

V. 「동아시아형 사회복지」 구축의 필요성과 국제협력

1. 동아시아 복지의 논의

1980년대에 들어와 한국, 대만, 홍콩, 싱가포르라고 하는 이른바 NIES의 경이적인 경제발전에 힘입어 이 지역에 대하여 한자문화권, 유교문화권으로서의 「동아시아」가 주목을 받게 되었다. 그와 같은 움직임과 더불어 이 지역의 경제·사회적 발전의 배경은 한자와 유교라고 하는 문화적 동일성에서 찾아야 한다는 논의가 등장했다. 그러나 IMF사태로 인한 경제위기를 계기로 「동아세아의 복지」가 논의되게 되었다. 그러나 그것은 빈곤자를 대상으로 한 단기적인 응급시책으로서 정기적인 사회보험으로의 확충은 이루어지지 않았다. 따라서 장기적인 관점에서의 「동아시아의 복지」가 검토의 과제로 되고 있는 것이다.

선진 복지국가의 다양성에 관해서 에스핑 앤더슨은 자유주의 체제, 보수주의 체제, 그리고 사회민주주의 처제라고 하는 세 가지 모델을 세워 분류하고 있다. 에스핑 앤더슨도 복지국가의 형성에 이룩한 계급의 역할을 중시하지만 단인의 계급의 작용보다도 의회에 있어서의 계급 간 연합의 구조가 결정적인 의미를 갖는다고 지적하고 있다.

그에 의하면, 북구제국에서는 노동자계급과 농민층이 연합하여 보편주의를 바탕으로 높은 수준의 평등을 촉진하는 '사회민주주의' 복지국가를 형성하였다. 한편, 대륙 유럽제국에 있어서는 보수 세력이 농민층을 꾀어 넣어 노동자 계급을 고립시킴으로서 노동시장에 있어서의 지위의 격차를 보전하는 '보수주의' 복지국가를 발전시켰다. 다른 한편으로 앵글로 색슨 제국에 있어 서는 그러한 연합이 성립하지 않았기 때문에 소극적인 급여만을 행하는 '자유주의' 복지국가가 형성되었다.

그런데 이와 같은 에스핑 앤더슨의 세 가지 복지 모델을 참조하여 동아시아 여러 국가들의 복지 시스템의 특징을 비교 논의 할 수도 있겠으나, 상술한바와 같은 계급 간 연합의 명제를 감안할 때 아시아의 신흥공업경제지역(NIES) 국가들의 체제 형성기의 정치구조는 에스핑 앤더슨의 세 가지 복지모델 중 어느 것과도 부합되지 않는다. 그러나 존스는 한국, 일본, 홍콩, 싱가포르, 대만 등 5개국의 사회복지체계를 유교주의와 관련하여 분석했다. 그녀는 개인보다는 집단을 강조하는 유교의 영향을 받은 이들 국가들의 우선순위는 지역 공동제의 건설이며, 지역공동체는 질서, 규율, 충성, 안정, 집단적 자립을 바탕으로 유지되고 있다고 주장했다. 따라서 이들 국가에서의 사회복지정책은 가족을 사회의 중심단위로 회복하고, 이웃에 대해서는 전통적 촌락과 유사한 기능을 부여하여 서구와는 다른 가족이나 이웃을 중시하는 사회복지를 발전 시켰다고 했다. 그래서 그녀는 동아시아 국가들은 에스핑 앤더슨이 분류한 자유주의 복지체제도, 보수주의 복지체제도, 사회민주주의 복지체제도 아닌 새로운 형태의 복지체제, 즉 유교복지국가체제라고 부르면서 유교주의 복지체제는 서구에서 이루어지는 노동자의 참여 없는 부수적 조합주의, 평등 없는 연대성, 자유지상주의 없는 자유방임주의적 특징을 지니면서 가계경제 중심 복지국가의 형태를 보인다고 했다.

2. 동아시아의 관점에서 본 한국, 일본, 중국의 사회복지 동향

1) 한국의 사회복지 동향

사회복지제도는 시대와 함께 생성하며 전개되는 역사성을 갖는 사회제도이다 한국의 사회복지도 사회·경제적 조건하에 그 역사적 단계에 대응하면서 성립하고 발전 하여 오늘에 이르고 있다. 한국의 사회사업은 1950년의 한국전쟁에 따른 응급구호와 외국원조를 주된 내용으로 전개되었다 이와 같이 한국전쟁을 계기로 미국을 선두로 한 서구 선진제국의 원조와 더불어 미국을 비롯한 영국, 스웨덴 등 구미 선진 제국의 사회복지의 이론과 실천 기술이 도입되어 오늘에 이르고 있다.

그러나 급격한 산업화의 진전에 의한 핵가족화에 수반하는 전술한 바와 같은 현대의 가족문제와 가족복지의 중요성에도 불구하고 아직도 「동아시아형 사회복지」의 하나라고 할 수 있는 한국형 사회복지 또는 가족복지가 정착되고 있지 않다. 그것은 미국과 한국 또는 서양과 동양 간에 있어서의 생활문화 의 차이에서 기인하는 것이 아닌가 생각된다.

2) 일본의 사회복지의 동향

일본은 패전 후의 혼란과 빈곤 확대에 대한 연합국최고사령부의 GHQ 각서 「구제 및 복지계획에 관한 건」에 따른 공적 부조로서의 구 「생활보호법」의 시행(1946년 10월), 전쟁고아를 위한 「신체장해자복지법」의 제정(1949년 1212월) 등 이른바 「복지3법」의 시대를 거쳐 점령기 일본의 사회사업은 연합국의 점령 정책 하에 GHQ에 의해 정책의 방향이 잡혔다. 오늘날 일본의 사회복지제도의 이념과 윤곽도 거의 그 시기에 형성되었다고 말할 수가 있다. 또한 사회복지의 실천방법에 있어 일본의 소셜워크는 전후 이래 지금까지도 장기간에 걸쳐 미국의 이론과 동향에 의존해 오고 있다. 따라서 일본도 21세기 아시아의 시대를 맞아 동아시아 문화권의 일본문화에 부합되는 일 본형 소셜워크 내지 사회복지를 개발해야 할 것이다.

3) 중국의 사회복지의 동향

중국의 사회복지로서의 「사회복리」는 사회보장제도의 사브시스팀으로서, 사회보험 그리고 공적 부조로서의 「사회구조」와 더불어 협의의 사회복지 또는 대인복지서비스를 지칭한다. 「사회복리」에는 고령자복지, 장애자복지, 여성아동복지, 보건위생교육복지, 그리고 주택복지 등의 분야가 있다. 사회주의 계획경제체제로부터 시장경제로 전환한 중국은 지난 20여 년 간 경이적인 고도 경제성장의 결과 「2007년판 세계개발지표」에 따르면, 중국의 빈곤인구는 약 5천만 명이 감소하였다. 그러나 이와 같은 지속적인 고도경제성장을 뒷받침하는 급격한 산업화의 진전과 더불어 산업화의 논리에 수반하는 다양한 사회문제는 심각하다.

그 중에서도 특히 중국의 고령화에 따른 노인문제를 들지 않을 수 없다 2005년 현재 중국의 고령화율은 7.8% 로서 65세 이상의 고령자 인구는 1억 1천 5백만 명에 이른 다 기본적으로 중국의 노인부양은 배우자 자녀 친척 등의 가족부양을 중심으로 하는 가족복지에 의하여 행해진다. 중국의 가족부양은 법적인 근거로서 1996년에 성립한 고령자의 권리와 이익을 보장하는 「노인권익보장법」이 공포 실시되고 있다. 이 법률 성립의 사회적 배경의 하나로서 유교문화의 존재를 들 수 있다. 유교는 오랫동안 종교 보다는 전통적인 유교분화나 철학으로서 영향을 미치고 있다. 고령자 부양에 관해서도 「노인을 존경하며, 사랑하고, 노인을 부양'한다」라고 하는 생각은 전통문화로서 사회에 제창되어 인간의 윤리, 도덕으로서 계승되고 있다.

3. 동아시아형 사회복지 구축의 필요성과 국제협력

사회복지란 개인·가족·지역에 있어 생기는 생활상의 곤란과 장해를 사회적 책임으로 해결 내지 완화하는 것을 목표로 하는 정책적·지역적·집단적·개인적인 제 활동을 총칭한다. 인류학자 타일러에 의하면 '문화란 사회의 성원으로서의 인간이 획득한 지식, 신앙, 도덕, 법, 관습, 그 밖의 온갖 능력과 습관을 포함하는 복합적인 전체'라고 규정하고 있다. 이와 같은 포괄적인 문화의 개념에 의하면, 문화란 사회인들의 생활양식의 총체이며 개인이나 집단의 행동양식을 규제한다. 문화는 일상생활에 있어 모든 복지의 니드의 실현과 결부된다. 그리고 복지문화는 다양한 문화영역과 결합하는 가운데 실현 되어 가는 것이 며 다양성, 다면성, 종합성을 갖는 것이라고 말할 수 있다. 특히 문화가 일부의 특권을 가진 자들에게 한

정되지 않고 확대되어 가기 위해서는 당연히 일상의 생활 니드의 충족노력인 복지, 더욱이 사회복지실천과의 통합이 필연적인 것으로 된다. 따라서 고도의 문화도 참다운 의미의 복지와 결합하지 않으면 성립되지 않을 것이다. 복지는 문화 그 자체의 응집이라고도 말할 수 있다.

이와 같은 의미에 있어 복지문화는 복지조직 또는 복지시스템을 움직이는 원동력이 될 것이다. 따라서 복지조직 또는 체계를 움직이는 원동력이 되는 복지문화에 뿌리를 내린 「동아시아형 사회복지」 내지 가족복지의 정착을 위해서는 가족관계에 있어 가족집단주의의 윤리체계를 그 본질로 하는 동아시아의 유교문화의 현대화를 통하여 동아시아 각국의 고유의 문화에 입각한 동아시아 사회복지의 이론과 실천기술의 개발연구에 주력함으로서 동아시아형 사회복지를 구축해 나갈 필요가 있을 것이다.

그러기 위해서는 앞으로도 동아시아 국제학술대회와 같은 국제회의가 거듭 개최되는 가운데 동아시아 각국 특유의 토착적인 새로운 사회복지를 모색하는 것이 중요한 과제라고 생각된다. 따라서 동아시아 각국의 국제협력을 통한 사회복지 관계 대학, 연구자, 연구기관 등의 「동아시아 사회복지 네트워크」를 형성 할 필요가 있다고 생각한다.

그와 같은 의미에 있어서의 국제협력으로서는 1996년에 한·일복지문화학회가 창설 된 이후 중국과 몽골도 회원국이 되어 유교문화를 바탕으로 복지문화에 뿌리 내린 「동아시아형 사회복지」의 구축에 기여하게 될 것으로 믿는다. 나아가서는 2002년부터 6년째 지속되고 있는 한·일 사회복지학회간의 6차에 걸친 「한일 학술교류 심포지엄」에 있어 3회에 걸쳐 「사회복지의 동아시아모델 구축」이 심포지엄의 대주제로 논의되어 많은 성과를 가두었다고 생각한다. 바라건대는 2007년의 「동아시아 국제학술대회」를 계기로 21세기의 「동아시아형 사회복지」의 구축을 지향하면서 한국, 일본, 중국, 홍콩, 대만, 그리고 몽골도 참가하는 이른바 「동아시아 사회복지학회」의 창설을 감히 제안해 보는 바이다.

사회보장연구, 제11권, 1995. 12. pp.1-16

경제성장과 사회보장의 조화

신섭중

(부산대학교 사회복지학과 교수)

I. 사회보장의 목적과 기능

1. 사회보장의 목적

사회보장은 모든 국민에게 최저생활을 확보하며, 국민생활을 안정시키고자 하는 것이다. 그것은 이와 같은 의미에 있어 일종의 목적개념이다. 사회보장제도는 일반적으로 사회보험과 공적부조를 중심으로 하여 성립되지만 양자는 "보험과 부조의 통합"을 통하여 일체화함으로써 국민의 최저생활의 확보와 생활의 안정을 위한 사회보장의 목적달성을 위한 수단이 된다.

2. 현대 사회보장의 특징

현대 사회보장의 특징을 구체적으로 보건대, ① 사회책임의 원리, ② 대상의 전국민으로의 확대, ③ 보장사고의 포괄성, 그리고 ④ 국가작용에 점하는 비중의 증대 등 4가지를 들 수 있다.

1) 사회적 책임의 원리

자유방임의 정책 하에 자기책임의 원리가 명백한 것으로 되어 있던 18-19세기와는 달리 오늘날에 있어서는 실업 또는 노동재해를 일으키는 노동관계의 구조 또는 질병이나 노후의 생활을 지탱하기에는 부족한 임금이나 소득의 낮음이 중시되게 되었다. 생활을 위협하는 빈곤이 사회적 원인으로부터 생기는 생활의 파괴에 대하여 대비하는 것은 사회의 책임이며 따라서 국가의 임무라고 하는 생각이 강하게 주장되게 되었다.

2) 대상의 전국민으로의 확대

사회보장의 두 번째 특징은 사회보장제도의 전 국민적 규모로의 확대이다. 사회보장이 전국민을 대상으로 하게 된 것은 자본주의 경제의 고도의 독점화가 진행될 때 국민의 대다수가 다양한 생활위험에 대하여 자력으로 대비하는 것이 곤란해졌기 때문이다. 노동자도 농어민도 자영자도 노후의 생활에 불안이 있으며 상병에 걸리면 비싼 의료비를 스스로 지불하는 것이 어려운 실정인 것이다. 따라서 생존권의 법의식이 강하게 되어, 전국민을 대상으로 하는 사회보장의 형성과 발전은 필연적인 것이라고 할 수 있다.

3) 보장사고의 포괄성

사회보장은 여러 가지 요구를 샅샅이 집어 올려 이것에 대응하는 급여를 체계적으로 마련하지 않으면 안 된다. 오늘날 각국의 사회보장은 임신·출산으로부터 사망에 이르기까지의 여러 가지 생활위험을 사회보장의 대상으로 하고 있어 요람에서 무덤까지의 보장은 대체로 사회보장의 상식으로 된 시대로 되어 있다.

4) 국가작용에 점하는 비중의 증대

네 번째의 특징은 사회보장의 현대국가에 있어서의 비중의 확대이나, 그것은 사회보장비의 국가소득이나 국가예산에 대한 비율에 뚜렷이 나타나고 있다. 사회보장은 국가의 행정 및 지방자치단체의 행정면에서도 커다란 비중을 차지하고 있으며, 사회보장은 오늘날 국가와 지방자치단체의 기능으로서 불가피한 것으로 되어 있다.

3. 사회보장의 기능

사회보장의 기능에는 그 중심적 기능으로서 이 기능이 없다면 사회보장의 존재가치조차도 없다고 할 수 있는 사회보장의 경제기능으로서의 소득재분배기능을 으뜸으로 하며 그 밖에도 정치적·법적, 및 사회적 기능과 생활보장기능이 있다.

1) 소득재분배기능

소득의 재분배란 사회적 총자본의 재생산의 과정에 규정되는 분배구조에 대하여 국가정책에 이한 수정을 지적하며, 일반적으로 발달된 사회보장제도와 누진과세를 주된 수단으로 하여 고소득층으로부터 저소득층으로의 소득의 이전에 의한 평준화 작용을 그 내용으로 한다.

사회보장의 경제적 기능으로서의 소득재분배 기능은 어떤 원인에 의하여 사회의 빈곤층으로 떨어진 사람들에 대하여 최저한의 생활을 보장하는 최저생활보장의 기능과 노령, 질병, 상해 및 실업 등이 생길지도 모를 곤란한 사태를 예상하여 사회적 위험을 풀(pool)로 하여 분산함으로써 사고에 직면한 사람들이 최저한도 이하의 생활로 떨어지는 것을 미연에 방지하는 보험적 기능 등 두 기능이 당연한 귀결이라고 볼 수 있다.

2) 정치적 기능

사회보장에는 현대 자본주의 하에 있어서의 소득의 불평등이 확대되어 국가가 재정정책과 더불어 사회보장정책을 통하여 정치적 역할을 다하지 않는 한, 그 체제의 유지가 곤란하다는 관점에서 현대 자본주의체제의 유지기능으로서의 정치적 기능이 있다.

3) 법적 및 사회적 기능

사회보장에는 사회보장의 형성 발전이 생존권 보장의 법체계를 통일적인 법체계로 형성하는 법적 기능, 그리고 국민생활에 대한 각종의 요구나 이해 대립을 조정하는 기능으로서의 사회적 기능이 있다.

4) 생활보장의 기능

인생에 있어 여러 가지의 사고에 의하여 생기는 생활곤란을 초래할지도 모를 손실부담이나 소득감소를 보정하여 생활수준을 안정시키며, 또한 사회생활을 영위하는데 필요한 최저한의 생활수준을 확보하는 사회보장의 생활보장의 기능은 생활수준의 안정화와 최저생활수준의 확보를 그 내용으로 하고 있다.

II. 경제성장의 의미와 단계

1. 경제성장과 경제발전의 의미

생산수준과 사회보장의 수준은 상관관계에 놓여있기 때문에 고도경제성장은 사회보장의 경제적 기반을 이루며 그 수준을 높이는 것으로 볼 수 있다. 경제성장(economic growth)이란 경제활동수준의 장기추세적인 증대를 말한다. 따라서 그것은 시간의 경과에 따른 경제활동수준의 지속적인 양적 확대를 의미한다. 그런데 광의의 경제성장은 장기 추세적 증대과정에서 산업구조의 고도화, 노동생산성의 상승, 경제주체의 태도변화 등 경제의 질적 변화를 수반한다. 이와 같은 절적 변화를 고려하지 않은 경제활동수준의 단순한 양적 확대를 협의의 경제성장이라고 하고, 경제의 질적 변화를 수반은 양적 확대를 경제발전(economic development)이라고 한다. 즉 장기적인 견지에서 본 경제의 질적 진보를 경제발전이라고 부른 것에 대하여 국민총생산 내지 국민소득의 증대를 경제상장이라고 부를 수가 있다.

따라서 한 나라의 경제성장은 인구 1인당 국민소득 내지 GNP의 증대에 의하여 수량적으로 파악되는 것이 보통이다. 경제성장의 척도로는 경제성장률이 쓰이고 있다. 경제성장률은 측정기간 중의 실질국민총생산 등의 신장을 연평균성장률의 형태를 나타낸 것이다.

우리나라는 지난 1962년 제1차 경제개발5개년계획을 시작한 이래 지난 30여 년 간에 걸친 성제상장우선정책의 추구로 국민 1인당 GNP 87$에서 9,000$를 상회하는 1인당 국민소득, 그리고 연평균 7%를 상회하는 지속적인 고도경제성장을 이루하였음은 주지의 사실이며 금년도도 8%를 상회하는 고도경제성장을 기대할 수 있게 되었다.

2. 경제성장의 결정요인과 단계

경제성장의 결정요인으로서는 ① 자본설비량(자본량)의 증가, 즉 자본축적, ② 노동투입량(고용량)의 증가, ③ 생산성을 향상시키는 기술진보 등의 세 가지가 있다. 자본축적을 제약하는 것은 저축의 공급이며, 고용량의 장기적 증가는 인구의 증가를 필요로 하고 기술의 진보가 지속되기 위해서는 기술적 지식의 확대가 이룩되지 않으면 안 된다. 그러나 상술한 3가지 경제성장의 결정 요인 중에서도 자본축적은 경제성장의 원동력이라고 할 수 있기 때문에 자본축적율의 증대에 의하여 경제의 성장률을 높일 수가 있다.

경제성장의 단계에 대하여 W. Rostow는 ① 전통사회(Traditional Society), ② 과도적 사회(Preconditions for Take-off), ③ 도약단계(Take-off), ④ 성숙단계(Drive to Maturity), 그리고 ⑤ 고도대중소비단계(Age of

High Mass Consumption) 등의 5단계를 제창하고 있다.

그런데 오늘날 우리나라는 자동차와 냉장고 등의 내구재와 서비스가 산업의 주도부문으로 되며, 정책의 중심이 생산에서 소비로, 그리고 소비에서 복지로 전환됨에 따라 복지국가적 선택이 가능하며 복지가 증대되는 단계로서의 고도대중소비단계에 접어들고 있다고 볼 수 있다.

3. 경제성장의 플러스 및 마이너스 면과 사회보장제도의 필요성

고도경제성장에는 한편으로 자연파괴, 과도의 개인권리의식의 현출, 정부에의 의존성 등 바람직스럽지 못한 영향을 미친 면도 있으나 대체로 생활수준의 향상에 공헌한 것으로 생각된다. 즉 ① 경제 확대에 의한 소득수준의 향상과 물적 생산의 증대, ② 그것에 의한 절대적 빈곤으로부터의 탈출, ③ 선택의 자유와 그 폭의 증대, ④ 실업의 해소와 이중구조의 해소, ⑤ 영양개선이나 의료의 보급에 의한 질병의 감소와 수명의 연장 등의 플러스 면을 가져왔다.

고도경제성장이 이와 같은 플러스 면을 가져오게 되었다고 하여, 그것이 사회보장제도의 필요성을 작게 하는 것은 아니다. 오히려 사회보장제도를 더욱 더 필요불가결한 것을 할 뿐 아니라 그것의 기초가 되는 경제효율을 높임으로써 더 한층 공헌을 할 수 있게 되는 것이다. 즉 한편으로는 고도경제성장을 하는 가운데 어떠한 사정으로 그것의 은혜를 입지 못한 사람들에 대하여 이른바 안전망(safety-net)의 역할을 함과 아울러 다른 한편으로는 사회보장의 충실에 의하여 경제효율을 높이는 역할을 하는 것이다.

III. 경제성장과 사회보장과의 관계

1. 생산력 수준과 사회보장과의 관계

생산력의 수준이 절대적으로 낮으면 사회적 부가 편재해 있건 평등에 가까운 모습이든 사회보장의 성립은 어려운 것이다. 또한 생산력 수준과 사회보장수준은 전혀 무관계는 아니다. 그러나 이 양자의 관계는 완전히 상관관계를 지속하는 것도 아닌 것이다. 이와 같이 생산력 수준과 사회보장 수준과의 사이에 관계의 혼란이 나타나는 것은 경제성장과 생산수준의 자본주의적인 발전의 방식에 의한 것이다.

자본주의 하에서의 생산력의 발전은 자본제적 축적의 발전으로 이루어진다. 따라서 자본주의 하에서는 생산력의 발전은 그대로 사회보장의 경제적 기반이 발전으로서 나타나는 것이 아니라 본래는 사회보장에는 무관계의 생산력의 발전으로서 행해진다. 왜냐하면 생산력발전의 구체적인 것으로서의 자본축적은 근로자의 생활과 건강을 지키는 것과는 아무런 관계가 없는 부가 확대하고 있는 것이다. 따라서 자본주의적인 생산력 수준의 발전이 사회보장의 경제적 기반이 되기 위해서는 강제적·인위적으로 변화되지 않으면 안 되며, 그것 없이는 사회보장과는 무관계의 상태일 뿐이다.

사회보장의 「재」분배기능이라 일컬어지는 것은 자본재생산은 필연성을 갖고 자본과 노동 간의 제1차 분배도 달성해 버리는 것이기 때문이며, 그대로는 사회보장의 경제적 기반은 어디에도 만들어지지 않기 때문이며, 「재」분배를 강제하여 비로소 사회보장의 경제적 기반이 만들어지는 것이기 때문이다. 즉 자본주의 하에서 경제성장과 사회보장이 관계가 있다는 것은 자연 필연적으로 관계가 있는 것이 아니라 실현된 생산력 수준의 성과의 일부의 성격을 강제적으로 바꿈으로서 비로소 나오는 관계인 것이다. 그리하여 이와 같은 강제적으로 성격을 바꾸는 힘이 있으면, 그 때에는 생산력 수준이 높은 쪽이 사회보장에 있어 플러스가 된다. 경제성장은 이와 같은 조건이 갖추어져 있을 때만이 사회보장을 추구해도 좋은 것이 된다.

2. 경제성장과 사회보장의 관계에 있어 빈곤화 법칙에 따른 사회보장의 필연성

자본주의적인 경제성장은 재화의 확대 그 자체보다도 한 나라의 경제총량의 확대인 것이다. 그래서 한 나라의 가치총량을 확대시키는 것은 잉여가치량 밖에 없다. 이 과정에서는 임금이 노동력의 가치 이하로 훨씬 떨어지든지 (실질임금이 개선되는 경우에도 역사적으로 증대경향을 갖는 노동력 가치와의 사이에는 괴리가 커진다), 노동력의 재생산을 불가능하게 하는 노동밀도가 강요되든지, 노동의 강도로 보아 똑같이 노동력의 재생산을 불가능하게 하는 노동시간이 강요되든지 한다. (노동시간의 단축이 이루어지는 경우에도 노동의 강도와의 관계에 있어 이와 같이 되는 일이 있다.) 또 안전설비의 절약이 경제성장을 위하여 행해져 노동재해가 빈발한다. 나아가서는 경제성장은 인간이 자연을 변혁하는 규모를 크게 하여 각종의 공해나 대도시문제를 일으킨다. 자본주의적인 경제성장은 이와 같은 형태로 근로자의 생활과 건강을 파괴한다.

이와 같이 자본주의적인 경제성장과 사회보장과의 관계는 자본주의적인 경제성장이 대량의 심각한 사회문제를 일으킴으로써 사회보장에 과중한 부담을 지우는 것이다. 이와 간이 자본주의적인 경제성장 즉 자본제적 축적이 근로자의 생활과 건강에 미치는 상술한 바와 같은 결과를 가져오는 관점에서 볼 때, 자본제적 축적의 근로자의 생활과 건강이란 점에서 타나는 빈곤화법칙으로서 파악하여 사회보장의 필연성을 근거지우려고 하는 것이다.

3. 사회보장의 재원과 경제성장

자본재생산에 있어서는 생산과정에서 필연적으로 사회보장의 재원에 해당하는 것이 마련되는 일은 없다. 따라서 제1차 분배에 있어서는 사회보장의 재원은 없다. 그러므로 자본주의 하에서는 사회보장의 재원은 강제적으로 만들어내지 않으면 안 된다. 그런데 이와 같은 강제의 두 가지 형태는 세금과 강제적 사회보험에 의한 거출인 것이다. 이 두 가지의 사회보장 재원에는 성격의 차이가 있다.

첫째로 세금 쪽은 이미 사회보장의 재원으로서 확정되어 있는 것은 아닌데 대하여 사회보험의 거출 쪽은 사회보장의 재원으로서 강제적으로 만들어지는 것이다. 둘째로 세금 쪽은 경제성장과 평행하여 신장하는 면을 갖고 있으나, 사회보험 거출 쪽은 그와 같은 자동장치를 갖고 있지 않다. 셋째로 세금 쪽은 국가권력자신을 위하여 장권을 발동하는 것이지만 사회보험 거출 쪽은 사회보험을 성립·유지시키기 위하여 국가의 강권을 이용하는 점을 포함한 국민의 생존권 보장에 관한 국가의 책임을 구체화시키는 것이다.

세금을 통하여 만들어진 국가재정 쪽은 다시 여기서부터 사회보장의 재원을 확정하기 위한 강제가 필요해진다. 세금은 국가권력 자신을 위한 것이기 때문에 경제성장을 자동적으로 반영하도록 되어 있기는 하지만 사회보장재원으로서 볼 때, 다양한 형태의 자본축적비용(재정투융자는 물론이거니와 공공사업비, 보조금, 해외진출비, 도로, 항만정비비 등도 그렇다)이나 군사비, 치안유지비 등과 경합관계에 놓여 있는 것으로서, 이런 가운데 비로소 확정되게 되는 것이다.

더욱이 이 경합은 독점자본의 국가의 기본성격으로 말하자면 사회보장에 있어서는 대단히 어려운 것이다. 즉 세금 → 사회보장비의 과정에는 2중의 강제가 작용하여 사회보장의 재원이 비로소 조성되는 것이지만 자본주의사회에서는 이 2중류의 강제가 상호계급적 성격을 달리하고 있는 것이다. 제1의 강제는 독점자본주의의 국가의 발동하는 것임에 대하여 제2의 강제는 근로자의 요구와 운동이 반영하는 강제력인 것이다.

사회보험거출로서의 재원은 처음부터 사회보장재원으로서 존재한다는 의미에서 안정되어 있지만 경제성장과 이 재원이 한 나라의 생산력의 발전에 부합하는 사회보장수준을 실현하는 재원으로 되기 위해서는 그를 위해 다음과 같은 정책이 행해지지 않으면 안 된다.

1) 경제성장에 수반되는 사회보장의 재원으로서의 사회보험의 거출은 자본주의적인 경제성장의 성격으로 보아 '반드시' 자본부담의 비율을 높여서 행해지는 것이 아니면 근로자의 생활보장의 실적은 오르지 않는다. 그를 위해서는 국가재정 속에 사회보장의 재원을 확정할 때와 같은 강제력이 필요해진다.

2) 국가는 사회보장재정의 유지를 위하여 스스로도 재정 부담을 하지 않으면 안 된다.

3) 국가는 중소자본가의 보험료 부담에 관해서도 일정 부분 배려를 하지 않으면 안 된다. 독점자본주의의 단계에 있어서의 경제성장은 이윤과 임금 간의 격차를 넓히면서 행해질 뿐만 아니라 대자본의 이윤과 중소자본의 이윤의 격차도 넓히면서 행해진다. 그 때문에 사회보장재원의 확대를 위한 보험부담의 증대가 중소자본에 있어서는 실제로 경영을 위태롭게 하는 경우도 있어난다. 이와 같이 중소자본에는 국가재정이 보험료의 일부를 떠맡는 조치가 취해지지 않으면 안 된다.

IV. 사회보장의 국제비교와 한국의 위상

1. 사회보장과 경제발전(성장)의 관계에 관한 접근방법

전장에서 논의한 바와 같이 사회보장의 수준과 경제발전 또는 경제성장 간에는 매우 밀접한 관계가 있다. 사회보장과 경제발전의 관계에 대한 접근방법에는 대별하건대 2가지의 중요한 접근방법이 있다. 그 하나는 역사분석으로서의 각국 사회의 경제발전과 사회보장과의 관련을 그의 역사적 전개 속에서 밝히려고 하는 것이다. 다른 하나는 국제비교분석으로서 각국 사회에 있어서의 사회보장의 차이와 경제발전의 차이를 관련지우려고 하는 것이다. 본래부터 이 두 가지 접근방법은 상호모순되는 것이 아니라 최종적으로는 오히려 상호보완적인 것이 되지 않으면 안 된다. 역사분석의 강점은 경제발전이란 역사적 현상과 사회보장과의 관련을 역사의 동태적 전개과정에 있어 직접적으로 포착하는 데 있다. 다른 한편으로 국제비교분석의 강점은 경제발전의 정도를 어떤 공통의 척도로서 측정하여, 그것과 사회보장과를 관련 지움으로써 경제발전과 사회보장 간의 일반적 공통의 관련을 추출하려는데 있다. 따라서 경제발전과 사회보장과의 관견의 충분한 이해를 얻기 위해서는 이 두 가지 접근방법의 특질에 유의하면서 양자의 분석을 상호보완적, 유기적으로 활용하는 것이 바람직하다.

2. 사회보장의 국제비교와 한국의 위상

전절에서 사회보장과 경제발전(성장)의 관계에 관한 접근법을 논의하였거니와 본 절에서는 제2의 접근방법, 즉 국제비교에 의한 경제발전(성장)과 사회보험과의 관계를 사회보장급여비의 국민소득에 대한 비율(사회보험비율)과 사회보장의 재원구성을 통하여 비교함으로써 우리나라 사회보장의 수준 및 위상을 가늠해 보고자 한다.

사회보장 급여의 수준을 타나내는 방법으로서는 사회보장의 지출이나 수입에 관하여 국민소득 또는 GNP의 비율로서 표시하는 것이 일반적인 방법이며, 사회보장의 수준이란 사회보장의 정도를 이와 같은 비교수치로 표시한 것이다. 그러나 사회보장 전체에 걸쳐 그 수준을 생각하는 경우, 사회보장의 급여비 총액을 대국민소득비로 묻는 것이 보통이다.

사회보장의 수준과 성격을 결정하는 주요한 요소로서는 ① 인구의 크기와 증가율, ② 경제성장과 소득의 재분배, ② 사회보장정책적 배려 등의 3요소를 들 수 있다. 그러나 사회보장정책의 목표로서는 사회보장의 급여수준이 높으면 높을수록 좋으며 사회보장제도의 부문 간의 격차가 없을수록 더욱 바람직하다는 것은 분명하다.

우리나라의 사회보장의 수준은 선진국의 사회보장급여비의 대국민소득비율이 15%에서 40%인데 비하여 1.4%(1989)이며 1992년 현재 1.8%에 불과하다. 이들 OECD 국가들의 경제수준이 한국과 비슷했던 1960년대에도 그 수준이 평균 7%였다는 것을 감안하면 비록 우리나라 국가예산의 25%가 국방비에 지출되고 있다는 특수사정을 고려하더라고 우리나라의 사회보장의 수준은 경제성장에 비해 재우 낮은 것을 알 수 있다.

사회보장에 있어 급여와 이를 조달하는 재원과의 관계에 있어 양자는 어느 것이나 다 같이 경제성장률에 의존하고 있으며, 경제성장률의 함수이다. 사회보장 지출로서의 급여와 수입으로서의 재원, 즉 사회보장재정상의 매년의 수지가 균형을 이루기 위해서는 경제성장률이 가능한 한 높아야 하며, 또는 그 성장이 안정되지 있지 않으면 안 된다.

그러나 사회보장의 재원조달 수단의 선택기준은 재정, 수지 양면에 걸친 변화의 경제적 효과에 유의하며, 금융정책의 협력을 얻어 총수요의 균형을 확보하면서 자원의 최적배분과 경제의 최적성장을 실현하는 데 그 초점을 두고 재분배정책의 목표를 달성하는 데 두어야 한다.

오늘날 사회보장의 재원조달에 있어는 영국형이든 북구형이든 또는 유럽대륙형이든 간에 대부분의 선진국에 있어 그 재원의 구성에 있어서는 세금에 의한 국고 및 그 밖의 공비부담률은 평균 35%를 상회하고 있다.

그러나 우리나라의 경우 1991년 말 GNP 대비 사회보장비는 1.0%에 불과한데다가 그 재원구성상의 국가예산(일반회계) 중 사회보장예산의 비율은 7%의 저위에 머물고 있다. 또한 우리나라의 사회보험에 있어 그 부문별 국고부담을 보건데, 사용자가 보험료의 전부를 부담하는 산재보험 외의 모든 각종 연금 및 사회보험에 있어 그 급여의 일부 혹은 그 운영자금 및 비용의 전부 또는 일부를 국고가 부담하고 있다.

V. 경제성장과 사회보장의 조화를 위한 정책 선택

핵가족을 지배적 가족제도로 하는 산업사회는 사회보장을 필요한 보완적 제도로서 마련하지 않을 수 없다. 즉 경제영역에서의 산업화, 사회영역에서의 핵가족화, 그리고 정치영역에서의 사회보장연구의 3자의 복합현상은 사회시스템의 총체적 변화인 산업화 과정에서 생기는 상호의존적 변화이다.

우리나라는 지난 30여 년 간에 걸친 지속적인 고도경제성장의 과정에서 급속한 핵가족화와 인구고령화가 진행되고 있음을 감안할 때, 우리나라의 사회보장비율의 상승은 피할 수 없는 사실이다.

또한 경제정책으로서의 경제성장과 사회보장과의 관계에 있어, 사회보장의 재원은 궁극적으로 국민의 생산력에 있기 때문에 경제성장이 두드러진 때가 또한 사회보장의 확대 내지 발전의 시기인 것이다. 고수준의 생산은 사회보장을 위한 필요불가결의 조건이며, 생산수준을 높게 유지하기 위해서는 사회보장이 또한 필요불가결한 것이다.

이와 같이 생산수준의 상승과 소득수준의 향상이 사회보장의 수준을 향상시킬 수 있는 것이다. 더욱이 소득재분배의 요소를 갖는 사회보장의 존재가 생산이나 소득의 문제에 자극 및 영향을 미칠 수도 있는 것이다. 즉 사회보장은 그의 지출을 증대함으로써 유효수요를 창출하는 기능이 경제정책의 정책효과로서 평가되고 있다.

그러나 1960년대부터의 우리나라의 지속적인 고도경제성장이 사회보장의 경제적 기반을 만들어 사회보장의 수준을 높이게 될 것으로 기대되었으나 오늘날 고도경제성장에 부합되게 사회보장수준이 향상되고 있지 못함은 전절에 지적한 바와 같다. 우리나라 고유의 가치관과 정치·경제·사회의 조건에 부합하는 사회보장의 확충은 정책과제인 동시에 정책의 선택인 것이다.

이제 우리나라도 지난 30여 간에 걸친 지속적인 고도경제성장으로 1995년 말이면 1인당 국민소득이 10,000$를 넘어설 것으로 기대되고 있다. 따라서 그간의 고도경제성장이 저소득층 내지 빈곤층의 소득의 증대와 생활수준의 향상에 있어 필요조건은 될 수 있으나, 충분조건은 되지 못했다는 인식 하에 지난 1995년 3월 「삶의 질의 세계화」를 위한 대통령의 복지구상에서 밝힌 바와 같이 「최저수준보장의 기본원칙」에 입각하여 사회보장의 내실화와 더불어 공급자 편의보다는 수용자 편익을 중시하는 방향으로 경제성장과 사회보장이 조화를 이룰 수 있도록 해야 할 것이다. 21세기를 향하여 인간다운 문화적인 생활을 영위할 수 있는 최저한의 생활이 보장될 수 있도록 세계화에 걸맞은 획기적인 사회보장정책이 강구되어야 할 것이다.

한국에 있어서의 급속한 인구고령화와 대응: 고령화의 수렴성과 문화의 다양성[34]

Rapid Population Aging and Responses in Korea:
Convergency of Aging and Diversity of Culture

나가사끼웨스레안대학 교수
부산대학교 명예교수
신 섭 중

I. 저출산·고령화사회의 도래

2002년 현재, 한국의 65세 이상 노인 인구는 전체 인구(4,764만 명)의 7.9%인 377만 명이었다. 한국은 2000년에 이미 65세 이상의 인구가 전체 인구의 7%를 넘어 고령화사회(aging society)에 진입했다. 2018년에는 14%를 넘어 고령사회(aged society)가 될 것을 예측된다. 농어촌 지역

---

[34] 이 논문은 신섭중 교수가 일본 나가사끼웨스레안대학 교수로 있던 2002년, 하와이에서 개최된 국제학술대회인 「새로운 지역사회만들기: 쓰나미적 고령화에 대비하여」에서 발표한 것으로 보인다. 이 논문에서 신섭중 교수는 한국의 고령화·저출산 문제를 해결하기 위해서는 유교문화의 현대화와 동아시아형 노인복지가 필요한 것으로 보았다.

은 2000년에 14.7%로 이미 고령사회가 되었다. 그리하여 2025년에는 20%를 넘어 초고령사회(super-aged society)가 될 것으로 예측된다.

이와 같이 인구고령화의 속도에 있어 한국은 고령화의 수렴성에 따라 구미제국과 일본에 비해 매우 빠른 속도로 진행되고 있다. 그것은 고령화사회로부터 고령사회에 이르기까지의 소요 연수에 있어 프랑스는 115년, 독일은 42년, 그리고 일본은 24년에 비해 한국은 전례미문의 18년이 소요될 것으로 예측되고 있기 때문이다.

한국 국민의 평균 수명은 1960년에는 52.4세에 지나지 않았으나 1980년에는 65.8세, 그리고 2000년에는 74.9세가 되어 2020년에는 78.1세가 될 것으로 예측되고 있다. 한편 일본의 평균 수명은 2000년 현재 80.5세로 세계최장수국이다.

II. 인구고령화의 요인

인구고령화의 요인으로서는 (1) 사망률의 저하에 의한 평균 수명의 신장과 (2) 출산율의 저하에 의한 연소 인구의 감소를 들 수가 있다. 한국에 있어 고려오하가 급속히 진전된 요인은 경제성장에 의한 생활수준의 향상과 의약 기술의 발달에 의한 사망률의 저하라고 할 수 있다. 한 나라의 인구수가 현상을 유지하기 위해서는 합계특수출산율이 2.1%를 유지하지 않으면 안 됨에도 불구하고, 한국의 합계특수출산율은 1980년의 2.8%로부터 1990년의 1.6%, 그리고 2002년에는 1.17%까지 저하하여 세계 최저의 출생률을 기록하였다.

한편 일본의 합계특수출산율은 2000년 말 현재 1.29%로 한국 다음의 세계 최저의 출생률을 기록하였다. 합계특수출산율의 저하 원인은 젊은 세대의 만혼화와 그에 따른 만산화를 비롯하여 젊은 부부의 생활비, 주택비, 자녀양육비 등의 경제적 곤란과 육아와 직업의 양립의 어려움 등 경제적·사회적 문제가 출산율 저하의 주된 요인이라고 할 수 있다.

III. 고령화사회에 있어서의 한국의 대응

1. 고령화사회에 있어서의 노인복지정책

오늘날 한국에 있어서의 세계에서 최고로 빠른 고령화와 세계 최저의 합계특수출산율은 고령자 부양 부담의 증가와 성장 잠재력의 저하라고 하는 어려운 문제를 제기하고 있다. 고령화사회에 있어 노인복지의 중요한 정책 과제로서는 (1) 기초생활보장제도, 경로연금, 퇴직금, 그리고 국민연금 등 소득보장제도의 전반적 개혁, (2) 연령차별의 금지와 정년제의 개선, 그리고 노인인력운영센터 등을 통한 중·고령자의 고용촉진, (3) 공공보건의료체계의 강화를 통한 노인건강관리체계의 구축, (4) 급증하고 있는 노인의 장기요양수요에 대처하기 위하여 한국의 문화에 맞는 공적 노인요양보장제의 도입, (5) 노인복지회관의 확충을 통한 커뮤니티케어와 함께 재가노인복지서비스를 강화하고, 아울러 홈 헬퍼파견시설도 확충, (6) 고령사회정책의 종합적 추진, 평가, 관리의 근거로서 기본이념, 국가 및 지방자치단체의 책임, 그리고 고령사회대책기본계획의 수립, 집행, 추진체계 등을 규정하는 '고령사회대책기본법' 제정의 추진 등이다.

2. 저출산대책의 정책과제

지식·정보화사회에 들어서면서 여성의 사회참여 및 취업기회가 확대됨에 따라 전술한 바와 같은 출생률 저하의 경제적·사회적 요인을 감안할 때 다음과 같은 저출산대책의 정책과제를 제시할 수가 있다.
(1) 여성들의 경제활동과 출산·보육이 양립할 수 있도록 고용환경의 정비
(2) 보육서비스 등 육아서비스의 강화
(3) 출산비 보조를 비롯하여 보육료 국가 지원의 확대
(4) 아동수당제도의 조속한 도입

IV. 고령화의 수렴성과 문화의 다양성: 동아시아형 노인복지의 모색

1. 동아시아에 있어서의 고령화의 급속한 수렴성

동아시아의 한·일·중 3국에 있어 저출산고령화라고 하는 고령화의 수렴성이 매우 빠르게 진행되고 있다. 일본은 1970년에 고령화율이 이미 7%를 넘어 고령화사회에 접어들었고, 2000년에는 17.3%로 14%를 넘어 고령사회에 들어가 있다. 한국과 중국도 2000년에 고령화율이 7%를 넘어 고령화사회에 들어서 일본을 뒤쫓고 있다. 특히 한국은 전술한 바와 같이 세계 최저의 합계특수출산률을 보이고 있다.

이 동아시아 3국에 있어서의 고령화의 특징으로서는 합계특수출산율의 저하 현상과 고령화의 상승 경향의 조합을 지적할 수가 있다. 이와 같은 특징으로 말미암아 다수의 인구 고령화의 연구자가 동아시아에 있어서의 급속한 고령화의 수렴성에 지대한 관심을 기울이는 이유이기도 하다.

2. 유교문화의 현대화와 동아시아형 노인복지의 모색

(1) 유교문화의 현대화

동아시아는 전통적으로 유교문화권이라고 일컬어지고 있다. 유교문화란 현실의 사회생활에 있어 집단으로서 인간이 살아가는 방식이다. 유교문화는 가족집단주의의 행동양식이나 가족내부에서의 생활의 질서, 지(知)인간이나 사회 내에서의 인간관계 등에 지금도 분명히 남아 있다.

동아시아 국가에서는 구미의 근대화모델을 받아들이면서도 전통의 가족주의 문화를 잃지 않고 살려 왔다. 동아시아 유교문화권에서는 인간관계의 질서에는 전통의 가족윤리가 문화로서 살아 있다. 유교문화의 현대화란 남녀의 차별을 없애고 수직적인 가족관계가 아니라 평등하며 민주적인 정이 두터운 가족관계를 유지해 간다는 뜻이 내표되어 있다.

(2) 동아시아형 노인복지의 모색

21세기 아시아의 시대를 맞아 최장수국 일본, 고령자 최다수의 중국, 그리고 초고속 고령화의 한국을 잇는 동아시아에 있어서는 노인복지의 중요성에도 불구하고 동아시아형 노인복지가 아직 개발되어 있지 않다.

동아시아형 노인복지의 정착을 위해서는 가족관계에 있어서의 가족집단주의의 윤리체계를 그 본질로 하는 동아시아의 유교문화의 현대화를 통하여 세대 간의 상호부조로서의 경로효친사상을 중심으로 동아시아 3국의 전통적인 고유문화에 입각한 동아시아형 노인복지를 모색할 필요가 있다고 행각된다.

금후에도 이번의「새로운 지역사회만들기: 쓰나미적 고령화에 대비하여」의 국제회의가 거듭되는 가운데 동아시아형 노인복지를 모색해 가는 것이 중요한 과제라고 생각한다. 그러기 위해서는 한·일·중 그리고 동서문화의 교차지이기도 한 하와이와의 사이에 국제협력이 필요할 것이다.

한국, 일본, 미국의 복지의식 비교연구
– 부산, 오사카, 시카고를 중심으로 –*

신 섭 중**
박 병 현***

I. 연구의 목적 및 의의

많은 사람들이 사회복지는 그 나라의 정치, 경제, 사회, 문화적 배경에 맞게 고안되고 또 그 나라의 복지욕구에 맞게 시행되어야 한다고 주장한다. 그래서 1980년대 중반부터 "한국형 사회복지", "한국 실정에 맞는 사회복지", "한국문화를 반영하는 사회복지"가 한국사회복지학계의 주요 이슈가 되다시피 했다. 그러나 "한국형 사회복지"에 대한 논의만 무성했지 한국형 사회복지가 어떤 것인지에 대한 어렴풋한 그림도 그려지지 않은 상태로 현재에 이르고 있다. 그 주된 이유는 한국인의 복지에 대한 의식과 인식의 객관적인 관찰과 분석이라는 과정이 행해지지 않은 채 "한국형 사회복지의 개발"이라는 결론을 도출하려는데 있었는지도 모른다. 이러한 관점에서 보면 한국인이 지니고 있는 복지에 대한 의식이나 인식을

본 논문은 「한국사회복지학」, 제27호, 1995년 11월, pp.180-207에 게재된 것임.
** 부산대학교 사회복지학과 교수
*** 부산대학교 사회복지학과 조교수

외국인의 것과 비교하고 분석하는 작업은 "한국형 사회복지"라는 구체적 그림을 그리기 위한 기초재료나 실마리를 제공할 수 있다.

특히 한국인의 복지의식을 일본인과 미국인의 복지의식과 비교하는 것은 많은 시사점을 제공한다. 그 이유는 한국과 비슷한 문화와 경제성장 과정을 지니고 있는 국가인 일본과, 전혀 이질적인 정치, 경제, 사회, 문화적인 배경을 지니고 있는 미국을 한국과 비교하는 것이기 때문이다. 또한 이제까지 한국에서는 한국인에 대한 복지의식은 조사된 적이 있으나[35] 같은 조사표를 사용하여 한국인의 복지의식을 외국인의 복지의식과 비교연구한 적은 별로 없다. 그러므로 본 연구는 한국 사회복지분야에 있어서 국가 간 비교연구의 시작이라고 할 수 있다.

이러한 맥락에서, 연구자들은 日本 大阪市立大學 生活科學部 長壽 社會 科學硏究室와 공동으로 한국, 일본, 미국 3개국의 복지의식을 같은 조사표로 조사하여 비교분석을 하였다. 본 연구의 수행으로 얻어질 수 있는 결과는 다음과 같다.

첫째, 한국인의 복지의식을 일본인과 미국인의 복지의식과 비교하여 봄으로써 한국인의 복지의식의 수준을 간접적으로나마 측정할 수 있다. 둘째, 한국인의 복지의식을 외국인의 것과 비교하여 봄으로써 한국형 복지정책의 바람직한 방향을 설정하는데 시사점을 제공할 수 있다. 셋째, 비교사회복지를 연구하는 학자들에게 유용한 기초자료를 제공할 수 있다.

이러한 목적을 위하여 본 연구에서는 사회복지의식의 배경이 될 수 있는 세 국가의 사회복지발달과정이나 사회복지와 관련된 주요 이데올로기를 먼저 살펴볼 것이다. 그 후에 조사결과를 분석 비교하고, 이 결과가 한국형 사회복지정책 방향설정에 어떤 시사점을 던져주고 있는지를 알아보고자 한다.

---

35 | 여기에 관한 것으로는 김영모, 한국인의 복지의식, 서울, 일조각, 1980; 한국개발연구원, 빈곤의 실태와 영세민 대책, 1981; 김상균, 정원오, "90년대 한국인의 복지의식에 관한 연구", 한국사회복지학, 제25호, 1995, pp.1-33 등이 있다.

그러나 본 연구는 국가 간의 비교연구와 설문조사연구가 원천적으로 지니고 있는 한계를 가지고 있다. 첫 번째의 한계는 조사대상을 한국은 부산시민, 일본은 오사카시민, 미국은 시카고시민으로 한정시켜 조사하였기 때문에 세 국가 전체의 의사를 대표하지 못하는 것이다. 두 번째 한계는 조사표의 내용은 동일하지만 3개 국어로 번역되었기 때문에 세 국가의 조사대상자들이 조사문항의 의미를 동일하게 이해하지 못했을 가능성이 있다. 세 번째의 한계는 설문에 응답한 사람들이 사회복지에 관심이 많은 사람들이어서 전체 모집단을 대표하지 못했을 가능성이다. 그리고 네 번째의 한계는 복지의식조사에 대한 선행연구가 거의 없어 복지의식을 정확히 측정할 수 있는 설문문항들을 선정하는데 필요한 이론적인 배경이 결여되어 있다는 것이다. 이로 인해 본 연구에서 선정된 조사문항이 조사목적인 복지의식을 측정하기에 부족했을 가능성이 있다. 그러나 이러한 한계점에도 불구하고 한국, 일본, 미국의 복지의식을 동일한 조사표로 비교한 자료를 제시한 것 자체가 의미가 있다고 본다.

II. 복지의식의 개념과 미국, 일본, 한국의 복지의식의 배경

1. 복지의식의 개념

인간의 마음의 내용(the content of mind)을 일반적으로 의식이라고 할 때, 의식은 마음의 인식작용이라는 과정적 측면과 그러한 인식의 결과로 생기고 축적되는 마음의 인식내용을 포함하는 개념이라고 할 수 있다. 또한 의식은 인간의 행위와 연결되는 행동성향이라는 의미의 태도라는 개념도 함축한다.[36]

---

[36] 김경동, 한국인의 가치관과 사회의식 – 변화와 경험적 추적, 박영사, 1992, p.487.

마음이 의식하는 것은 항상 어떤 대상이 존재해야 하는데 그것은 물질적인 것일 수도 있고 비물질적인 어떤 것일 수도 있다. 인간의 복지와 복지를 추구하는 사회적 제도, 복지체계 등을 대상으로 하는 인간의 태도 혹은 의식을 복지의식이라고 개념규정할 수 있다.[37]

이러한 복지의식이라는 개념을 규정할 때는 복지에 대한 인식, 평가, 태도 혹은 행동적 반응성향, 감정과 인상, 신념 및 평가 등의 정신작용의 측면들을 종합적으로 포괄하고 있어야 한다.

본 논문에서는 사회복지의 내용은 그 주체에 따라 정부가 실시하는 공공복지, 민간기관이 실시하는 민간복지, 그리고 가정에서 제공되는 가정복지로 나누어진다고 본다. 이러한 관점에서 본 조사연구에서는 공공복지의식을 측정하기 위해서는 사회복지와 세금인상과의 관계, 공적부조, 그리고 사회복지의 주체와 객체를 묻는 문항을 선정했으며, 민간복지의식을 측정하기 위해서는 자원봉사에 관한 문항을 선정하였다. 그리고 가족복지의식을 측정하기 위해서 노인부양과 수양부모에 대한 문항을 선정하였다. 또한 본 연구에서는 사회복지의 주요대상으로 아동, 장애인, 노인, 빈민들을 선정하여 이들에 대한 의식을 묻는 문항들을 포함하였다.

2. 미국, 일본, 한국의 사회복지의식의 배경

1) 미국의 사회복지배경

사회복지는 개인적 이데올로기나 집단적인 사상에 영향을 받으며 고안되고 시행되어 왔다고 할 수 있다. 이러한 관점에서 볼 때 미국을 현재까지 이끌어온 개인의 정신이나 집단적인 사상은 크게 세 가지로 나눌 수 있다. 첫째는 개인적 성취와 자립을 강조하는 개인주의(individualism)이다. 1830년대에 Tocqueville이 미국의 민족정신으로 개인주의를 꼽았듯이 미국의 개인주의정신은 세계 어느 나라보다도 강하였다. 개인주

---

[37] 김상균, 정원오, 전게논문, p.3.

는 公的인 부문 및 교회나 정부의 권위로부터 개인, 가족, 이웃, 직장 등과 같은 私的인 부문으로의 전환이라고 할 수 있다. 그러나 미국의 개인주의 정신이란 이기주의나 반사회적인 탐욕이 아니라 상호존중과 이웃에 대한 관용을 지닌 책임성을 의미하는 것이었다.[38]

두 번째 정신은 자유주의사상(liberalism)[39]이다. 자유주의사상은 시대 상황에 따라 융성하는 시기도 있었고 쇠퇴하는 시기도 있었지만 미국의 정치, 경제, 사회전반에 걸쳐 지속적으로 남아 있으면서 미국인들의 빈곤에 대한 인식과 사회복지의 성격형성에 지대한 영향을 미쳤다. 자유주의는 자본주의체제인 미국의 지배적 이데올로기였다. 전통적 자유주의는 경제적 합리성을 강조하는 고전파 경제학과 결탁하여 자유방임주의 경제를 주창하며 정부의 경제 및 사회부분에의 개입에 반대하였다. 또한 자유주의가 매우 융성하였을 때엔 적자생존을 주창하면서 빈곤의 개인책임성을 주장하는 다위니즘과 결탁하기도 하였다. 그리고 세 번째의 정신은 자원주의정신 (voluntarism)이다. 미국은 전통적으로 자원주의정신이 강하였으며 이것은 복지정책의 방향설정에 많은 영향을 끼쳤다고 할 수 있다. 1980년대 말 현재 미국에는 州수준에서 조직된 자원단체가 118만개나 되며 그중 85만개는 자선단체 혹은 사회복지조직으로 알려져 있다.[40]

미국은 전반적으로 위에서 언급한 세 가지 정신과 사상을 기반으로 하여 발전되어 왔지만 사회복지는 이 세 가지 정신과 사상의 일시적 浮沈을

---

38 | 박병현, "영국과 미국의 사회복지제도발달비교", 仁昌 愼燮重博士 華甲記念論文集, 1994, pp.102-3.

39 | 자유주의는 매우 혼동되기 쉬운 개념이다. 여기에서 사용되는 자유주의는 현대에 사용되고 있는 진보적(liberal) 정치이념과 구별하여 사용하여야 한다. 실제적으로 전통적인 자유주의(classical liberalism)는 현대의 진보적 정치이념 (contemporary liberal political view)과 대조적인 개념으로 사용된다. 전통적인 자유주의는 개인주의와 제한된 정부를 강조하며 소극적인 사회복지를 추구하는데 반해, 현대의 진보적 정치이념은 집단성과 규제자, 배분자로서의 확대된 정부의 역할과 적극적인 사회복지를 추구한다. 본 논문에서 언급된 자유주의란 전통적인 자유주의를 말한다. 미국의 자유주의의 개념에 대한 보다 자세한 내용은 Andrew W. Dobelstein, Politics, Economics, and Public Welfare, Englewood Cliffs, NJ. Prentice-Hall, 1986, pp.88-91을 참조하기 바람.

40 | Jenniffer R. Wolch, The Shadow state: Government and Voluntary Sector in Transition, New York, The Foundation Center, 1990, p.47.

겪으면서 성장과 후퇴를 반복하였다. 1929년 경제공황이 시작되기 전까지는 빈곤의 개인책임성을 강조하는 개인주의, 자유주의, 그리고 자원주의의 세력이 정점에 달했다. 그러므로 이 시기에 사회복지는 법제화되지 못했고 발전되지 못했다. 그러나 빈곤의 개인책임성이 거부되고 위에 언급한 세 가지 사상이 일시적으로 쇠퇴하였던 시기가 있었다. 그 대표적인 시기가 1930년대의 대공황 시기와 1960년대 사회불안시기였다. 아이러니하게도 이 두 시기는 미국의 사회복지가 획기적으로 발전되었던 시기였다. 사실상 미국 복지국가의 전개는 대체로 1935년 사회보장법의 테두리 안에서의 확장이었다.[41] 그러나 1930년대에 발전하였던 사회복지는 1940-50년대의 경제호황기에 맥을 이어가지 못했으며, 1960년대의 사회불안과 빈곤을 근절시키기 위해 시행되었던 "War on Poverty" 정책도 1970년대 중반의 오일쇼크를 기점으로 점차 쇠퇴하였다. 특히 1980년대의 레이건 행정부가 제창한 경제공황 이전에 번창했던 자유주의와 맥을 같이하는 신보수주의의 등장과 함께 미국의 사회복지는 대폭 축소되어 현재에 이르고 있다. 그러므로 미국의 사회복지는 개인주의, 자유주의, 자원주의의 浮沈과 반비례하면서 발전되어 왔다고 할 수 있다. 또한 이러한 맥락에서 보면 미국을 이끌어온 세 가지 정신과 사상의 강세는 미국이 스칸디나비아 반도의 복지선진국이나 영국, 독일, 프랑스 등 유럽국가들에 비해 사회복지의 발달이 늦은 항상 불완전한 복지국가였던 것과, 사회정책 부문보다는 사회사업방법론 부문이 일찍 발전하였던 이유를 설명하여 준다.

2) 일본의 사회복지배경

일본은 미국과 정치, 경제, 사회, 문화적인 면에서 매우 다르지만 몇 가지 공통점도 지니고 있다. 첫째는 두 국가 모두 경제대국이라는 점이고 두 번째는 두 국가 모두 유럽의 혼합경제체제의 복지국가에 널리 퍼

---

[41] 이혜경, "복지국가의 형성과 전개 – 미국과 일본의 비교 –", 한림대학교 사회복지연구소편, 비교사회복지 제2집: 복지국가의 비교, 서울: 을유문화사, 1993, p.86.

져있는 사회주의나 사회민주주의 이데올로기를 받아들이지 않았다는 점이다. 그리고 일본은 비록 복지국가라는 명칭은 붙이기 어려우나 여러 가지 삶의 질의 지표를 살펴볼 때에는 일반적인 삶의 질의 수준은 매우 높다. 예를 들면 평균수명이 세계에서 가장 길며 유아사망률은 가장 낮은 수준이다. 뿐만 아니라 교육수준과 건강수준도 매우 높다고 할 수 있다. 그래서 1990년 UN이 발표한 일본의 인간발달지수(Index of Human Development)는 세계에서 가장 높다.[42]

그러나 일본은 미국과 매우 다른 사회문화적인 특징을 지니고 있다. 일본의 특징으로는 국가주의와 가족주의 그리고 엄격한 상하관계를 들 수 있다. 첫째 일본이 미국과 다른 점은 미국은 권력이 주나 지방으로 분산되어 있는 상태에서 국가가 발전해 온데 반해 일본은 권력이 중앙에 집중되어 있는 상태에서 항상 국가중심으로 발전되어 왔다는 것이다. 19세기 말과 20세기 초반의 메이지 시대의 목적은 富國强兵이었으며 이것은 1930년대와 1940년대뿐만 아니라 제2차 세계대전 후에도 계속 이어졌다고 할 수 있다. 즉 明治의 初年(1868) 근대국가로서의 출발이래 1945년 패전에 이르기까지 77년이라는 장기간에 걸쳐 일본의 施政에 있어 일관적으로 추진되어온 근본적 방침은 殖産興業이며 경제우선이었다. 더욱이 이와 같은 殖産興業의 이름하에 추진되었던 경제우선의 施政은 다시 군사우선으로 탈바꿈하여 강력히 추진됨으로써 70여년에 걸친 일본의 시정의 중심과제는 단적으로 말하자면 부국강병이었다고 할 수 있다.[43]

또한 일본은 가족의 역할이 전통적으로 강조되어 왔다. 그리고 엄격한 상하관계로 인한 아랫사람의 윗사람에 대한 충성심과 윗사람의 아랫사람에 대한 책임감이 기업복지와 같은 일본 특유의 사회복지의 발달을 가

---

[42] The Economist, 26, May 1990, p.81.
[43] 末高信, 安井信夫, 增補, 現代의 社會保障, 東京: 成文堂, 1970, p.129.

져왔다고 할 수 있다. 이러한 가족역할의 강조와 기업복지의 발달을 가져온 문화가 결국은 사회복지를 위한 정부의 지출이 서구유럽복지국가의 수준에 이르지 못하는 현상을 초래하였다고 할 수 있다.

일본 사회복지의 역사를 살펴보면 일본은 1922년의 건강보험의 제정을 효시로 1945년 패전에 이르는 23년간에 걸쳐 선원보험법, 노동자연금보험법 등의 각종 사회보험과 공적부조의 제정 성립을 보았다. 그러나 이러한 제도들은 근대적인 구조를 이루고 있기는 하지만 전시사회정책의 일환으로서 戰時立法의 성격을 벗어나지 못하여 순수한 국민의 복지를 그 목적으로 한 것이 아니라, 노동력의 유지, 배양을 통한 전력증강에 목적이 있다고 볼 수 있다.[44]

패전 후 10년간 (昭和 20년대) 일본의 사회복지발달의 두드러진 특징은 노동자재해보상보험의 새로운 제정과 후생연금보험법의 전면적인 개정으로 사회보험부문의 충실을 기할 수 있었으며, 생활보호제도의 정비를 통하여 공적부조제도의 발전을 기했다는 것이다. 그리고 사회복지, 공중위생 및 의료제도 등에 걸친 새로운 입법을 통하여 오늘날 일본의 사회보장제도의 기초를 다듬었다고 할 수 있다.[45]

1955년 이후 일본은 경제자립 5개년 계획의 성공적인 수행으로 고도경제성장의 시기로 접어들었으며 세계 2위의 경제대국으로 발돋움하게 된다. 1950년대 말과 60년대에 일본경제는 연평균 10%의 성장을 계속하여 국민 1인당 GNP도 선진공업국대열에 들어섰다. 당시는 사회보장, 노동조건, 생활수준에 있어서 아직 서구선진국들에 비해서 상대적으로 낮았지만, 1970년대에는 이러한 사회복지분야에서도 상당한 발전을 보았다. 그러나 1973년의 오일쇼크를 계기로 성장이 둔화되면서 새로운

---

44 | 신섭중, "일본의 사회보장", 신섭중 외 공저, 세계의 사회보장, 서울: 유풍출판사, 1994, p.416.
45 | 전게서, p.420.

경제구조와 사회복지정책을 추진하게 되었다. 즉 사회복지방향에 있어서는 사회보장심의위원회의 "금후의 노령화사회에 대응해야 할 사회보장의 존재근거에 관하여"에서 고복지, 고부담론 사회보장에 있어서 국가책임을 재검토하고, 개인의 자조능력과 지역사회의 연대를 강조한 "신경제사회7개년계획"의 일본형 복지사회론, 부담 없는 재정재건을 위한 임시행정조사회의 "활력 있는 복지사회론" 등을 내세우고 있다. 이러한 조류의 공통점은 사회복지의 효율화와 자조노력의 강조와 개인부담의 증대라고 할 수 있다.[46]

3) 한국의 사회복지배경

미국의 사회복지가 개인주의, 자유주의, 자원주의의 영향을 많이 받았고 일본의 사회복지는 국가주의, 가족주의, 엄격한 상하관계의 문화 영향을 많이 받았다면, 한국의 사회복지는 권위주의적 국가체제의 영향을 받으면서 발전해 왔다고 할 수 있다.

6.25 전쟁 이후의 한국의 사회복지는 전쟁고아를 위한 민간외원과, 현물형 원내구호를 중심으로 하는 지극히 주변적이고 잔여적인 성격을 부여받게 되었다. 물론 이 급여는 생존권 보장이라는 법적인 권리개념과는 거리가 먼 것이었고, 생산관계외적인 것은 물론, 국민국가의 통치 수단적인 성격조차도 지니지 못한대, 국제적인 자선의 영역에 머물렀다.[47] 1960년대부터 경제성장정책이 시작되었다. 현대한국사회의 가장 두드러진 특징은 1960년대 초 이후의 놀라운 경제성장이다. 1960년 1인당 GNP가 세계 최하위에 속하는 미화 $80이던 것이 1996년이 되면 $10,000을 넘어서게 된다. 이렇게 경제가 발전할 수 있었던 원동력 중의 하나는 권위주의적 국가였기 때문이다.

이러한 권위주의적 사회 하에서 제정된 사회복지관련법의 제정시기와

---

46 | 足立正樹 編著, 新版 各國의 社會保障, 京都: 法律文化社, 1993, p.185.
47 | 이혜경, "권위주의적 자본주의 사회에서의 복지국가의 발달: 한국의 경험", 사회복지국제학술대회 복지국가의 현재와 미래 발표논문, 1992년 9월, 서울, pp.375-6.

그 종류를 보면 다음과 같다. 1960년대 초반에 십여 개가 넘는 사회복지 관련법들을 제정하였다. 생활보호법(1961), 군인연금법(1963), 산업재해보상보험법(1963), 의료보험법(1963), 공무원연금법(1960), 원호법(1961), 사회보장에 관한 법(1963), 아동복지법(1961), 재해구호법(1962) 등 많은 법들이 제정되었다. 그러나 이러한 법 중에서 실제로 시행을 보게 된 것은 공무원연금, 군인연금, 산업재해보상보험, 생활보호제도 등 수개에 불과하며 제대로 시행을 보게 된 것은 공무원연금과 군인연금이었다. 그 이유는 정권유지 차원에서 공무원과 군인을 통제하기 위해 필요한 수단이었기 때문이다.[48] 이런 점으로 볼 때 당시의 사회복지제도는 군사정권이 필요로 했던 정당성의 창출을 위한 선전적 약속이며 국민통제의 방법으로 사용된 것이었다.

1973년에 국민복지연금법이 국회를 통과하였으나 그 시행은 뒤로 미루어졌으며, 1976년에는 1963년에 제정되었던 의료보험법이 전면 개정되고 1977년부터 시행에 들어갔다. 그 이유는 점증하는 소득격차와 권위주의적 정부에 대한 일반적인 저항이 합쳐져서 권위적인 정부는 의무적인 사회복지프로그램을 시행하지 않을 수 없었기 때문이었다. 다른 말로 표현하면 국민을 회유하기 위한 수단으로서 복지제도를 사용하였다고 할 수 있다. 한국에 있어 복지제도가 가장 확충되었던 시기는 1980년대이다. 1983년에 의료보험법이 대상자를 확대하는 방향으로 개정되었고, 1986년에는 새로운 이름의 국민연금법이 제정되고 1988년부터 시행에 들어갔으며, 1987년에는 최저임금법의 시행령 및 시행규칙이 제정되었다. 이러한 법률이 사회복지적으로 중요한 이유는 국민연금법과 개정된 의료보험법이 모두 보편주의를 지향하는 제도였고, 최저임금법은 1963년에 제정된 산업재해보상보험법과 함께 노동계급의 노동조건을 보호하는 가장 중요한 제도였기 때문이다.[49] 그러나 이러한 제도의 시행

---

48 | 전게논문, p.378.
49 | 김태성, 성경륭, 복지국가론, 서울, 나남, 1993, p.293.

도 1987년부터 일기 시작한 노동운동을 회유하기 위한 일종의 노동계급에 대한 복지공세, 즉 통제의 수단이었다고 할 수 있다.

1980년대 중반 이후부터의 사회복지체계의 확충에도 불구하고 한국의 사회복지 수준은 후진국 수준에서 벗어나지 못하고 있다. 선진국들에 비하면 사회복지의 양이나 질적인 측면에서 비교의 대상이 되지못하고 있으며, 비슷한 경제수준을 지니고 있는 국가들과 비교하여 보아도 사회복지의 수준이 매우 낮음을 알 수 있다.[50] 또한 최근의 한국 사회복지의 경향은 사회복지를 제대로 시행해 보지도 않은 상태에서 사회복지의 긍정적인 측면은 도외시하고 부정적인 측면만을 강조하여 정부의 역할보다는 민간단체의 역할을 강조하고, 사회복지전문가의 역할보다는 비전문가인 자원봉사자를 강조하는 추세를 보이고 있다.

III. 조사의 방법과 표본의 특성

1. 조사의 방법

조사는 日本 大阪市立大學 生活科學部 長壽 社會科學硏究室과 공동으로 수행되었다. 한국에서는 부산시에 거주하는 20세 이상의 성인을 조사의 모집단으로 하여, 12개 구별로 각 250명씩 무작위 추출하여 총 3,000명을 조사표본으로 하였다. 일본에서는 大阪市立大學 生活科學部 長壽 社會科學硏究室에서 大阪市에 거주하는 20세 이상 성인 3,000명을 무작위 추출하였다. 그리고 미국에서는 시카고의 National Opinion Research Center (NORC)에 의뢰하여 시카고에 거주하는 20세 이상 성인 2,000명을 무작위 추출하여 조사케 하였다.

---

[50] 예를 들면 우리나라와 경제수준이 비슷한 그리스 (92년도 1인당 GNP 7,290$)의 경우 국민총생산의 9%를 사회복지를 위해 쓰는데 비해 우리나라는 1% 수준이다.

조사의 방법은 우편조사방법을 사용하였다. 세 나라 모두 1회에 한하여 우편으로 조사표를 보냈으며 추가 재촉은 하지 않았다. 조사시기는 한국은 1995년 3월이었으며, 일본은 1992년 3월, 미국은 1994년 3월이었다. 회수율은 한국은 3,000명중 1,017명이 회답하여 33.9%였고, 일본은 3,000명중 1,372명이 회답하여 45.7%, 미국은 2,000명 중 864명이 회답하여 43.2%였다. 조사틀은 일본과 미국은 선거인단 명부를 사용하였으며 한국은 선거인단 명부는 선거 이외의 목적으로는 외부유출이 불가능하여 주민등록명부를 사용하였다. 조사문항의 내용은 3개국 모두 거의 동일하나 일부는 각국의 상황에 맞게 수정되었다.

2. 조사대상자의 특성

3개국 조사대상자의 성별, 연령, 학력은 〈표 1〉에서 〈표 3〉에 나와 있는 것과 같다.

〈표 1〉 응답자의 성별분포 (%)

나이＼국가	한 국	일 본	미 국
남 자	566 (55.7)	636 (46.4)	431 (49.9)
여 자	424 (41.7)	700 (51.0)	410 (47.4)
무응답	26 (2.6)	36 (2.6)	23 (2.7)
합 계	1,017 (100.0)	1,372 (100.0)	864 (100.0)

〈표 2〉 조사대상자의 연령 분포 (%)

나이＼국가	한 국	일 본	미 국
20 - 29세	169 (19.6)	185 (13.5)	145 (16.9)
30 - 39세	157 (15.4)	187 (13.6)	171 (19.8)
40 - 49세	237 (23.3)	292 (21.3)	167 (19.3)
50 - 59세	219 (21.5)	298 (21.7)	142 (16.4)
60 - 69세	149 (14.7)	247 (18.0)	94 (10.9)
70 - 79세	67 (6.6)	110 (8.0)	106 (12.3)
80세 이상	8 (.8)	24 (1.7)	32 (3.7)
무응답	10 (1.0)	29 (2.1)	7 (.8)
합 계	1,017(100.0)	1,372 (100.0)	864 (100.0)

〈표 3〉 응답자의 학력분포

나이 \ 국가	한 국	일 본	미 국
중학교 졸업 이하[1]	313 (30.8)	339 (24.7)	90 (10.4)
고등학교 졸업[2]	445 (43.8)	610 (44.5)	226 (26.2)
대학교 졸업[3]	211 (20.7)	385 (28.1)	388 (44.9)
대학원 졸업[4]	19 (1.9)	--	152 (17.6)
무응답	28 (2.8)	38 (2.8)	8 (0.9)
합 계	1,017 (100.0)	1,372 (100.0)	864 (100.0)

1) 일본의 경우는 小, 高小, 新中을 지칭하며, 미국의 경우는 High School 이하를 지칭한다.
2) 일본의 경우는 舊中, 新高를 지칭하며, 미국의 경우는 High School 졸업을 말한다.
3) 일본의 경우는 舊高, 高專, 短大, 大學을 지칭하며, 미국의 경우는 대학중퇴도 포함한다.
4) 일본은 대학졸업에 포함되었다.

IV. 조사결과의 분석

1. 사회복지의 주체와 객체

1) 사회복지의 주체

사회복지서비스 제공의 주체를 묻는 질문에서는 "정부가 되어야 한다"는 응답은 한국이 23.0%로 일본의 20.0%와 미국의 22.0%보다 약간 높았다. 그러나 "정부가 되어야 한다"는 것과 "지금은 정부가 하지 않더라도 미래에는 정부의 책임으로 해야 한다"는 것이 동일한 의미를 내포하고 있다고 할 때 사회복지의 주된 주체로서 정부를 들고 있는 비율은 한국이 23.0%로 일본의 45.6%와 미국의 35.0% 보다 낮았다. 그러나 이것은 설문문항자체가 상이함으로 인해 한국을 일본 미국과 평면적으로 비교하기에는 무리가 있다. 민간복지에 대한 의식을 알아보기 위해 한국인만을 대상으로 한 "민간단체의 책임으로 해야 한다"고 응답한 비율은 8.1%로 매우 낮았다. 그리고 "정부의 노력과 함께 국민 개개인이 책임져야 한다"

는 응답은 한국이 65.4%로 일본의 52.1%, 미국의 53.8%보다 높았다. "친척이나 가족이 많은 노력을 하여야 한다"라고 응답한 비율은 미국이 8.2%로 한국의 2.4%. 일본의 0.7%보다 높았다.

〈표 4〉 사회복지를 충실히 하기 위해서는 어떻게 하는 것이 좋다고 생각하십니까?

(%)

문항 \ 국가	한 국	일 본	미 국
정부의 책임으로 해야 한다	23.0	20.0	22.0
지금은 정부가 하지 않더라도 미래에는 정부의 책임으로 하여야 한다[1]	--	25.6	13.0
민간단체가 중심이 되어야 한다[2]	8.1	--	--
정부의 노력과 국민 개개인이 함께 책임져야 한다	65.4	52.1	53.8
친척이나 가족이 많은 노력을 하여야 한다.	2.4	0.7	8.2
무 응 답	1.2	1.5	3.0
합 계	100.0	100.0	100.0

1) 일본의 경우는 小, 高小, 新中을 지칭하며, 미국의 경우는 High School 이하를 지칭한다.
2) 일본의 경우는 舊中, 新高를 지칭하며, 미국의 경우는 High School 졸업을 말한다.
3) 일본의 경우는 舊高, 高專, 短大, 大學을 지칭하며, 미국의 경우는 대학중퇴도 포함한다.
4) 일본은 대학졸업에 포함되었다.

2) 사회복지의 대상

도움이 가장 필요한 사회복지대상자가 누구냐 하는 질문에는 한국과 일본의 경우는 장애노인과 장애아동이었으며 미국의 경우는 빈곤아동이었다. 사회복지대상자를 위한 사회복지의 수준에 관해서는 현재보다 월등히 혹은 상당히 높은 수준까지 해야 한다고 응답한 사람이 한국의 경우가 51.5%로 일본의 43.2%, 미국의 46.7%보다 높았다. 여기에 조금 높은 수준까지 해야 한다고 응답한 사람의 비율은 합하면 한국의 경우가 78.4%로 일본의 65.4%, 미국의 60.2%보다 훨씬 높았다. 그리고 한국, 일본, 미국 모두 빈곤한 성인에 대한 원조에 대해서는 매우 보수적인 입장을 나타냈다.

〈표 5〉 국가나 지방시가 사회복지를 충실히 하는데 있어 다음의 대상자에 대한 서비스를 어느 정도까지 추진해야 한다고 생각하십니까

(%)

수준 대상	현재보다 월등히 높은 수준까지 해야 한다			현재보다 상당히 높은 수준까지 해야 한다			현재보다 조금 높은 수준까지 해야 한다			현재 수준이 적당하다		
	한국	일본	미국	한국	일본	미국	한국	일본	미국	한국	일본	미국
빈곤노인	22.3	19.0	34.0	30.5	29.9	17.8	33.0	23.7	14.6	3.6	11.6	15.3
장애노인	32.0	30.0	32.6	33.6	29.9	17.6	18.9	19.2	13.7	2.9	5.5	13.0
빈곤성인	7.4	2.8	19.9	15.8	9.2	10.9	34.8	16.7	12.4	17.0	32.0	17.0
장애성인	17.7	13.2	23.7	31.4	26.5	16.3	30.1	27.8	14.3	5.6	12.2	19.1
빈곤아동	20.1	13.8	40.6	32.4	28.1	14.9	27.3	26.2	12.6	5.4	13.6	12.0
장애아동	33.2	26.2	37.2	32.4	30.5	15.1	17.3	19.5	13.3	2.6	6.6	12.4
평 균	22.1	17.5	31.3	29.4	25.7	15.4	26.9	22.2	13.5	6.2	13.6	14.8

2. 사회복지와 세금인상과의 관계

사회복지와 세금인상과의 관계에 관한 문항에서는 많은 세금을 내더라도 보다 나은 사회복지가 필요하다고 응답한 사람은 한국이 43.4%, 일본이 49.9%로 높은 수준이었으나 미국은 10.3%로 매우 낮았다. 미국의 경우 "사회복지의 개선은 세금인상 없이 가능하다"고 답한 비율이 59.3%로 한국의 31%보다 매우 높았다. 물론 한국과 미국과의 차이를 평면적으로만 비교하기에는 무리가 있을 수 있다. 왜냐하면 미국인들은 사회복지를 위해 세금을 내어 본 경험이 한국인보다 상대적으로 많기 때문에 사회복지를 위한 세금인상에 대해 매우 인색할 수 있는 반면에 한국인은 사회복지를 위한 세금인상에 대해 이상적인 면만 생각할 수 있기 때문이다.

〈표 6〉 사회복지를 충실히 하기 위해서는 어느 정도 세금이 늘어도 어쩔 수 없다는 주장이 있습니다. 여기에 대한 당신의 생각은 어떠합니까?

(%)

문항 \ 국가	한국	일본	미국
많은 세금을 내더라도 나은 사회복지가 필요하다	43.4	49.9	10.3
사회복지개선은 필요하지만 세금은 적게 내야한다	18.0	47.1	25.8
사회복지의 개선은 세금인상 없이 가능하다[1]	31.0	--	59.3
세금인상을 수반하는 사회복지개선은 불필요하다	7.7	3.0	4.6
합 계	100.0	100.0	100.0

$x2 = 282.3$ df = 3 p < .001 (한국과 미국과의 비교에만 해당됨)

1) 이 문항은 일본을 대상으로 한 조사표에는 포함되지 않았다

3. 노인복지의식

1) 연로한 부모 부양의식

연로한 부모의 부양에 관한 응답은 한국, 일본, 미국 간에 뚜렷한 차이를 보이고 있다. "내가 희생이 되더라도 부모를 부양하겠다"라고 응답한 사람은 한국이 64.6%로 일본의 29.4%, 미국의 20.0%에 비해 훨씬 높았다. "내가 부양하기보다는 사회보장제도에 맡기고 나는 부차적인 도움만 제공하겠다" 라고 응답한 사람은 한국은 6.7%에 지나지 않았으나 일본은 12.4%였고 미국은 무려 47.5%에 달했다. 물론 이러한 차이는 한국이 일본이나 미국에 비해 노인을 위한 사회복지제도가 상대적으로 매우 열악하기 때문에 나온 결과일 수도 있다. 그러나 최근의 사회변동에 의해 부모부양의식이 많이 희석되었음에도 이러한 결과가 나왔다는 것은 부모 부양에 대한 전통적인 관습이나 문화가 아직 존재하고 있음을 알 수 있다.

〈표 7〉 연로한 부모를 부양하는 것에 대하여 어떻게 생각하십니까?

(%)

문항 \ 국가	한국	일본	미국
내가 희생이 되더라도 부모를 부양한다	64.6	29.4	20.0
내가 할 수 있는데 까지만 부모를 부양한다	27.6	55.8	29.2
내가 부양하기보다는 사회보장제도에 맡기고 나는 부차적인 도움만 제공한다	6.7	12.4	47.5
전적으로 사회보장제도나 부모의 자원에 맡긴다	1.1	2.4	3.3
합 계	100.0	100.0	100.0

$x2 = 891.7$ df= 6 $p < .001$

2) 부모와 자녀의 동거에 대한 의식

한국인들은 일본인이나 미국인들보다 부모와 자녀의 동거에 긍정적인 의식을 갖고 있다. "다소 문제가 있더라도 노인과 자녀는 같이 살아야 한다"라고 응답한 비율이 미국은 10.1%, 일본은 16.5%인데 반해 한국은 33.9%에 달하고 있다. 그러나 "부모와 자녀는 같이 사는 것이 바람직하지 못하다"라고 응답한 비율은 일본은 20.9%, 미국은 21.5%인데 반해 한국은 6.3%에 지나지 않았다.

〈표 8〉 부모와 자녀가 같이 사는 것에 대해 어떻게 생각하십니까?

(%)

문항 \ 국가	한국	일본	미국
다소 문제가 있더라도 노인과 자녀는 같이 살아야 한다	33.9	16.5	10.1
거주문제가 해결되고 같이 살면서 생기는 문제가 해결된다면 같이 사는 것이 바람직하다	59.8	62.6	68.4
부모와 자녀는 다른 생활양식을 지니고 있기 때문에 같이 사는 것은 바람직하지 못하다	6.3	20.9	21.5
합 계	100.0	100.0	100.0

$x2 = 260.1$ df= 4 $p < .001$

3) 노부모 부양이 어려울 경우의 부양의식

부모 부양에 있어 제공할 수 있는 수준 이상의 서비스가 필요할 때 어떻게 하겠느냐 라는 문항에 대해서는 "노인복지시설에 보내겠다"라고 응답한 비율이 한국이 12.8%로 일본의 24.7%보다 매우 낮았다. 그리고 "집에 모시면서 지역시설의 원조를 받는다"라고 응답한 비율이 한국은 41.1%였고 일본은 21.0%였다.

〈표 9〉 부모 부양에 있어 귀하가 제공할 수 있는 보호 이상의
서비스가 필요할 때 어떻게 하시겠습니까?

(%)

문항 \ 국가	한국	일본	미국
노인복지시설1)에 보내겠다	12.8	24.7	12.3
병원에 입원시키겠다2)	39.6	38.8	–
집에 그대로 모시면서 지역시설의 원조를 받는다	41.1	21.0	64.5
모르겠다	6.5	15.4	23.2
합 계	100.0	100.0	100.0

$x2 = 156.0$ df= 3   p 〈 .001 (한국과 일본과의 비교에만 해당됨)
1) 노인복지시설이란 미국의 경우 Nursing Home을 말한다.
2) 미국을 대상으로 한 설문지에는 없었다.

4. 장애인복지에 관한 의식

"정상인과 장애인의 통합교육에 동의"하는 경우가 한국이 14.4%, 미국이 11.6%인 반면 일본은 24.6%에 달했다. 반면 "특수학교에서 완전히 분리교육을 시켜야 한다"라고 응답한 사람은 일본이 27.4%, 미국이 27.1%이지만 한국은 55.4%에 달해 한국은 장애인과 정상인의 통합교육에 매우 부정적이었다.

〈표 10〉 장애인의 교육에 대해서 어떻게 생각하십니까?
(%)

문항 \ 국가	한국	일본	미국
정상아와 같은 학급에서 통합교육	14.4	24.6	11.6
일반학교의 특수학급에서 분리교육	30.3	48.0	61.1
특수학교에서 분리교육	55.4	27.4	27.3
합 계	100.0	100.0	100.0

$x2 = 298.7$ df= 4 $p < .001$

5. 공적부조제도에 대한 의식

생활보호 대상자의 정부의 생활보조금 수령의 권리의식에 대해서는 일본이 39.9%로 가장 높았고, 다음이 한국으로 29.8%, 미국이 가장 낮은 19.6%를 보이고 있다. 생활보조금 제공에 찬성하는 비율은 한국이 95.4%로 일본의 85.4%, 미국의 77.9%보다 높다. 반면에 "가난한 사람에 대한 정부의 보조금제공은 일하고자 하는 의욕을 감퇴시키기 때문에 필요하지 않다"라고 뚜렷한 반대 태도를 표명한 비율은 일본이 14.5%, 미국이 22.0%인 반면 한국은 4.9%에 지나지 않았다. 이로 미루어 보아 한국인은 일본인이나 미국인보다 생활보호제도에 대해 긍정적인 반응을 보이고 있다.

〈표 11〉 생활보호대상자에 대한 정부의 생활보조금*
제공에 대해 어떻게 생각하십니까?

(%)

문항 \ 국가	한국	일본	미국
가난한 사람에 대한 정부의 보조금제공은 국민의 권리로서 당연하다	29.8	39.9	19.6
가난한 사람에 대한 정부의 보조금제공은 국민의 권리는 아니나 제공하여야 한다	65.3	45.5	58.3
가난한 사람에 대한 정부의 보조금제공은 일하고자 하는 의욕을 감퇴시키기 때문에 필요하지 않다	4.9	14.5	22.0
합 계	100.0	100.0	100.0

$x2 = 210.9$ df= 4 $p < .001$
* 미국에서의 생활보호제도란 일반부조(General Assistance), AFDC, 또는 Medicaid를 말한다.

6. 자원봉사의식

1) 자원봉사의 경험

자원봉사의 경험에 있어서는 현재하고 있는 비율은 한국이 32.1%로 일본의 13.9%와 미국의 16.9%에 비해 높았으나, 과거의 경험유무비율은 미국이 48.6%로 한국의 22.4%와 일본의 12.9%보다 높았다. 현재와 과거를 포함한 자원봉사의 경험은 미국이 65.5%로 한국의 54.4%, 일본의 26.8%보다 매우 높다. 이로 미루어 보아 자원봉사는 미국이 한국이나 일본보다 활발하게 이루어지고 있고, 한국에서는 최근에 활발하게 이루어지고 있음을 알 수 있다. 물론 자원봉사의 개념과 범위, 내용 등에서 세 국가의 국민들이 인식하는 것에는 차이가 날 수 있기 때문에 평면적으로 비교하는 것은 무리가 있다는 것을 염두에 두어야 할 것이다.

〈표 12〉 자신의 본래 일과는 별도로 지역이나 사회를 위하여 시간이나 노력, 기술 등을 제공하는 활동을 "자원봉사활동"이라고 합니다. 귀하께서는 자원봉사활동의 경험이 있습니까?

(%)

문항 \ 국가	한국	일본	미국
현재하고 있다	32.1	13.9	16.9
현재는 하고 있지 않으나 과거에 한 적이 있다	22.4	12.9	48.6
현재하고 있지 않으며 과거에도 한 적이 없다	45.5	73.2	34.5
합 계	100.0	100.0	100.0

$x2 = 528.5$ $df = 4$ $p < .001$

2) 자원봉사활동의 빈도

자원봉사활동의 빈도로는 한 달에 1번 정도가 한국과 일본 모두 각각 26.7%와 32.2%로 가장 많았다. 거의 매일 하고 있는 사람은 한국의 경우는 13.0%, 일본은 8.7% 정도였다. 자원봉사의 빈도비율은 한국과 일본 간에 유의미한 차이가 나지 않았다.

〈표 13〉 자원봉사활동을 얼마나 자주 하고 계십니까?

(%)

문항 \ 국가	한국	일본
거의 매일 하고 있다	13.0	8.7
일주일에 2-3일 정도하고 있다	15.2	12.8
일주일에 1일 정도하고 있다	18.1	15.4
한 달에 2-3일 정도하고 있다	21.9	20.8
한 달에 1일 정도하고 있다	26.7	32.2
기타	5.1	10.1
합 계	100.0	100.0

$x2 = 7.2$ $df = 5$ $p > .05$

3) 자원봉사재개의사

자원봉사의 재개의사에 있어서도 한국과 일본 간에는 차이가 난다. 자원봉사 재개 의사에 대해서는 한국의 경우는 88.0%가 긍정적인 반응을 보이고 있으나 일본의 경우는 한국보다 적은 68.6%가 긍정적인 반응을 보이고 있다. 하고 싶은 생각이 전혀 없다고 답한 사람이 한국은 한 명도 없었으나 일본의 경우는 응답자의 1.9%였다.

〈표 14〉 자원봉사활동을 다시 하고 싶으십니까?
(과거에 경험 있는 사람을 대상)
(%)

문항 \ 국가	한국	일본
꼭 다시 하고 싶다	15.6	13.0
가능하면 하고 싶다	72.4	55.6
그다지 하고 싶지 않다	9.8	11.5
하고 싶은 생각이 전혀 없다	–	1.9
모르겠다	2.2	18.0
합 계	100.0	100.0

$x2 = 80.2$ $df = 5$ $p < .001$

4) 경험 없는 사람에 대한 자원봉사 참여의사

과거에 자원봉사의 경험이 없는 사람에 대한 자원봉사활동의 관심도는 한국과 일본 간에 차이가 많이 난다고 할 수 있다. "꼭 하고 싶다"라고 답한 사람이 한국의 경우는 15.2%였으나 일본의 경우는 1.6%에 지나지 않으며, "가능하면 하고 싶다"는 사람도 한국은 64.6%에 달하고 있으나 일본의 경우는 36.1%에 지나지 않았다. 또한 일본의 경우는 응답자의 11.1%가 하고 싶은 생각이 없다고 답한 반면에 한국은 0.9%에 지나지 않았다.

〈표 15〉 자원봉사활동을 하고 싶으십니까?
(과거에 경험 있는 사람을 대상)
(%)

문항 \ 국가	한국	일본
꼭 하고 싶다	15.2	1.6
가능하면 하고 싶다	64.8	36.1
그다지 하고 싶지 않다	11.7	20.8
하고 싶은 생각이 전혀 없다	.9	11.1
모르겠다	7.4	30.4
합 계	100.0	100.0

$x2 = 265.1$ df= 4   p 〈 .001

5) 자원봉사활동의 보수에 대한 의식

자원봉사활동에 대한 보수에 대한 의식도 韓日간에 차이가 많이 난다. 한국은 "사례나 보수를 받아서는 안 된다"라고 답한 사람이 57.5%에 달했으나 일본은 24.7%에 지나지 않았다. 반면에 "교통비 정도의 실비 정도는 받아도 된다"라고 답한 사람이 한국은 33.5%였으나 일본의 경우는 54.1%에 달했다. 또한 "실비를 받는 것은 당연한 것이다"라고 응답한 사람은 한국은 4.3%였으나 일본의 경우는 9.6%에 달했다.

〈표 16〉 자원봉사활동의 보수는 어떠해야 한다고 생각하십니까?
(%)

문항 \ 국가	한국	일본
사례나 보수는 받아서는 안 된다	57.5	24.7
교통비 정도의 실비 정도는 받아도 된다	33.5	54.1
실비를 받는 것은 당연한 것이다	4.3	9.6
기타	1.8	2.0
모르겠다	2.8	9.7
합 계	100.0	100.0

$x2 = 260.3$ df= 4   p 〈 .001

6) 자원봉사활동에 있어서 행정기관의 역할

자원봉사활동을 원활히 하기 위해서는 행정기관이 하여야 할 역할은 한국은 자원봉사활동을 위한 홍보, 정보의 수집 및 제공, 경제적 원조, 연수회나 강습회의 개최 등을 최우선 순위로 꼽았으며, 일본의 경우는 연수회나 강습회의 개최, 경제적 원조, 홍보나 정보의 수집 및 제공, 활동 중의 사고에 대한 보험제도의 정비 등을 최우선 순위로 꼽고 있다.

〈표 17〉 자원봉사활동에 있어서 행정기관의 지원분야는 무엇이어야 한다고 생각하십니까?
(중복응답)

(%)

문항 \ 국가	한국	일본
활동을 위한 홍보, 정보의 수집 및 제공	59.3	48.8
복지자금 등의 경제적 원조	47.6	50.0
기술이나 지식 등의 연수회, 강습회 개최	45.8	50.7
활동에 필요한 자재 등의 제공	37.2	37.3
복지에 관한 교육에 치중	35.8	34.3
활동 중의 사고에 대한 보험제도의 정비원조	31.2	48.0
자원봉사집회나 기재보관의 장으로서 지역거점활동의 정비	21.0	37.3
활동가와 받아들이는 자와의 코디네이터 역할을 한다	20.6	28.9
모르겠다	3.0	10.0
기타	2.1	1.5
무응답	--	1.1

7. 수양부모에 대한 의식

수양부모에 대해서는 한국인이 일본인이나 미국인보다 훨씬 긍정적으로 생각하고 있다. 수양부모가 꼭 되고 싶다고 응답한 비율은 미국이 5.4%로 한국의 2.9%, 일본의 1.6%보다 약간 높았으나 긍정적으로 생각하고 있는 비율은 한국이 53.9%로 미국의 36.3%, 일본의 26.5%보다 높았다. 유보적인 응답인 "모르겠다"라도 답한 비율은 한국이 일본이니 미국에 비해 매우 낮았다.

〈표 18〉 부모가 없거나 이혼 등에 의해 친부모가 키우기 불가능한 아동을 맡아서 일정 기간 자택에서 맡아 기르는 사람을 수양부모라고 합니다. 귀하께서는 이와 같은 수양부모 역할을 할 의향이 있습니까?

(%)

문항 \ 국가	한국	일본	미국
꼭 하고 싶다	2.9	1.6	5.4
가능하면 하고 싶다	51.0	24.9	30.9
그다지 하고 싶지 않다	30.8	27.1	23.2
전혀 하고 싶지 않다	7.8	18.0	12.1
모르겠다	7.5	28.4	28.4
합 계	100.0	100.0	100.0

$x2 = 332.8$ $df = 8$ $p < .001$

V. 조사결과의 분석에 대한 논의

1. 한국, 일본, 미국의 복지의식의 비교

본 조사에 근거하여 한국, 일본, 미국의 복지의식을 비교해 보면 다음과 같다.

첫째, 미국은 사회복지의식이 낮은 것으로 나타났다. 그 근거로서 대다수의 미국인들은 세금인상이 없는 사회복지를 선호하고 있으며, 미국은 빈민의 복지수혜권리에 대한 의식이 한국이나 일본에 비해 낮은 편이다. 근로의욕을 감퇴시킨다는 이유로 빈민에 대한 생활보조금제공에 반대하는 비율이 한국은 4.9%, 일본은 14.5%에 지나지 않으나 미국은 무려 22.0%에 달하고 있다. 이러한 미국의 낮은 복지의식에는 앞에서 언급한 바와 같은 전통적인 개인주의 정신과 자유주의사상이 그대로 반영되고 있다고 할 수 있다.

둘째, 부모부양의식이나 부모와 자녀의 동거의식은 단연 한국이 제일 높았으며, 다음은 일본이었고 미국은 제일 낮았다. 이러한 조사 결과는 부모부양과 가족윤리를 강조하는 한국의 유교문화의 영향으로 볼 수 있을 것이다. 한국의 높은 부모부양의식과 부모와 자녀와 동거의식은 물론 미국이나 일본보다 노인을 위한 사회복지제도나 시설이 열악하기 때문일 수도 있다. 그러나 후기산업사회에 돌입하고 있는 1990년대 중반에 조사된 한국의 높은 부모부양의식과 동거의식은 한국의 가족정책수립에 많은 시사점을 제공하고 있다.

셋째, 한국은 일본이나 미국에 비해 장애인의 통합교육에 대해서는 부정적이었다. 장애인복지의 최근 추세는 장애인을 정상인과 분리하여 보호하고 교육시키는 것이 아니라 같이 교육시키는 정상화와 통합교육이다. 일본이나 미국은 약 27%의 사람들만이 특수학교에서의 분리교육에 찬성하고 있으나 한국은 무려 55%의 사람들이 찬성하고 있다. 물론 한국사회에서 장애인의 통합교육이 반드시 바람직하냐에 대해서는 논쟁의 여지가 있다. 그러나 장애인을 정상인과 구별하여 교육시키려는 의식은 전통적으로 장애인을 차별하고 분리시키려는 한국인의 의식을 반영하고 있다고 할 수 있다.

넷째, 한국은 일본과 미국보다 빈민에 대한 정부보조금 제공에 대해 보다 관대한 태도를 취하고 있다. 빈민의 생활보조금 수혜의 권리성에 대한 찬성 비율은 일본보다 조금 떨어지는 편이나 빈민에 정부의 생활보조금 제공에 대해서 찬성하는 비율은 일본의 85%, 미국의 78%보다 높은 95%에 달했으며, 뚜렷하게 반대의사를 표명하고 있는 사람은 일본의 14.5%, 미국의 22%보다 매우 적은 4.7%에 지나지 않는 것은 시사하는 바가 크다고 할 수 있다.

다섯째, 자원봉사정신이 강한 순서는 미국, 한국, 일본 순이었다. 한국의 자원봉사정신이 전통적으로 강조되어온 미국과 거의 대등하고 일본보다는 훨씬 높은 것은 예상하지 못한 결과라고 할 수 있다. 이것은 최근에 와서 한국에서 자원봉사가 범사회적으로 강조되면서 자원봉사의식이 고조된 영향이 있을 것이다. 이러한 추세를 반영하듯 자원봉사의 경험에 있어서 현재 하고 있는 비율은 한국이 33%로 일본의 14%나 미국의 17%

보다 훨씬 높았다. 또한 자원봉사활동의 빈도도 일본보다 높다. 이러한 조사결과는 사회복지분야에 자원봉사인력을 사용할 수 있는 가능성을 보여준다. 그러나 이렇게 높은 자원봉사정신을 사회복지분야에서 활동하기 위해서는 자원봉사에 관한 개념정리, 자원봉사인력의 관리, 전문사회복지사와 자원봉사인력과의 업무경계 확립 등과 같은 많은 연구가 선행되어야 할 것이다.

2. 한국의 복지정책방향 설정에의 시사점

본 연구에서 한국과 비교의 대상이 된 일본과 미국은 사회복지 면에서 볼 때 선진국이 아니다. 미국은 사회사업방법론은 일찍 발달했지만 전통적인 개인주의와 자유주의사상으로 인하여 유럽의 국가들과 비교하여 보면 국가의 경제규모에 비하여 사회복지제도의 발달이 느리고 범위도 제한적이다. 일본도 기업복지와 같은 민간복지는 잘되어 있으나 정부가 주체가 되는 복지는 별로 발달되어 있지 못한 편이다. 미국과 일본은 경제성장과 산업화 수준은 사회복지발전과 높은 상관관계가 있다고 주장하는 논리, 즉 산업화 논리 (logic of industrialization)를 무력하게 만드는 두 중요한 국가이다. 그러므로 만일 한국의 복지의식을 유럽의 국가들의 그것과 비교하였다면 본 연구의 결과보다 더 차이가 났을지도 모른다. 이러한 점을 염두에 두고 한국, 일본, 미국의 복지의식의 비교가 우리나라의 복지정책방향에 미치는 시사점은 살펴보면 다음과 같다.

1) 사회복지의 국가책임성의 강화 필요

대부분의 한국인들은 사회복지의 주체가 민간단체가 되는 것을 원하지 않고 있으며 정부가 주체가 되든지 아니면 정부와 개인이 함께 노력해야 한다고 생각하고 있다. 〈표 5〉에서 보는 바와 같이 정부가 사회복지의 주체가 되어야 한다는 응답이 23%에 달하고 있으며, 정부와 개개인이 같이 노력해야 한다는 응답이 65%에 달했다. 반면에 민간단체가 사회복지의 주체가 되어야 한다고 응답한 사람은 8.1%에 지나지 않았다. 그러므로 한국의 바람직한 사회복지의 주체는 정부, 민간단체, 가족 중 어느 하나만이 되는 것이 아닌 공동으로 노력하는 것이 되어야 할 것이다. 그러나 최근에 와서 정부는 국가가 시행하는 공공복지보다는 민간차원의 복지만을 강조하는 경향을 보이고 있다. 예를 들면 1995년 3월에 발표된 "삶의 질의 세계화"를 위한 5가지 원칙을 근간으로 하고 있는 대통령 복지구상은 명시적인 기본원칙은 복지욕구를 충족시키는 것으로 보이나 자세한 내용은 정부책임보다는 개인이나 민간책임을 강조하고 있다. "최저수준보장원칙"을 강조하고 있으나 정부는 다만 사회복지제도의 효과적이고 효율적인 운영만 책임질 뿐 나머지는 기본적으로 개인책임이나 수익자 부담의 원칙을 강조하고 있다. 또한 "공동체적 복지의 원칙"에서는 정부의 활동보다는 민간부문의 활동을 강조하고 있다.

이러한 경향은 영국을 비롯한 유럽국가들과 미국, 일본 등지에서 1960년대와 1970년대 초반의 사회복지팽창의 부작용을 비판하면서 등장한 신보수주의가 1980년대 들어 세력을 더해가면서 민영화와 민간복지를 선호한데 영향을 받았다고 할 수 있다. 그러나 한국이 가입하려고 추진 중인 경제협력개발기구(OECD) 국가들의 GDP 대비 복지비지출이 13% 정도인데 비하여 한국은 1% 정도의 수준으로, 제대로 복지를 시행해 보지도 않은 상태에서 복지의 부작용을 운운한다거나 민간복지를 강조하는 것은 논리에 맞지 않다.

사회복지의 주체가 정부가 되어야 하는 이유는 크게 두 가지로 나눌 수 있는데 첫째는 규범적이고 가치적인 이유이고 두 번째는 경제적 효율성 때문이다. 즉 전자는 사회복지가 평등, 소득 재분배, 인간의 존엄성, 사회구성원의 유대 등의 가치를 구현하는 것을 의미하며, 후자는 정부가 제공하는 것이 다른 방법(시장이나 가족)에 의한 것보다 더 효율적으로 사회복지의 재화나 서비스를 제공할 수 있다는 것이다.[54]

---

51 | 김태성, 성경륭 공저, 복지국가론, 서울: 나남, 1993, p198. 여기에 관한 보다 자세한 내용은 이 책의 pp.199-213을 참조하기 바람.

2) 가족통합을 위한 가족정책수립

사회복지의 최종목적은 사회통합이다. 그러나 사회통합은 먼저 가족통합이 되어야 가능하다. 가족통합이 전제되지 않은 사회통합은 가능하지 않다. 그래서 사회복지의 최근의 세계적인 경향이 탈시설화와 재가보호이다. 한국은 사회복지를 통한 가족통합을 이루기에는 매우 적합한 문화유산을 지니고 있다. 본 조사에 나타난 것과 같이 한국인의 노인부양의식이나 부모와 자녀의 동거의식은 일본이나 미국보다 월등히 높다. 그러므로 한국의 노인복지정책은 노인과 자녀가 같이 살 수 있는 환경을 제공해주는 방향으로 나아가야 한다. 그러나 최근의 노인복지정책은 가족을 분리시키는 방향으로 진행되고 있다. 예를 들면 최근에 건설 붐을 일으키고 있는 실버타운이다. 실버타운건설이 지니고 있는 가장 큰 문제점은 가족을 통합시키기보다는 해체시키는 것이다. 외딴 곳에 많은 돈을 들여 호화시설의 실버타운을 짓는 것보다는 같은 집에 동거하지는 않을지라도 가까운 지역 내에서 같이 살 수 있는 형태의 노인주거단지를 만드는 것이 바람직할 것이다.

가족과 분리된 노인 홈이 건설되어야 한다는 주장은 한국이 산업화됨으로 인해 이미 핵가족화가 급속하게 진행되어 왔으며 젊은 계층이 노인과 동거를 원하지 않는다는 것을 근거로 하고 있다. 그러나 한국에서는 핵가족화가 급속하게 진행되지 않았다는 주장이 있으며[52], 본 조사에서 나타난 바와 같이 20-30대 세대의 노인과 자녀의 동거선호도는 40대 이후 세대의 그것보다 오히려 높다. 〈표 19〉에서 보는바와 같이 20대와 30대의 경우 "노인과 자녀간의 동거가 좋다"라고 응답한 비율이 49.7%로 오히려 40-50대의 47.3%, 50-60대의 38.2%보다 높게 나타났다. 반면에 별개의 洞이나 區에 사는 것이 좋다고 응답한 사람은 4.3%에 지나지 않았으며 이 비율은 40대 이후의 사람들이 답한 비율보다 오히려 낮다. 그러므로 한국의 젊은 세대들이 노인과의 동거를 원하지 않는다는 주장

---

[52] 박광준, "일본의 아동복지의 현황과 과제에 대한 토론", 日韓사회복지학술심포지움 토론요지, 1995년 2월 14-5일, 일본사회사업대학. P.16.

은 사실과 다르며 오히려 50대 이상의 세대들이 젊은 세대들보다 동거찬성 비율이 적다.

물론 이러한 조사결과는 엄격하게 평가할 필요가 있다. 이러한 결과는 20-30대의 젊은 세대들이 가족통합이라는 가치를 실현하기 위한 목적보다는 현재의 당면과제를 해결하기 위해 선택한 것일 수도 있기 때문이다. 예를 들면 최근 맞벌이 젊은 세대들은 자녀의 양육을 위해 시부모와의 동거를 선호하는 경향이 많기 때문이다. 그러나 이러한 점에도 불구하고 젊은 세대의 가족통합에의 높은 욕구는 가족정책수립에 많은 시사점을 제공하고 있다.

〈표 19〉 연령별 노인과 자녀의 동거형태
- 한국 -

(%)

문 항 \ 나이별	20-30대	40-50대	60대 이상
동거가 좋다	49.7	47.3	38.2
같은 부지 내에서 별개의 주택이 좋다	25.9	23.9	20.5
바로 근처에 사는 것이 좋다	12.3	14.8	25.0
동일한 洞 혹은 區에 사는 것이 좋다	4.3	6.9	10.0
별개의 洞 혹은 區에 사는 것이 좋다	4.3	5.1	6.4
모르겠다	3.4	2.0	--
합 계	100.0	100.0	100.0

3) 자원봉사활동의 개념정리와 전문사회복지사와 자원봉사인력의 업무경계확정

최근에 와서 한국에서는 모든 영역에 있어 자원봉사가 "만병통치약"으로 여겨지는 것 같다. 기업체에서는 승진에 자원봉사경력을 고려하겠다고 하고 있으며, 입학사정에 자원봉사의 경험을 가산하겠다고 하는 대학교가 늘고 있다. 사회복지분야에서도 자원봉사가 강조되어 정부는 공공의 전문인력보다는 자원봉사인력을 강조하는 경향이 있으며, 학교에서도 하나의 개별과목으로 개설하기도 한다. 이렇게 자원봉사가 강조되는 것은 사회적으로 좋은 현상이라고 할 수 있다. 그러나 자원봉사만의 지나친 강조는 사회복지의 발전을 저해할 수도 있다. 자원봉사만으로는 사회복지의 당면과제를 해결하지 못하며 사회복지분야에서는 자원봉사가 할 수 있는 일에는 분명히 한계가 있다.[53]

사회복지실천에 있어서는 전문사회복지사가 해야 하는 업무가 있고 자원봉사인력이 할 수 있는 업무가 분명히 구별되어 있다. 이러한 업무의 차별성이 전제되지 않는 상태에서의 자원봉사활동 강조는 자칫 사회복지서비스의 질적인 수준의 저하를 초래할 수 있다. 그러므로 자원봉사를 강조하기 이전에 사회복지분야에 있어서의 자원봉사의 개념을 명확하게 정리해 둘 필요성이 있다. 즉 업무의 차별성을 바탕으로 하여 전문사회복지사와 자원봉사인력의 업무활동에 대한 개념을 정리한 후 본 조사에서 나타난 바와 같은 한국인들의 높은 자원봉사열을 이용한다면 한국의 사회복지수준은 한 단계 높아질 수 있을 것이다.

또한 자원봉사활동을 효율적으로 추진하기 위해서 공공기관이 할 수 있는 우선순위를 정해야 한다. 본 조사에 의하면 공공기관이 해야 할 일들로 홍보활동과 정보제공, 재정적 지원, 강습회 개최 등이 우선순위에 해당된다. 또한 자원봉사 코디네이터의 양성도 시급하다고 할 수 있다. 아직까지 한국에서는 중요시되지 않지만 외국에서는 중요시되는 것이 자원봉사활동 중의 사고에 대한 보험제도이다. 일본의 경우는 보험제도정비를 공공기관이 해야 하는 일들 중 우선순위에 놓고 있다. 그리고 자원봉사활동에 대한 보수문제는 중요한 이슈로 부각될 가능성이 있다. 본 조사에서는 한국인 과반수의 사람이 자원봉사활동에 대한 보수에 대해 반대의견을 나타냈지만 31.3%의 사람이 실비정도수령에 찬성의견을, 4%는 실비수령의 당연성을 표명하고 있다. 일본의 경우는 이미 거의

---

[53] 자원봉사를 전통적으로 강조해온 미국은 아직도 사회복지후진국 (welfare laggard) 혹은 불완전한 복지국가 (incomplete welfare state)로 불리고 있다. 여기에 관한 보다 자세한 언급은 Roy Lubove, The Struggle for Social Security 1900-1935, Pittsburgh: University of Pittsburgh Press, 1986 을 참조하기 바람.

60%의 사람이 보수제공에 찬성하고 있다. 그러므로 한국도 자원봉사에 대한 보수에 대해 원칙을 정리해두는 것이 필요하다고 할 수 있다.

VI. 맺으면서

본 연구는 한국과 비슷한 문화와 경제성장배경을 지닌 일본의 복지의식과 전혀 이질적인 정치, 경제, 사회, 문화적 배경을 지니고 있는 미국의 복지의식을 한국의 그것과 비교하였다. 본 조사의 결과를 바탕으로 필자들은 한국인의 복지의식은 전반적으로 미국이나 일본보다 뒤지지 않기 때문에 복지의 미래는 매우 밝다고 본다. 그 이유는 복지의식을 측정하는데 있어 대표적 지표라고 할 수 있는 빈민에 대한 한국인의 의식이 일본인이나 미국인보다 다소 진보적이며, 민간복지의 근원이라고 할 수 있는 자원봉사가 최근에 와서 매우 활발하게 진행되고 있기 때문이다. 또한 가족을 중요시여기는 유교문화의 영향으로 가족복지가 충실해질 수 있는 조건을 갖추고 있다. 그러므로 한 국가의 복지총합을 정부에서 실시하는 공공복지, 민간차원에서 실시하는 민간복지, 그리고 가정에서 제공되는 가족복지를 모두 합한 것이라고 할 때, 한국은 민간복지와 가족복지의 총합은 커질 수 있어 복지의 총합을 증가시킬 수 있는 조건을 갖추고 있다. 그러나 문제는 정부에서 실시하는 공공복지이다. 현재 정부에서 실시하고 있는 공공복지의 양과 질은 외국에 비해 매우 낮은 편이다. 본 조사연구에서 나타난 바와 같이 한국인들은 상당수가 복지의 주체로 정부를 택하고 있으며 많은 세금을 내더라도 보다 나은 복지를 원하고 있다. 뿐만 아니라 빈민에 대한 정부보조금에 대해 거의 모든 사람들이 긍정적으로 생각하고 있다. 이런 점들을 고려해 보면 한국인들 사이에는 "사회복지 발전의 필요성"에 대한 공감대가 어느 정도 형성되어 있다고 볼 수 있다. 그러므로 정부는 정부에서 제공할 수 있는 복지를 최대한 늘려야 하며 그렇게 되면 한국의 사회복지 총합은 극대화될 것이다.

본 연구는 설문조사를 통한 국가 간 비교연구가 원천적으로 지니고 있는 한계점들을 가지고 있으며, 국가 간 비교연구 경험이 없는 한국의 실정에서는 처음부터 완벽한 결과가 도출되도록 설계한다는 것은 매우 어려운 일이었다. 이러한 점에서 본 국가 간의 조사논문이 한국의 사회복지학계에서 활발하게 논의되고, 이 조사연구의 과정과 결과를 기초자료로 하여 비교연구에서 발생할 수 있는 시행착오를 최대한 줄여 가면서 양질의 국가 간 비교연구 결과가 많이 발표되기를 기대한다.

노인에 대한 복지자원봉사활동의 한일비교[54]

신섭중(부산대 명예교수)
류기형(부산대 사회복지학과 교수)
박병현(부산대 사회복지학과 부교수)

I. 서론

　한국과 일본은 급격한 고령화 사회를 맞이하여 공적인 사회복지서비스 뿐만 아니라 민간차원의 자원봉사활동, 특히 혼자 사는 노인들을 지원하는 재가복지서비스활동의 필요성과 중요성이 높아지고 있다. 그리하여 한국에서는 최근 들어 교육개혁의 일환으로 학생들의 자원봉사활동을 강조하고 공공기관과 회사에서의 승진에도 자원봉사활동을 고려하는 등 자원봉사활동의 중요성이 점점 증가하고 있다. 일본에서도 주민참가형 재가복지서비스 단체가 급격히 증가하여 홈헬프서비스를 중심으로 한 자원봉사에 의한 재가복지활동이 활발히 진행되고 있다.
　자원봉사활동이란 개인적인 노력으로는 해결하기 힘든 문제를 가지고

---

54 | 본 연구는 1997년 한국과학재단의 한·일기초과학교류위원회 국제공동연구 지원사업의 연구비 지원으로 이루어졌음. 이 논문은 사회복지정책, 제10집, 2000년6월, pp. 156-180 에 게재되었음.

있는 시민의 '삶의 질'을 향상시키기 위하여 물질적 보상 없이 자발적으로, 그리고 규칙적으로 도움을 제공하는 행동이라고 할 수 있다. 최근에 우리나라에서는 자원봉사활동에 대한 필요성과 수요가 꾸준히 증가하고 있지만, 실제의 자원봉사활동에 대해서는 많은 문제점이 지적되고 있다. 자원봉사자 측면에서 보면 봉사인력이 절대적으로 부족하고, 중도탈락률이 높아 사회복지시설이나 기관에서의 효과적인 활용이 어려운 실정이다. 또한 자원봉사활동의 중요성이 부각되면서 봉사자의 수가 급증하고 있으나 증가하는 봉사자들을 체계적으로 훈련시킬 수 있는 기관이 없으며, 교육을 받은 봉사자들을 적재적소에 보낼 수 있는 코디네이터 역할을 할 수 있는 단체도 별로 없는 실정이다. 이런 맥락에서 본 연구에서는 우리나라와 일본의 자원봉사실태와 자원봉사자의 의식구조를 비교 연구하여 양 국가 간의 자원봉사에 관한 유사점과 차이점을 발견하고, 더 나아가 우리나라의 자원봉사의 질을 향상시키고 체계적인 자원본사체계를 확립하기 위한 정책적 제언을 제시하고자 한다. 특히 우리나라와 여러 가지 면에서 비슷한 일본과 자원봉사실태와 봉사자의 의식구조를 조사하여 우리나라와 비교하는 것은 우리나라의 자원봉사체계를 구축하는 데 많은 도움이 될 것이다. 이러한 비교연구를 수행함으로써 구미적인 자원봉사활동이나 자원봉사의식이 아니라 아시아사회에 적합한 자원봉사활동의 조건을 발견할 수 있다.

본 연구는 문헌연구와 실증적인 조사연구를 병행하였다. 문헌연구에 해당되는 것으로는 현대사회에서의 자원봉사활동의 의의, 자원봉사활동의 개념, 특성, 동기, 그리고 일본의 자원봉사활동의 현황이다. 실증적인 조사연구로는 한국에서는 노인복지관련 시설이나 기관에서 자원봉사활동을 하고 있는 265명을 대상으로 조사하였으며, 일본의 경우에는 노인복지관련 기관이나 시설에서 자원봉사활동을 하고 있는 404명을 대상으로 자원봉사에 대한 의식, 경험, 시간, 종류, 자원봉사활동과 공적서비스와의 관계, 보수에 대한 의식, 자원봉사활동에 대한 불편, 감사, 평가 등에 대한 조사를 실시하였다.

II. 이론적 배경

1. 자원봉사활동의 개념 및 동기

1) 자원봉사활동의 개념

자원봉사활동의 개념은 국가에 따라, 사회에 따라, 학자에 따라 활동 분야에 따라 다양하게 발전되어 조금씩 상이하게 정의되고 있는데, 가장 많이 인용되는 미국의 사회사업사전(Encyclopedia of Social Work)에는 자원봉사자를 개인, 집단, 지역사회에서 발생하고 있는 여러 가지의 사회문제의 영향을 예방하고 혹은 개선하는 일에 종사하고 있는 공사의 여러 조직에 대하여 주어진 여러 가지 서비스를 하는 개인이라고 정의하고 있다. 더불어 개정판의 자원봉사 관리에 대한 설명 부분에는 자원봉사란 욕구가 인식되어졌을 때 어떤 구체적인 이득을 생각하지 않고 사회적 책임이라는 태도로 행동을 선택하는 것이며 이것은 시혜나 무언가 기대하거나 어쩔 수 없이 행하는 것을 초월하는 의미[55] 라고 덧붙이고 있다.

이러한 자원봉사의 개념을 명확히 하기 위해 Ellis와 Noyles는 볼런티어활동의 개념을 구성하는 주요 요소로 자발성, 사회적 책임, 무급성, 그리고 기본적 의무를 초월하는 것 등 네 가지를 언급하고 있다.[56]

그리고 Ilsley에 따르면 일반적인 자원봉사활동의 특성을 이타주의, 헌신, 자유의지, 학습, 무급성, 조직, 심리적 보상, 희생 등의 8가지로 분류하고 있는데 이러한 요소들은 공식적 자원봉사활동이냐 비공식적 자원봉사활동이냐에 따라 조금씩 정도의 차이가 있다[57] 고 주장하고 있다. 따

---

55 | National Association of Social Worker, Encyclopedia of Social Work, 19th Edition, Washington. D.C,: NASW Press, p. 2483.

56 | Susan J. Ellis and Katherine H. Noyles, By The People : A History of Americans as Volunteers, San Francisco: Jossy-Bass Publishers, 1990, p. 4.

57 | Paul J. Ilsley, Enhancing the Volunteer Experience, San Francisco: JosseyBass Publishers, 1990, pp. 7-12.

라서 이러한 현대자원봉사활동의 개념은 전통적으로 자원봉사활동에서 강조해온 무급성, 자발성, 사회복지영역 위주의 개념에서 벗어나 개인, 민간기관뿐 아니라 공공기관, 자조집단 등을 포함해 광범위한 영역까지 확대되고 있으며 필요한 경우 최소한의 경비를 지원 받을 수도 있다는 인식이 늘어나고 있다.

2) 자원봉사활동의 동기

자원봉사자는 자원봉사활동을 수행함에 있어 동기를 가지고 있다. Abdennur는 자원봉사의 동기유형에 따라 자원봉사자를 다음과 같은 다섯 가지로 구분하였다.[58]

첫째, 사회적 서비스 지향적인 자원봉사자로 이들 자원봉사자들은 직접적으로 클라이언트를 돕는데 동기 지워진 사람들이다. 이들은 흔히 건강, 교육 및 여가선용 기관 등과 같은 일반적인 센터에서 활동한다. 둘째, 원인지향적 자원봉사자로서 이들은 시민의 권리나 환경보호, 정당한 투표행위, 가족계획 등과 같은 사회적 쟁점에 특별한 관심을 갖는 사람들이다. 이들은 시민들을 위한 이와 같은 쟁점들에 대하여 교육시키고 사회적 변화를 도모하는데 관심을 가지고 있다. 셋째, 자기표출적 자원봉사자로서 이들은 즐거움이나 개인적 표현을 일차적인 목적으로 하는 자원봉사자로서, 이들은 예술, 스포츠, 레크리에이션 클럽 등에서 흔히 볼 수 있다. 넷째, 직업적·경제적·이기적인 자원봉사자로서 이들은 노동조합, 전문가협회, 각종 경제적 사업가협회 등을 위해 일하는 사람들로서, 이들은 자신의 경력, 직업적 지위 및 경제적인 힘을 증진시키기 위하여 동기 지워진 사람들이다. 다섯째, 박애적 재정조달 자원봉사자로서 이들은 직접적인 서비스를 제공하기보다는 자원봉사조직을 위해 기금조성을 하거나 모금하는 일을 주로 하는 사람들이다. 그리고 또한 자원봉사자를 조사 연구하여 그들의 자원봉사활동 동기에 대하여 아홉 가지, 즉 즐거움

---

58 | Ibid., p.19.

혹은 삶의 변화동기, 박애주의적인 동기, 이상주의적이고 영적인 동기, 타인지향적 동기, 성격에 기초한 동기, 반대급부 동기, 자기증진의 동기, 사회적 동기, 부정적인 감정을 없애기 위한 동기 등으로 요약하고 있다. Ibid., pp. 26-28.

2. 자원봉사활동의 관리과정

자원봉사활동의 활성화를 위해서는 자원봉사자의 효과적인 개발과 관리가 이루어져야 하는데 이러한 자원봉사자의 효과적인 개발과 관리과정은 학자에 따라 다소 다르지만 다음의 6단계로 구분할 수 있다.

1) 계획수립과 업무설계

먼저 지역사회의 복지문제나 주민욕구, 이에 대한 주민의식의 정도나 문제의 성격에 관한 욕구조사를 통해 정보를 수집한다. 그리고 봉사조직의 이념과 목적에 따라 장·중·단기 목표를 수립하고, 목표의 실현전략을 강구하며, 우선순위를 결정하여 재정계획을 검토한다. 다음으로는 봉사업무의 철저한 분석을 통해서 업무분장을 할 수 있도록 업무설계가 되어야 하고, 각 업무별로 업무명칭, 책임봉사시간 및 기간, 지도감독, 세부업무, 보상, 기관 목적과의 관계 등이 규정된 업무설계도가 작성되어야 한다.[59]

2) 모집캠페인

자원봉사자를 모집하는 것은 사회복지기관의 목적달성을 돕는 자원봉사 프로그램에 적합한 잠재적 자원봉사자를 발견하고 참여하도록 유도하는 것이다. 현재 우리의 실정에서 많은 봉사단체들이 훌륭한 모집캠페

---

[59] 박경일, "지역사회 봉사활동의 실제", 한국청소년단체협의회, 대한불교청소년교화협의회, 청소년자원봉사자 연수교재, p. 48.

인을 시도했지만 정작 그 참여율이 저조하다는데 맹점이 있다. 그러므로 잠재적인 봉사활동자의 동기요인을 유발시키는 것이 모집활동에 중요한 관건이 된다고 생각된다. 따라서 입맛이 까다로운 잠재적인 봉사자들의 개인별 욕구 특성에 따라 모집캠페인이 실시되어야 할 것이다.

3) 면접 및 배치

면접은 대화와는 달리 기관이나 단체의 목적달성을 촉진하기 위하여 계획적이며 의식적인 노력이다. 따라서 면접 시 관리자가 유념해야 할 사항으로는 봉사자와의 라포르(친밀감) 성립이 무엇보다도 중요하며 개인적 특성 등이 최대한 파악될 수 있도록 면접한다. 특히 자원봉사자와의 면접 시 좋은 의사소통을 도모하기 위해서는 ① 경청 ② 주의 깊은 관찰 ③ 존중 ④ 수용 ⑤ 위로 ⑥ 개별성의 존중 ⑦ 객관적 태도 ⑧자기결정과 같은 자세와 주의가 필요하다.[60]

한편 면접 시에 파악된 내용을 기초로 지원자의 참여동기와 봉사활동에서 기대하는 직무가 무엇인지를 고려하여 실제 그가 가지고 있는 능력과 잠재력에 적합한 업무에 배치되어야한다. 특히 자원봉사자의 배치 시에는 다음의 3가지 욕구 즉 ①자원봉사 수요자의 욕구에 따른 배치 ②자원봉사 서비스 제공기관의 욕구에 따른 배치 ③ 자원봉사 공급자의 능력과 욕구에 따른 배치를 고려해야만 한다.

4) 오리엔테이션 및 훈련

오리엔테이션의 목적은 봉사자가 기관에 대한 이해와 서비스의 목적과 중요성, 그리고 업무에 대해서 친숙하게 하는 것이며, 여기에는 다음의 4가지 사항 ① 기관에 대한 오리엔테이션, ② 서비스에 대한 오리엔테이션, ③ 업무에 대한 오리엔테이션, ④ 봉사자의 욕구와 권리 및 책임사항 이 포함된다.[61]

---

60 | 新谷弘子 編著, ボランティアの手びきⅣ －老後の生きがいプラン, 東京:ドメス出版, 1992, pp. 180-2.

한편 훈련은 정보 및 지식 제공의 차원과 실천적 기술 및 능력이 습득되는 실습차원의 결합에 의해 이루어져야 한다. 훈련의 상황은 ① 지역사회봉사자훈련, ② 직원훈련, ③ 직원과 자원봉사자의 팀웤 훈련, ④ 봉사자와 직원의 자기개발훈련 등으로 상정할 수 있다.

5) 지도감독 및 평가

자원봉사자의 교육, 훈련 중에도 자원봉사자의 개별적 성장발달을 가져오는데 주요한 역할을 하는 것이 관리 및 지도 감독활동이다. 그리하여 관리 및 지도감독은 자원봉사자들이 달성해야 할 목표에 도달하기 위한 구체적인 방법을 제시해 주어 자원봉사자가 책임의식을 느끼도록 하는 기능을 한다. 평가는 구두에 의해서보다는 평가양식에 의해 보고서가 작성되는 것이 보다 효과적이다. 평가영역으로는 ① 프로그램 평가서(기관, 봉사자, 대상자가 작성) ② 봉사자 평가서(기관, 대상자) ③ 활동평가서(봉사자)로 구분하여 실시할 수 있다.[62]

또한 자원봉사자들이 오랜 기간 동안 봉사활동을 할 수 있도록 하기 위하여서는 무엇보다도 정기적으로 평가할 수 있는 기회를 마련해 주는 것이 필요하다.

6) 인정 및 보상과 사후관리

자원봉사활동의 가장 큰 과제들 중의 하나는 자원봉사자들의 지속성이다. 즉, 자원봉사자들이 모집된 후에 그들이 계속 행복을 느끼면서 자원봉사활동을 하도록 하며 중도에서 탈락되지 않도록 해야 하는 것이다. 이를 위해 활용되는 것이 인정과 보상으로서 자원봉사자들로 하여금 경험이 만족스럽도록 하고 그들을 격려해서 봉사활동에 계속 머무르도록 하는 중요한 도구이다. 자원봉사활동의 지원제도로서는 ①경력인정제도

---

[61] 한국자원봉사연합회, 자원봉사, 1993, pp. 18-9.
[62] 한국여성개발원, 청소년자원봉사활동, 1994, pp. 62-5.

의 도입(인사고과 및 성적반영 등), ②자원봉사보험제도의 도입, ③세제지원, ④포상 및 행사기회의 마련, ⑤노후보상저축제도 등을 들 수 있다.[63]

그리고 중도탈락자와 활동 종결자의 재활동 개시 및 참여유도를 위해 단체의 활동사항을 알리는 뉴스레터나 엽서, 초청장 발송, 전화연락 등과 같은 사후관리도 봉사자들을 인정하고 보상하는 한 방법이 됨을 인식해야 한다.

3. 노인을 위한 자원봉사활동의 종류와 원칙

1) 노인을 위한 자원봉사활동의 종류

노인을 위한 자원봉사활동은 다양하게 구분할 수 있지만 크게 나누어 활동의 장소(setting)와 목적 및 대상을 기준으로 구분할 수 있다.[64]

(1) 장소에 따른 자원봉사활동

노인을 위한 자원봉사를 대상자가 있는 장소에 따라 대별하면 노인의 가정, 지역사회의 이용시설(사회복지관, 노인복지관, 병원, 보건소 등), 그리고 노인전문병원 또는 장기보호요양시설 등이 있으며 각각의 장소에서 행해질 수 있는 자원봉사활동의 종류는 다음과 같다.

첫째, 재가노인을 위한 봉사: 재가노인을 위한 서비스는 지역사회에 거주하는 노인의 집이나 이용시설을 방문하여 노인 및 부양자들에게 필요한 서비스를 제공하는 사업이다. 가정방문봉사, 주간보호, 단기보호, 임종간호(호스피스), 그리고 노인안부전화 등이 대표적인 봉사활동이라고 볼 수 있다.

---

[63] 한혜경 외 3인, 자원봉사관리체계개선방안, 한국보건사회연구원, 1994, pp. 38-9.
[64] 한국사회복지협의회, 자원봉사프로그램백과 ③ 노인, 1997, pp.17-21 참조; 류기형 외 5인, 자원봉사론, 서울: 양서원, 1999, pp. 447-455 참조.

둘째, 시설노인을 위한 봉사활동: 시설노인들을 위한 봉사활동으로는 말벗, 상담, 각종 행사 돕기, 취미교육, 오락지도, 청소, 물리치료 보조, 위문활동 등 다양한 서비스를 제공할 수 있다. 또한 시설노인을 위한 후원자 결연 사업, 재정후원, 시설장비·도구지원 등 다양한 서비스 프로그램을 계획하고 지원할 수 있다.

(2) 목적에 따른 자원봉사활동

목적에 따른 자원봉사활동은 다양하게 구분할 수 있지만 삶의 보람증진, 간호 및 재활, 기타 등으로 나눌 수 있다.[65]

첫째, 삶의 보람을 증진시키기 위한 자원봉사활동: 삶의 보람을 증진시키기 위한 자원봉사활동은 욕구와 관련하여 아주 다양하게 제시할 수 있지만 대체로 노인대학 운영보조, 문맹노인 학습지도, 노인자서전 쓰기, 독거노인 모임, 노인 체육지도, 노인 취미활동 그룹지도, 노인특기 개발지도, 노인 관련 출판물 제작, 노인취업알선 등을 들 수 있다.

둘째, 간호 및 재활을 위한 자원봉사활동: 간호 및 재활을 위한 자원봉사활동의 종류는 치매노인 사회적응 지도, 욕창관리지도, 작업요법 지도, 인지치료, 회상치료 지도, 노인건강 강좌, 노인진료, 목욕보조, 이.미용보조 등을 들 수 있다.

셋째, 기타: 차량 운행은 노인의 정기적 외출 및 복지기관의 노인 대상 도시락배달, 노인 수송 등 노인대상 지원사업이 효과적으로 수행될 수 있도록 차량을 소지하고 있거나 운전이 가능한 지역주민이 자원봉사자로서 참여해 정기적인 활동을 하는 프로그램이다.

(3) 대상에 따른 자원봉사활동

대상에 따른 자원봉사활동은 대상의 상황에 따라 다양하게 구분할 수

---

[65] 한국사회복지협의회, 앞의 책, p. 21 참조; 류기형 외 5인, 앞의 책, pp. 448-449.

있지만 독거노인을 위한 자원봉사활동이 대표적인 것으로 구체적으로 도시락 배달, 세탁물 배달, 외출동행, 독거노인 가정결연, 무의탁노인 가정방문, 노인가정 환경 미화 등을 들 수 있다.

2) 노인을 위한 자원봉사활동의 원칙

노인을 위한 자원봉사활동의 원칙은 다음과 같이 제시할 수 있다.[66]

첫째, 노인이 현재 신체적·경제적·사회적으로 어떠한 상황에 처해 있든 간에 노인은 존중받아야 하며, 한 사람의 개인으로서 개성이 인정되어야 한다. 둘째, 노인이 자신의 문제를 해결하는 데 있어서 스스로 결정할 수 있는 권리를 가지고 있으며 이러한 자기 결정권은 최대한 존중되어야 한다. 셋째, 하나의 인격체로서 노인의 자주성과 독립성이 인정되어야 한다. 넷째, 이 사회를 발전·유지시키는 데 기여한 공헌자로서 노인은 복지혜택을 받을 수 있는 권리가 있으며 동시에 자기의 문제해결을 위한 책임과 의무를 다할 기회를 제공받아야 한다. 다섯째, 노인은 그의 상황에 맞는 전문적인 서비스를 제공받을 수 있어야 한다. 여섯째, 노인을 도울 때는 신체적, 심리적, 지적,

사회적, 영적, 제반 영역을 다 같이 고려하여 전인적인 측면에서의 도움을 받을 수 있어야 한다. 일곱째, 노인도 변화하는 시대의 독특한 욕구에 맞는 모든 종류의 서비스를 제공받을 수 있어야 한다.

4. 한국과 일본의 자원봉사체계현황

자원봉사의 현황은 자원봉사에 대한 의식 및 태도에 영향을 미치는 중요한 변수로서 그 발전의 정도는 또한 의식 및 태도에 중요한 영향을 미칠 것이다. 그러므로 한국과 일본의 자원봉사의 현황을 살펴보는 것은 노

---

66 | 한국사회복지협의회, 앞의 책, pp.19-20.

인을 위한 자원봉사활동에 대한 의식 및 태도를 비교해 보기 위한 전제라고 할 수 있다. 이러한 관점에서 한국과 일본의 자원봉사 현황을 추진체계와 지원체계로 요약·제시하면 다음 〈표 II1〉과 같다.

〈표 II 1〉 한·일 자원봉사체계현황

구분	추진체계	지원체계
한국	• 사회복지자원봉사정보안내센터 • 자원봉사알선센터 • 시·도 자원봉사센터 • 시·군·구 자원봉사센터 • 청소년 자원봉사센터 • 여성단체 • 종교단체 • 국민운동단체 • 청소년단체 등	• 지원관련법 제정되지 않음 • 사회복지사업법에 사회복지자원봉사 관련내용을 규정하고 있음 • 중앙정부(행정자치부, 보건복지부 여성위원회, 문화관광부) • 지방정부(시.도 및 기초지방자치단체) • 사회복지관련기관(사회복지협의회, 한국여성개발원, 한국자원봉사연합회, 한국자원봉사능력개발회, 한국자원봉사포럼) • 기업 • 언론 • 학교 등
일본	• 전국 및 지역사회복지협의회하에 • 전국자원봉사센터 • 道.都.府.縣 자원봉사센터 • 市.區.町.村 자원봉사센터 설립운영 • 민간단체에서 운영하는 각종 자원봉사협회(오사까 자원봉사협회 등) • 다양한 자원봉사기관 • 기업 등	• 특별법 제정되지 않음 • 관선 자원봉사자인 민생위원의 제도적 근거인 민생위원법이 있음 - 사회복지사업법에서 관련내용규정 - 중앙정부(후생성, 노동성, 문부성, 환경청, 건설성) • 자원봉사재단 • 기업 • 공동모금회 • 광역자원봉사자 범주 연락회의 등

III. 조사의 방법 및 대상

1. 조사의 대상

표본의 구성은 한국의 경우 노인복지시설에서 자원봉사활동을 하는 35명 (13.2%), 노인복지관에서 자원봉사활동을 하는 67명(25.3%), 노인의 전화에서 자원봉사활동을 하는 44명(16.6%), 병원에서 자원봉사활동을 하는 57명(21.5%), 노인요양원에서 자원봉사활동을 하는 62명(23.4%) 등 합계 265명이다. 일본의 경우에는 聖Luke`s병원에서 자원봉사활동을 하는 142명(34.7%), Shisei홈에서 자원봉사활동을 하는 200명(49.5%), Fuchu복지공사에서 자원봉사활동을 하는 62명(15.3%) 등 합계 404명이다. 조사대상자의 일반적 속성은 〈표 III-1〉과 같다.

〈표 III-1〉 조사대상자의 일반적 속성

변 수		한 국	일 본
성 별	남 자	53 (20.0)	31 (7.7)
	여 자	194 (73.2)	370 (91.6)
	무응답	18 (6.8)	3 (0.7)
연 령	20세 이하	8 (3.1)	12 (2.9)
	20 ~ 29세	33 (12.5)	14 (3.2)
	30 ~ 39세	34 (12.9)	16 (3.8)
	40 ~ 49세	71 (26.8)	60 (14.9)
	50 ~ 59세	34 (13.0)	111 (27.5)
	60 ~ 69세	33 (12.5)	146 (32.8)
	70세 이상	28 (10.6)	52 (12.9)
	무응답	24 (9.1)	7 (1.7)
결혼상태	기 혼	166 (62.6)	287 (71.0)
	사 별	22 (8.3)	51 (12.6)
	이혼 또는 별거	2 (0.8)	12 (3.0)
	미 혼	45 (17.0)	47 (11.6)
	무응답	30 (11.3)	7 (1.7)

종 교	개신교	54 (20.4)	40 (9.9)
	카톨릭	86 (32.5)	14 (3.5)
	불 교	66 (24.9)	201 (49.8)
	종교없음	30 (11.3)	71 (17.6)
	기 타	8 (3.0)	45 (11.1)
	무응답	21 (7.9)	33 (8.1)
학 력	무 학	3 (1.1)	–
	초등학교	26 (9.8)	6 (1.5)
	중학교	40 (15.1)	54 (13.4)
	고등학교	107 (40.4)	158 (39.1)
	단기대학, 전문대학	27 (10.2)	100 (24.8)
	대학교	36 (13.6)	71 (17.6)
	기 타	7 (2.6)	2 (0.5)
	무응답	19 (7.2)	13 (3.2)
합 계		265 (100.0)	404 (100.0)

표의 합계 265는 원문 그대로임

2. 조사의 방법

조사의 방법은 노인을 위한 자원봉사 프로그램이 개설되어 있는 기관이나 단체를 조사원이 방문하여 자원봉사자들에게 설문지를 배포하고 응답한 설문지를 회수하는 방법을 사용하였다.

IV. 조사결과의 분석

1. 자원봉사활동의 경험

현재 자원봉사활동을 하고 있는 조사 대상자의 과거의 자원봉사활동의 경험은 한국이 일본보다 조금 높았다. 한국의 경우 봉사활동 경험이 있는 사람이 52.8%로 절반을 넘고 있으나, 일본의 경우 45.0%로 절반에 미치지는 못하고 있다.

2. 자원봉사활동의 빈도와 평균시간

(1) 자원봉사활동의 빈도

〈표 IV-1〉에서 보는 바와 같이 한국의 자원봉사자들은 월 단위로 봉사활동을 많이 하고 일본의 자원봉사자들은 주 단위로 자원봉사활동을 하는 경우가 많다. 즉 일본의 자원봉사자들이 한국의 자원봉사자들보다 자원봉사활동을 하는 빈도가 높다.

〈표 IV-1〉 자원봉사활동의 빈도

N (%)

	한 국	일 본
월 1회 미만	29 (10.9)	19 (4.7)
월 1회	47 (17.7)	63 (15.6)
월 2회	43 (16.2)	49 (12.1)
주 1회	67 (25.3)	166 (41.1)
주 2회	26 (9.8)	54 (13.4)
주 3회	13 (4.9)	23 (5.7)
주 4회	10 (3.8)	22 (5.4)
주 5회 이상	5 (1.9)	6 1.5)
무응답	25 (9.4)	2 (0.5)
합 계	265(100.0)	404 (100.0)

(2) 자원봉사의 평균활동시간

자원봉사자들의 1회당 평균활동시간은 일본이 한국보다 길었다. 〈표 IV-2〉에서 보는 바와 같이 1회당 평균활동시간은 한국의 경우는 3시간이 35.1%로 가장 많고, 2시간 22.7%, 4시간 12.9%, 1시간이 10.3%, 5시간이 8.3%이다. 이에 비하여 일본은 2시간이 23.8%로 가장 많고, 3시간 21.8%, 4시간 20.5%, 5시간 16.3%, 6시간이 10.6%로 되고 있다.

〈표 IV-2〉 1회의 평균 자원봉사활동시간

N (%)

	한 국	일 본
1시간	27 (10.3)	8 (2.0)
2시간	60 (22.7)	96 (23.8)
3시간	93 (35.1)	88 (21.8)
4시간	34 (12.9)	83 (20.5)
5시간	22 (8.3)	66 (16.3)
6시간	8 (3.0)	43 (10.6)
7시간 이상	9 (3.4)	16 (4.0)
무응답	12 (4.5)	4 (1.0)
합 계	265(100.0)	404 (100.0)

(3) 자원봉사활동 장소에 가는데 걸리는 시간

자원봉사활동 장소에 가는데 걸리는 시간은 한국의 경우는 30분에서 1시간 정도가 33.2%로 가장 많고, 15분-30분 정도가 22.3%로 두 번째로 많았다. 1시간이내의 거리에서 봉사활동을 하는 자가 66.4%로 한국의 자원봉사자들은 가까운 거리에 있는 장소에서 자원봉사활동을 하는 것을 선호하고 있다. 일본의 경우는 15분-30분 정도가 32.7%로 가장 많고, 30분-1시간정도가 29.2%로 두 번째로 많았다. 일본의 경우도 1시간 이내의 거리인 경우가 83.7%에 달하고 있어 가까운 거리에 있는 장소에서 자원봉사활동을 하는 것을 선호하고 있다. 이와 같은 조사결과를 볼 때 양국 모두 가까운 거리를 선호하고 있다는 것을 알 수 있다.

3. 자원봉사활동의 참가경로

(1) 자원봉사활동 장소를 알게 된 경로

자원봉사활동 장소를 알게 된 경로 측면에서 한일 두 국가 간의 특징적인 경향은 한국은 회사나 단체를 통해서 자원봉사활동에 참여하는 경향이 많은데 비하여, 일본의 경우는 회사나 단체를 통해서 참여하기보다는 개인으로 아는 경로를 통해서 참여하는 경향이 높다는 점이다. 〈표 IV-3〉에서 보는 바와 같이 봉사활동 장소를 알게 된 경로는 한국의 경우 회사나 단체를 통한 소개가 35.5%로 가장 많고, 친구나 소문을 통한 참여가 25.3%, 사회복지협의회나 볼런티어센터 등의 소개 24.2%, 매스컴 9.4% 등으로 되고 있다. 반면에 일본의 경우는 친구나 소문을 통한 참여가 42.3%로 가장 높고, 사회복지협의회나 볼런티어센터가 18.1%, 행정관청의 출판물이나 인쇄물이 마찬가지로 18.1%, 가족이 11.6%, 팜플렛 등을 통한 참여가 10.1%이다.

〈표 IV-3〉 자원봉사활동 장소를 알게 된 경로

(중복응답)   N (%)

	한 국	일 본
가족이 관계가 있어서	27 (10.3)	8 (2.0)
친구나 소문을 통해서	60 (22.7)	96 (23.8)
안내책자(팜플렛) 등을 읽고	93 (35.1)	88 (21.8)
매스컴(신문, 잡지, TV) 등	34 (12.9)	83 (20.5)
행정관청의 출판, 인쇄물	22 (8.3)	66 (16.3)
사회복지협의회나 자원봉사센타 등의 소개	8 (3.0)	43 (10.6)
회사나 단체 등의 소개	9 (3.4)	16 (4.0)
기타	12 (4.5)	4 (1.0)
합 계	265(100.0)	404 (100.0)

(2) 자원봉사활동에 참가하게 된 경로

봉사활동에 참가하게 된 경로는 한국의 경우는 교회나 성당, 사찰 등 단체를 통한 참여한 경우가 40.8%로 가장 높고, 사회복지협의회나 자원봉사센터를 통해서 참여한 경우가 23.0%, 혼자서 참가한 경우가 23.0%, 자원봉사그룹에 통해서 참가한 경우가 18.1%, 사회복지시설을 통해서 참가한 경우가 9.8%이다. 이에 비하여 일본의 경우에는 혼자서 참가한 경우가 46.8로 가장 많고, 사회복지협의회나 자원봉사센터를 통해서 참가한 경우가 24.3%, 취미·오락단체 및 서클을 통해서 참가한 경우가 12.6%, 자원봉사활동그룹을 통해서 참가한 경우가 12.4%, 병원을 통해서 참가한 경우가 9.4%이다. 이러한 조사결과로 미루어 보아 한국의 경우는 단체를 통한 집단적 참여가 높고, 일본의 경우는 개인적 참여가 높은 경향을 보여 주고 있다.

4. 자원봉사활동의 종류

봉사자들의 활동의 종류는 〈표 IV-4〉에서 보는 바와 같이 한국의 경우는 노인홈이나 노인복지시설에서의 활동이 49.1%로 가장 많고, 그 다음으로는 재가복지와 관련된 활동과 병원과 관련된 활동이 각각 24.5%, 장애인을 위한 활동이 21.9%, 아동을 위한 활동이 20.0%, 자연보호가 15.1%, 교육에 관계되는 활동이 10.4% 등으로 되고 있다. 이에 대하여 일본의 경우에는 노인홈이나 노인복지시설에서의 활동이 46.5%로 가장 많고, 병원에 관계되는 활동 34.2%, 장애인을 위한 활동 30.2%, 재가노인을 위한 활동 26.5%, 아동을 위한 활동 11.9%, 교육에 관계되는 활동이 10.4%로 되고 있다. 조사결과를 볼 때 양국 모두 노인과 장애인을 위한 활동의 비율이 높다는 것을 알 수 있다.

<표 IV-4> 참가하고 있는 자원봉사활동의 종류

(중복응답)

N (%)

	한 국	일 본
재가복지를 위한 활동	65 (24.5)	107 (26.5)
장애자를 위한 활동	58 (21.9)	122 (30.2)
아동을 위한 활동	53 (20.0)	48 (11.9)
문화에 관계되는 활동	19 (7.2)	32 (7.9)
체육이나 레크리에이션 활동	12 (4.5)	28 (6.9)
병원에 관계되는 활동	65 (24.5)	138 (34.2)
노인 홈이나 노인복지시설에서의 활동	130 (49.1)	188 (46.5)
자연보호	40 (15.1)	17 (4.2)
교육에 관계되는 활동	42 (10.4)	42 (10.4)
기타	19 (7.2)	25 (6.2)

5. 자원봉사활동의 이미지 및 동기

(1) 자원봉사활동의 이미지

자원봉사활동의 이미지는 <표 IV-5>에서 보는 바와 같이 한일 양국 모두 대가를 바라지 않는 활동인 경우가 가장 많았다. 한국의 경우에는 대가를 바라지 않는 활동이 49.4%로 가장 높고, 장애인을 도와주는 것이 35.8%, 인생의 의미를 자아내는 활동이 33.6%였다. 일본의 경우에도 한국과 마찬가지로 대가를 바라지 않는 활동이 57.9%로 가장 높고, 사회에 공헌해야 할 시민으로서의 의무가 48.3%, 인생의 의미를 자아내는 활동이 41.8%였다.

<표 IV-5> 자원봉사활동에 대한 이미지
(중복응답)

N (%)

	한 국	일 본
장애인을 도와주는 것	95 (35.8)	159 (34.4)
인생의 의미를 자아내는 것	89 (33.6)	169 (41.8)
사회에 공헌해야 할 시민으로서의 의무	82 (30.9)	195 (48.3)
안전하고 살기 좋은 지역사회를 만드는 활동	58 (21.9)	76 (18.8)
지역사회의 상호부조활동	51 (19.2)	56 (13.9)
지역사회만이 아닌 사회전반에 공헌하는 활동	43 (16.2)	92 (22.8)
정부나 자치체활동 또는 결여되어 있는 서비스를 보충하는 활동	27 (10.2)	61 (15.1)
장래를 위해 필요한 활동	36 (13.6)	127 (31.4)
대가를 바라지 않는 활동	131 (49.4)	234 (57.9)
사회문제에 대한 인식을 깊게 하는 활동	66 (24.9)	68 (16.8)
기타	9 (3.4)	26 (6.4)

(2) 자원봉사활동의 동기

자원봉사활동의 동기 측면에서 볼 때 한국의 자원봉사자들은 타인을 돕는다는 이타적인 동기가 강하며, 일본의 자원봉사자들은 자신을 위하여 활동을 하는 개인적 동기가 강하게 나타나고 있다. 〈표 IV-6〉에서 보는 바와 같이 한국은 '타인을 돕는 것이 기쁘기 때문'이 60.8%로 가장 높고 일본은 '삶을 풍요롭게 하기 때문'이 60.1%로 가장 높았다.

〈표 IV-6〉 자원봉사활동을 시작하게 된 동기

(중복응답)

N (%)

	한 국	일 본
삶을 풍요롭게 하기 때문에	100 (37.7)	243 (60.1)
타인을 도와주는 것은 큰 기쁨이기 때문에	161 (60.8)	154 (38.1)
지식이나 기능을 익히기 위하여	57 (21.5)	178 (44.1)
기술·능력이 타인에게 도움이 되므로	56 (26.1)	105 (26.0)
사회나 사회문제에 대한 인식을 깊게 하기 위해	63 (23.8)	112 (27.7)
자신의 건강을 위하여	65 (24.5)	110 (27.2)
친구를 얻기 위하여	46 (17.4)	114 (28.2)
지역사회에 공헌하기 위하여	87 (32.8)	193 (47.8)
자신을 필요로 하는 사람이 있기 때문에	154 (58.1)	141 (34.9)
병원이나 시설 등에 대한 감사의 마음으로	26 (9.8)	96 (23.8)
일만으로는 만족할 수 없었기 때문에	9 (3.4)	23 (5.7)
마음의 평정이나 기분 전환을 위하여	25 (9.4)	19 (4.7)
다른 세상을 체험하기 위하여	60 (22.6)	56 (13.9)
자신의 공부를 위해서	39 (14.7)	213 (52.7)
여가를 유용하게 보내기 위하여	51 (19.2)	109 (27.0)
기타	8 (3.0)	20 (5.0)

6. 자원봉사활동과 공적 서비스와의 관계

자원봉사활동과 공공서비스의 발전과의 관계에 관한 의식은 〈표 IV-7〉에서 보는 바와 같이 양국 모두 자원봉사활동은 공공 서비스를 보완하는 역할을 한다고 응답한 경우가 가장 많았다. 한국의 경우는 자원봉사활동이 공공서비스를 보완하는 역할을 한다는 응답이 44.9%로 가장 많고, 일본의 경우에도 자원봉사활동이 공공서비스를 보완하는 역할을 한다는 응답이 66.3%로 가장 많았다.

<표 IV-7> 자원봉사활동과 행정에 의한 공적서비스와의 관계
(중복응답)

N (%)

	한 국	일 본
자원봉사활동은 공공서비스의 발전을 방해한다	6 (2.3)	10 (2.5)
자원봉사활동은 공공서비스에 영향을 미치지 않는다	54 (20.4)	141 (34.9)
자원봉사활동은 공공서비스의 발전을 자극한다	45 (17.0)	176 (43.6)
자원봉사활동은 공공서비스를 보완하는 역할을 한다	119 (44.9)	268 (66.3)

7. 자원봉사활동에 대한 보수 등에 대한 의식

(1) 교통비 혹은 경비에 대한 의식

자원봉사활동으로 인한 교통비나 경비 수령에 대해서는 한일 양 국가 간에 상반된 인식을 갖고 있다. 한국의 경우는 교통비나 경비를 받아도 좋다는 응답(34.3%) 보다 받아서는 안 된다(57.0%)는 응답이 많았으나, 일본의 경우에는 받아도 좋다는 응답(48.3%)이 받아서는 안 된다(42.8%)는 응답보다 많다.

(2) 감사의 표현으로 금전을 받는 것에 대한 의식

자원봉사활동에 대한 감사의 표현으로서 돈을 받는 것에 대해서는 한국, 일본 양 국가 모두 받아서는 안 된다는 의식이 강했다. 한국의 경우에는 받아서는 안된다가 69.8%로, 받아도 좋다는 응답 19.6% 보다 압도적으로 많았으며, 일본의 경우도 받아서는 안된다가 63.1%로, 받아도 좋다는 응답 27.%보다 압도적으로 많아 양국 모두 봉사활동의 보수로서 금전을 받는데 대해서는 반대하는 경향을 보여주고 있다.

8. 자원봉사활동에 대한 문제나 불만

〈표 IV-8〉에서 보는 바와 같이 자원봉사활동에 대한 문제나 불만에 대해서는 한국, 일본 모두 '봉사활동만으로는 서비스에 한계가 있다'를 가장 큰 문제로 보고 있으며, 두 번째의 큰 문제로 '교육이나 연수의 기회가 없다'는 것을 들고 있다.

〈표 IV-8〉 자원봉사활동에 대한 문제나 불만
(중복응답)

N (%)

	한 국	일 본
이용자(환자)가 자기중심적이다	55 (20.8)	23 (5.7)
자원봉사활동 중의 문제에 대한 상담이나 지도의 상대가 없다	54 (20.4)	57 (14.1)
자원봉사활동을 위한 교육이나 연수의 기회가 없다	93 (35.1)	108 (26.7)
자원봉사활동만으로는 서비스에 한계가 있다	111 (41.9)	144 (35.6)
기술이나 경험을 충분히 활용할 수 없다	29 (10.9)	13 (3.2)
사회적 평가나 감사표현이 부족하다	26 (9.8)	36 (8.9)
이용자(환자)의 감사의 부족	23 (8.7)	4 (1.0)
활동장소의 직원과 자원봉사자와의 관계가 좋지 않다	42 (15.8)	52 (12.9)
기타	12 (4.5)	34 (8.4)

9. 자원봉사활동의 활성화 방안

(1) 자원봉사활동을 활발하게 하는 방법

자원봉사활동을 보다 활발하게 행하기 위한 방법에 대한 조사결과는 〈표 IV-9〉에 보는 바와 같다. 한국의 경우에는 교육이나 연수프로그램을 확충하는 것이 41.9%로 가장 많고, 활동의 문제점이나 고충을 들어주는 것이 40.0%로 다음으로 많았다. 이에 비하여 일본의 경우에는 활동에 대한 이해나 평가를 높게 하는 것이 41.1%로 가장 높고, 교육이나 연수프로그램의 확충이 40.6%로 두 번째로 많았다.

〈표 IV-9〉 자원봉사활동을 보다 활발히 행하기 위한 방법

(중복응답)

N (%)

	한 국	일 본
활동의 문제점이나 고충을 들어주는 것	106 (40.0)	112 (27.7)
교육이나 연수프로그램을 보다 확충하는 것	111 (41.9)	164 (40.6)
평가나 감사에 대한 체계를 확립하는 것	40 (15.1)	39 (9.7)
위험에 대비한 보험이나 그 경비를 제공하는 것	50 (18.9)	9 (2.2)
활동에 드는 실비의 지급	54 (20.4)	72 (17.8)
활동에 대한 이해나 평가를 높이는 것	80 (30.2)	166 (41.1)
자원봉사의 교류나 정보교환이 가능한 모임개최	84 (31.7)	145 (35.9)
병원이나 행정기관 등의 전문기관과 보다 유기적인 연대관계를 만드는 것	79 (29.8)	124 (30.7)
기 타	10 (3.8)	13 (3.2)

(2) 자원봉사활동을 충실하게 하기 위한 조건

자원봉사활동을 보다 충실하게 하기 위한 조건으로는 〈표 IV-10〉에서 보는 바와 같이 한국에서는 같이 봉사활동을 할 수 있는 친구를 확보하는 것이 가장 시급한 조건으로 들고 있으며, 일본에서는 같이 활동할 수 있는 친구의 확보와 방문하기 쉬운 가까운 장소 개발이 가장 시급하다고 응답하고 있다.

〈표 IV-10〉 자원봉사활동을 보다 충실하게 하는 요건

(중복응답)

N (%)

	한 국	일 본
같이 활동할 수 있는 친구	133 (50.2)	191 (47.3)
활동을 연결, 조정, 조직하는 기관이나 단체	111 (41.9)	181 (44.8)
교통비나 기타 경비의 보조	42 (15.8)	74 (18.3)
자원봉사활동의 시간을 미래에 자신의 필요에 대비하여 저축하는 제도(자원봉사은행제도)	51 (19.2)	63 (15.6)
간단하고 쉽게 할 수 있는 활동	50 (18.9)	116 (28.7)
자신의 기능이나 지식을 살릴 수 있는 활동	83 (31.3)	147 (36.4)
시간적 제약 없이 자유롭게 활동하는 것	105 (39.5)	163 (40.3)
방문하기 쉬운 가까운 장소	80 (30.2)	193 (47.8)
기타	5 (1.9)	11 (2.7)

10. 자원봉사활동에 대한 사회적 감사나 평가

자원봉사활동에 대한 사회적 감사나 평가에 대해서는 〈표 IV-11〉에서 보는 바와 같이 한국의 경우는 자원봉사활동을 기록한 공식적 기록문서를 작성 보관하고, 홍보지나 팸플릿에 활동사례를 소개하고, 언론기관에 활동을 소개하는 것이 필요하다고 보고 있으며, 일본에서는 언론기관에 활동을 소개하는 것이 가장 필요하다고 보고 있다.

〈표 IV-11〉 자원봉사활동에 대한 사회적 감사나 평가
(중복응답)

N (%)

	한 국	일 본
금전 등의 보수	4 (1.5)	11 (2.7)
활동하고 있는 시설이나 단체로부터의 표창장이나 감사장	26 (9.8)	70 (17.3)
자치체나 정부로부터의 표창장	14 (5.3)	26 (6.4)
자원봉사활동을 기록한 공식적 기록문서	73 (27.5)	66 (16.3)
홍보지나 팸플릿에 활동사례를 소개	62 (23.4)	62 (15.3)
TV, 신문, 라디오 등 언론기관에 활동을 소개	61 (23.0)	113 (28.0)
세금우대	33 (12.5)	37 (9.2)
입시, 취직, 진급에 우대	41 (15.5)	33 (8.2)
기타	18 (6.8)	48 (11.9)

V. 논의 및 정책적 제언

1. 일본과 한국의 자원봉사활동의 차이점 및 유사점

(1) 과거의 자원봉사활동 경험은 한국이 일본보다 많다.

자원봉사자의 과거 자원봉사활동의 경험은 한국이 일본보다 많다. 현재 활동하고 있는 한국 자원봉사자들의 52.8%가 과거에 자원봉사활동의

경험이 있다고 응답하고 있으나 일본의 자원봉사자들은 45%만이 과거에 자원봉사의 경험이 있다고 응답하고 있다. 이러한 현상은 한국의 경우 최근 자원봉사의 활성화 방안이 많이 개발되었기 때문으로 풀이된다.

(2) 현재의 자원봉사활동 빈도와 평균활동시간은 일본이 한국보다 길다
한국의 자원봉사자들은 주로 월 단위로 자원봉사활동을 하는 경우가 많고 일본의 자원봉사자들은 주 단위로 자원봉사활동을 하는 경우가 많다. 즉 일본의 자원봉사자들이 한국의 자원봉사자들보다 자원봉사활동을 하는 빈도가 높다. 평균활동시간도 일본이 길다. 이러한 조사결과는 자원봉사활동의 과거 경험과 관계없이 현재의 활동에 있어서는 일본의 자원봉사자들이 더 집중적으로 활동을 하는 것으로 풀이된다.

(3) 자원봉사활동의 장소는 일본이 한국보다 더 다양하다
한국보다 일본이 자원봉사를 할 수 있는 장소가 더 다양하다. 자원봉사활동의 장소가 한국은 노인복지시설이나 노인복지관, 때로는 종교기관에 집중되어 있으나 일본은 이러한 기관 외에도 사회복지협의회나 생명의 전화, 시민환경단체 등으로 확대되어 있다. 이러한 차이는 일본의 전체인구에서 차지하는 노인인구비율이 한국보다 더 높기 때문에 노인들을 위한 시설이나 기관이 다양하기 때문으로 풀이된다.

(4) 한국은 집단적으로 자원봉사활동에 참여하는 경향이 많으나 일본은 개인적으로 참여하는 경향이 많다.
한국은 회사나 단체를 통해 집단적으로 자원봉사활동에 참여하는 경향이 있으나 일본은 개인적으로 참여하는 경향이 많다. 한국은 교회나 성당, 사찰 등에서 집단적으로 참여하는 경향이 많으나 일본은 개인적으로 참여하는 경향이 많다. 이러한 현상은 한국에서 최근에 종교기관을 통해서 집단적으로 참여하는 경향이 많아진데서 연유한 것으로 풀이된다.

(5) 한국, 일본 모두 자원봉사를 대가를 바라지 않는 활동으로 보고 있다.

한국, 일본 모두 자원봉사의 이미지를 대가를 바라지 않은 활동으로 보고 있으며, 자원봉사활동의 대가로 금전을 받는 것에 대해 부정적이다. 이러한 현상은 자원봉사의 원래 취지를 반영하는 것으로 높이 평가할 수 있으며 앞으로 이러한 원래 취지를 잘 반영할 수 있도록 유도해 나갈 필요가 있다고 할 수 있다.

(6) 한국의 자원봉사자들은 이타적인 동기가 강하나 일본의 자원봉사자들은 개인적인 동기가 강하다

자원봉사활동의 동기 측면에서 볼 때 한국의 자원봉사자들은 도움이 필요한 타인을 돕는다는 이타적인 동기가 강하나, 일본의 자원봉사자들은 자기 자신의 삶을 풍요롭게 하기 위한 개인적 동기가 강하다. 이러한 조사결과는 한국은 집단적으로 자원봉사에 참여하는 경향이 높고 일본은 개인적으로 참여하는 경향이 높다는 조사결과와 같은 맥락에서 파악될 수 있을 것이다.

(7) 한국의 자원봉사자들은 교통비 등 필요경비의 수령에 대해 부정적인 인식이 많으나 일본은 긍정적인 인식이 많다.

한국의 자원봉사자들은 교통비나 기타 필요경비의 수령에 대해 부정적인 인식이 많으나 일본은 긍정적인 인식이 많다. 이러한 현상은 일본이 한국보다 더 개인적인 성향을 보이는 위에서 언급한 차이점과 맥락을 같이 한다고 볼 수 있다.

(8) 한국의 자원봉사자들은 활성화 방안으로 교육이나 연수프로그램 확충의 필요성을 일본의 자원봉사자들은 활동에 대한 이해나 평가를 높이는 것을 들고 있다.

한국의 자원봉사자들은 자원봉사활동의 활성화 방안으로 교육이나 연

수프로그램을 확충하는 것이 제일 먼저 필요하다고 보고 있으나, 일본의 자원봉사자들은 자원봉사활동에 대한 이해나 평가를 높이는 것이 제일 먼저 해야 할 과업이라고 생각하고 있다.

2. 한국의 자원봉사활동 활성화를 위한 정책적 제언

(1) 가까운 거리에 있는 다양한 자원봉사활동 장소의 개발

자원봉사활동이 활성화되기 위해서는 가까운 거리에 다양한 자원봉사활동 장소를 개발하는 것이 필요하다. 1시간 이내에 도달할 수 있는 장소가 가장 좋을 것이다.

(2) 노인자원봉사활동을 위한 하드웨어 구축과 네트웍의 형성

하드웨어 구축을 위한 기초자료로서 노인복지단체 및 자원봉사활동 현황파악을 위한 기초조사 및 연구가 실시되어 노인들이 가장 원하는 봉사활동 프로그램과 모집방법 및 유지관리 등에 대한 자료가 우선적으로 파악될 필요가 있다. 또한 공적기관으로서 각 시 단위의 노인자원봉사센터가 설치되어 민간 자원봉사단체가 여러 단계에서 구성되어 이들이 주체적으로 활동할 수 있는 방향으로 육성될 필요가 있다. 아울러 공공, 민간자원봉사단체들 간의 정보관리체계가 구축되어 조직체간의 자원봉사자의 수요과 공급이 원활하게 이루어질 수 있는 네트웍이 마련되어야 할 것이다.

(3) 노인 자원봉사활동을 위한 다양한 프로그램의 개발

노인 자원봉사활동을 위한 다양한 소프트웨어 즉 프로그램의 개발과 보급이 필요하다. 즉 노인의 신체적, 심리적 특성을 반영할 수 있는 자원봉사 프로그램을 개발하고 보급하며, 노인의 경우 봉사활동 중에 특히 신체적 문제가 야기될 소지가 있으므로 자원봉사보험제도의 도입이 필요하다.

(4) 참여경로의 다양화

한국은 일본에 비해 자원봉사활동에 참여하는 경로가 다양하지 못한 편이다. 주로 회사나 단체 등의 소개 혹은 사회복지협의회나 자원봉사센터의 소개를 받아서 참여하는 경향이 많다. 참여경로를 다양화하기 위해서는 언론매체를 통한 자원봉사활동의 홍보 프로그램을 개발하는 것이 필요하다. 신문의 어느 한 지면, TV의 일정한 시간대에 자원봉사활동을 정기적으로 소개하는 프로그램을 개설하는 등의 방법을 통해 자원봉사활동에의 참여경로를 다양화 할 수 있을 것이다.

(5) 무보수성 자원봉사활동의 의미의 확산

자원봉사활동은 본래의 취지가 대가가 없는 활동이다. 그러나 최근에 와서 교통비나 기타 필요 경비, 때로는 자원봉사를 제공한 대가로서 금전을 요구하는 경우도 있다. 이러한 의식은 자원봉사에 관한 교육이나 연수 프로그램을 통해 개선시킬 필요가 있다.

(6) 연수와 교육의 기회 확대

많은 자원봉사자들이 지적하는 자원봉사활동을 하는 과정 중의 주요 문제 중의 하나는 교육이나 연수의 기회가 별로 없다는 것이다. 그러므로 자원봉사활동의 교육이나 연수의 기회를 확대하여 자원봉사자의 질적인 향상을 도모할 필요성이 있다. 교육방법으로는 정기적인 자원봉사자 모임을 통해 상호활동을 소개하고 새로운 지식을 자원봉사활동에 응용하면서 생기는 장·단점에 대해 토론하는 것, 직원회의에 참여하는 것, 유사기관에 파견되어 일정기간 동안 훈련하는 방법, 일정기간 휴식하면서 지역사회의 다른 기관, 조직을 방문하여 새로운 아이디어를 얻게 하거나 훈련세미나 등에 참여하도록 하는 것, 비디오나 녹음을 통한 자신의 활동분석, 훈련세미나 참석 등이 있을 수 있다.

(7) 감사나 평가의 강화

한국의 자원봉사자들은 자원봉사활동에 대한 사회적 감사나 평가를 위해서는 자원봉사활동을 기록한 공식적 기록문서를 작성 보관하고, 홍보지나 팜플렛에 활동사례를 소개하고, 언론기관에 활동을 소개하는 것이 필요하다고 보고 있어 다양한 방법을 통해 감사와 평가를 강화해야 할 것이다.

IV. 결 론

최근에 우리나라에서는 자원봉사활동에 대한 필요성과 수요가 꾸준히 증가하고 있지만, 실제의 자원봉사활동에 대해서는 많은 문제점이 지적되고 있다. 자원봉사자 측면에서 보면 봉사인력이 절대적으로 부족하고, 중도탈락률이 높아 사회복지시설이나 기관에서의 효과적인 활용이 어려운 실정이다.

자원봉사의 질을 향상시키고 체계적인 자원봉사체계를 구축하기 위해서는 외국의 자원봉사실태와 자원봉사자의 의식구조를 조사하여 비교연구하는 것이 필요하다고 할 수 있다. 특히 우리나라와 여러 가지 면에서 비슷한 일본과 자원봉사실태와 봉사자의 의식구조를 조사하여 우리나라와 비교하는 것은 우리나라의 자원봉사체계를 구축하는 데 많은 도움일 될 것이다. 이러한 비교연구를 수행함으로써 구미적인 자원봉사활동이나 자원봉사의식이 아니라 아시아사회에 적합한 자원봉사활동의 조건을 발견할 수 있다. 이러한 맥락에서 한국의 자원봉사자의 의식과 참여형태를 일본의 자원봉사자들과 비교분석한 것은 매우 의미 있는 것이라 할 수 있다.

일본과 한국의 자원봉사자들의 참여형태와 의식에 관한 차이점 및 유사점으로는 첫째, 과거의 자원봉사활동 경험은 한국이 일본보다 많고, 둘째, 현재의 자원봉사활동 빈도와 평균활동시간은 일본이 한국보다 길고,

셋째, 자원봉사활동의 장소는 일본이 한국보다 더 다양하고, 넷째, 한국은 집단적으로 자원봉사활동에 참여하는 경향이 많으나 일본은 개인적으로 참여하는 경향이 많고, 다섯째, 한국, 일본 모두 자원봉사를 대가를 바라지 않는 활동으로 보고 있으며, 여섯째, 한국의 자원봉사자들은 이타적인 동기가 강하나 일본의 자원봉사자들은 개인적인 동기가 강하며, 일곱째, 한국의 자원봉사자들은 교통비 등 필요경비의 수령에 대해 부정적인 인식이 많으나 일본은 긍정적인 인식이 많으며, 여덟째, 한국의 자원봉사자들은 활성화 방안으로 교육이나 연수프로그램확충의 필요성을 일본의 자원봉사자들은 활동에 대한 이해나 평가를 높이는 것을 들고 있다.

　이러한 차이점과 유사점을 바탕으로 한국의 자원봉사활동을 활성화하기 위해서 다음의 대책들이 제안되었다. 첫째, 가까운 거리에 있는 다양한 자원봉사활동 장소의 개발이 필요하며, 둘째, 노인자원봉사활동을 위한 하드웨어 구축과 네트웍의 형성이 필요하고, 셋째, 노인 자원봉사활동을 위한 다양한 프로그램의 개발이 필요하며, 넷째 참여경로의 다양화할 필요가 있으며, 다섯째 무보수성 자원봉사활동의 의미의 확산시킬 필요가 있으며, 여섯째 연수와 교육의 기회 확대하고, 일곱째 감사나 평가의 강화하는 것이 필요하다.

참고문헌

류기형외 5인, 자원봉사론, 서울: 양서원, 1999.

박경일, "지역사회 봉사활동의 실제", 한국청소년단체협의회, 대한불교청소년교화연합회,
　　청소년 자원봉사자 연수교재, 1993.

한국여성개발원, 청소년자원봉사활동, 1994.

한국사회복지협의회, 자원봉사프로그램백과 ③ 노인, 1997.

한국자원봉사연합회, 자원봉사, 1993.

한혜경, 자원봉사관리체계개선방안, 한국보건사회연구원, 1994.

Ellis, Susan J. and Katherine H. Noyles, By The People : A History of Americans as Volanteers,
　　San Francisco: Jossy-Bass Publishers, 1990, p. 4.

Ilsley, Paul J., Enhancing the Volunteer Experience, San Francisco: JosseyBass Publishers,
　　1990, pp. 7-12.

National Association of Social Worker, Encyclopedia of Social Work, 19th Edition,
　　Washington. D.C.: NASW Press, p. 2483.

新谷弘子 編著, ボランティアの手びきⅣ -老後の生きがいプラン, 東京:ドメス出版, 1992.

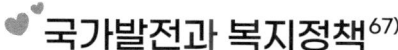
국가발전과 복지정책[67]

신 섭 중
(부산대학교 사회과학대학 사회복지학과 교수)

1. 경제성장과 복지국가의 건설

국가발전은 국민의 복지와 생활수준의 개선을 지향한다. 이것을 정치, 사회, 경제 및 문화의 발전을 포함하는데 이들 모두는 상호 관련되어 있다. 대체로 개발도상국에 있어서는 국가발전의 목표를 대부분 경제성장에 두고 있다.

오늘날 우리나라에 있어서는 국가발전의 가장 주요한 목표가 사회·경제적 성장에 있다. 우리나라는 지난 1962년부터 오늘에 이르는 약 30년간 4차에 걸친 경제개발5개년계획과 제5,6차 경제사회발전5개년계획을 통하여 국가발전의 전략과 우선목표를 경제성장정책의 추구에 두고, 이의 달성을 위하여 수출과 공업화에 주력함으로써 연평균 10%에 달하는 경이적이며 지속적인 고도경제성장을 이룩하였다.

생산력의 수준이 절대적으로 낮은 상태에 있어서는 사회적 부가 편재

---

[67] 본 글은 1997년 12월 3일 부산대학교 언어연구교육원 국제사회지도자과정 강의한 내용임.

해 있건, 혹은 평등에 가까운 상태에 있건 간에 사회복지의 성립은 어렵다. 생산수준과 사회복지의 수준은 상관관계에 놓여 있기 때문에 고도경제성장은 사회복지의 경제적 기반을 이루며 사회복지의 수준을 높이는 것으로 볼 수 있다.

복지국가란 "모든 국민의 최저수준 (단, 의료 및 교육에 있어서는 최고한)을 보장하고, 나아가서는 그들의 복지를 증진시키는 것을 국가의 가장 중요한 임무로 하며, 이를 위하여 국가의 자원을 사용하는 사회체제"를 말하는데 우리나라는 지난 약 30여 년 간의 경제성장의 결과 복지국가의 건설을 위한 국가발전단계에 접어들게 되었다고 볼 수 있다.

2. 국가발전의 단계

허드슨(Hudson)연구소의 산업화 단계에 따른 국가분류를 보면 (1) 공업화 이전국: 국민 1인당 소득 $50-$200 (2) $200-$600의 공업화 과정국 (3) $600-$1,500의 공업국 (4) $1,500-$4,000의 공업·선진국, 그리고 (5) $4,000-$20,000의 공업화 이후국으로 나누고 있다.

또한 벨(D. Bell)은 그의 저서 「탈산업국가의 도래」에서 산업화의 진전에 따라 사회의 발전단계를 전산업사회(Pre-Industrial Society), 산업사회(Industrial Society), 그리고 탈산업사회(Post-Industrial Society)의 세 단계로 구별하고 있다.

한편, 로스토우(W. Rostow)는 「경제성장의 단계」(1971)에서 경제성장의 단계를 (1) 전통사회(The Traditional Society) (2) 이륙을 위한 선행조건기(The Preconditions for Take-off) (3) 이륙(The Take-off) (4) 성숙으로의 진전(The Drive to Maturity) 그리고 (5) 고도대중소비단계(The Age of High Mass-Consumptions)의 5단계로 분류하고 있다.

로스토우에 의하면 대중소비단계사회에 접어들게 되면 국민 1인당 실질소득이 상승하여 기초적인 의식주를 넘는 소비의 자유가 확대됨에 따라 자동차 등의 소비재가 특수한 사람들에 의해서 뿐만 아니라 대중에 의해서 구매되게 된다. 또한 전인구에 점하는 도시인구의 비율이 증가할 뿐만 아니라 노동자에 점하는 사무직이나 숙련노동자의 비율이 증가한다. 그리하여 이들 경제적 변화와 더불어 복지국가의 출현으로 증대한 자원을 사회복지나 사회보장에 돌리게 되는 것이다.

3. 사회문제와 사회변동

사회변동이란 사회구조의 변화, 즉 사회의 구성요소들의 내용과 그들 구성요소 간의 관계의 존재양식의 변화를 말하는데 이 사회변동의 요인으로써 가장 중요한 것이 산업화라 할 수 있다.

또한 사회문제란 널리 공공의 관심을 불러일으키며 어떻게 해서든 해결하지 않으면 안 된다고 생각되는 문제를 말한다.

사회변동의 가장 중요한 요인으로서의 공업화에 따른 사회문제들을 살펴보면,

(1) 아동, 청소년의 교육, 비행, 범죄문제
(2) 부녀, 모자(특히 농촌)의 건강과 생계문제
(3) 노인의 부양문제
(4) 소득격차의 문제(상대적 빈곤)
(5) 산업재해, 교통사고의 다발로 인한 신체장애자 문제
(6) 복잡한 현대사회생활에 따란 정신위생 및 정신질환자의 문제
(7) 공해 및 환경오염의 문제
(8) 도시화에 따른 사회적 공동생활수단의 부족문제 즉, 주택부족, 상하수도의 불비, 청소시설의 불비, 공원 녹지의 부족, 도시교통문제 등을 들 수 있다.

이들 사회문제 내지 사회병리에 있어서는 무엇을 병리시하며 문제로 파악하느냐 하는 것은 주체적인 가치관점이 그 전제가 되는 것이지만 여기서는 상기의 「산업화」를 중심으로 우리나라의 사회구조와 변동을 여하히 파악할 것이냐는 문제와 아울러 그와 같은 변동에 따른 사회문제 내지

사회병리에 효과적으로 대응할 수 있는 사회복지정책에 대한 검토가 요망되는 것이다.

4. 사회복지와 사회복지정책 과제

사회복지의 의의는 광의와 협의의 두 가지로 나누어서 살펴볼 수 있다.

협의에 있어서는 "사회복지란 공적부조의 적용을 받은 자 즉, 신체장애자, 아동 및 기타 원호육성을 요하는 자가 자립하여 그의 능력을 발휘할 수 있도록 필요한 생활지도, 갱생보조 및 그 외의 원호육성을 행하는 것을 일컫는다."고 하여 종래에 사용되어 온 사회사업과 거의 같은 의미로 사용되고 있다.

그러나 이러한 협의의 사회복지의 개념도 역사적 및 사회적 여건의 변화와 국민의식의 변화 등에 따라 그 한정적 내용에 변화를 초래하게 되었다. 즉, 사회복지의 대상이 종래의 "자본주의의 재생산기구로부터 탈락한 사람"이라든가 "정상적인 일반 생활수준에서 탈락하거나 그럴 위험이 있는 자" 등의 사회영역의 일부에서부터 국민대중 또는 노동자 일반에까지 그 대상이 확대되었으며, 이것을 자본주의의 발전 내지 산업화의 진전에 따른 사회구조의 변화에 의한 노동자의 확대와 더불어 사회복지가 다루어야 할 문제의 변화와 확대에 기인하는 것이다.

요컨대, 사회복지란 생활문제의 해결 및 예방을 도모하는 사회적 경영의 총체를 지칭하는 것이다. 그 경영의 대상이 되는 생활문제에는 고전적 내지 새로운 유형의 문제들이 존재할 수 있으며 그와 같은 경영의 주체는 중앙정부 및 지방정부의 관계부문을 위시하여 민간기관, 지역주민 또는 그들의 운동조직 등이 있다. 따라서 사회복지정책의 초점은 치료적, 예방적 및 재활적인 것으로 생각할 수 있으며, 시민의 행복에 대한 국가책임이 증대해 가는 가운데, 사회복지정책은 국가의 중요한 정책의 일환을 형성학 되고 국가의 정책·제도로서 확립되며 그 테두리 내에서 사회복지가 실시되는 경향에 놓여 있다.

이러한 사회복지정책의 과제를 각 분야별로 살펴보면,

(1) 빈곤 및 저소득자의 보호

헌법 제32조의 정신에 따라 전체 인구의 3.9%, 375만 명에 이르는 이들의 보호를 위하여 생활보호의 예산확보, 보호대상의 명확한 파악을 위한 빈곤선의 설정문제, 보호율과 보호수준의 확충, 보호기관 등의 다양화 등의 과제를 안고 있다.

(2) 아동 및 청소년복지

우리나라 인구의 약 29%, 1,300만 명(1994년)에 가까운 아동 및 청소년의 복지를 위하여 영유아 시설의 단위 축소와 시설아동의 지역사회 내 양육, 어린이집의 증설, 시설운영비에 대한 정부지원의 현실화, 국내입양의 추진, 아동 및 청소년을 위한 각종 시설의 확충, 결연사업의 지속적이고 효율적인 운영, 성장고아의 취업대책 확립 등의 과제를 안고 있다.

(3) 부녀 및 모자복지

과거에 있어서의 전쟁미망인 대책으로서의 모자복지로부터 오늘날 미망인 및 미혼모의 증가에 의한 대상 또는 시책으로 변해가고 있다. 따라서 모자복지의 증진을 위하여 모자복지법의 제정·실시와 모자보호시설의 증설이 전망된다. (1994년 현재 37개의 모자보호시설ㅇ 총 3,523만 명만이 수용보호를 받고 있는 실정이다.)

(4) 심신장애자복지

우리나라 전체 인구의 약 2.2%에 달하는 약 90여만 명의 심신장애자의 보호와 복지를 위해서는 장애자의 소득보장, 취업보장, 재활기회의 보편화, 시설의 확충, 전문요원의 확보, 장애자에 대한 사회적 환경의 개선, 재원조달 및 장애자복지서비스의 전달체계 확립 등의 과제를 안고 있다.

(5) 노인복지

1995년 말 현재 전체 인구의 약 5.7%에 이르는 65세 이상의 250만 명에 달하는 노인들의 보호와 복지를 위해서는 국민복지연금제도의 실시, 노인복지시설의 다양화와 확충 및 경로사상의 고취 및 노인의 거택보호를 위한 가족부양기능의 강화 등의 과제를 안고 있다.

글로벌라이제이션 (Globalization) 시대의 국제사회복지와 한국의 역할

신 섭 중
(일본 나가사끼 Wesleyan 교수)

I. Globalization 시대의 정의

1. Globalization(세계와, 지구규모화, 全球化)의 정의

1) James Midgley의 정의

Globalization이란 다양한 사람들이나 경제나 문화, 정치가 국제화에 휩쓸려, 사람들이 그 영향을 일상적으로 느낄 수가 있는 국제통합의 과정으로 정의되어 있다. Globalization은 Internationalization 보다는 포괄적인 용어이다.

2) 오까다 도오루 (岡田 澈)의 정의

오늘날 근대산업사회화나 자본주의 경제의 고도의 발전에 의해, 정치·경제·사회·문화의 여러 시스템에 있어 국제화(internationlization)나 지구규모화(globalization)가 가속적으로 진전하여, 세계는 점점 상호의존을 강화하고 있다.

요(要)는, 국경 없는 경제(borderless economy) – 돈(금융, 자본), 사람(노동력), 물건(상품, 자원), 정보, 서비스가 국경(국가나 국민사회의 틀)을 넘어 유동화한다고 하는 경제 시스템을 선진으로 하여, 정치가 따라붙고, 좀 뒤늦게 사회·문화 시스템이 뒤따른다고 말할 수 있다. 이것은 정치·경제적인 '이해상황' 수준에 의한 국제화·글로벌화를 의미하지만, 한편으로는 가치나 규범이라고 하는 이른바 '이념수준'에 의한 국제화·글로벌화도 간과해서는 안 된다. 즉, 20세기의 두 번에 걸친 세계대전의 반성으로서 UN 등의 국제기관에 의하여 전개된 국제적인 인권보장의 사상이나 체제 및 전쟁방지·안전보장·평화추구에의 노력이 이것이다.

3) 요컨대, Globalization(세계화)이란 경제, 정치, 사회, 문화의 여러 시스템에 있어 경제와 정보를 중심으로 'borderless化'가 진전되어, 국경을 넘은 연계가 증대되고 강화됨에 따라, 돈, 사람, 물건, 서비스, 인권 등 가치관의 지구규모적 교류가 증대 심화하는 국제통합의 과정(process)라 할 수 있다.

2. Globalization 시대의 배경

세계화 시대의 배경으로서 ① 소비에트의 붕괴를 계기로 한 동서 양진영의 냉전체제의 종언과, ② 사회주의가 붕괴한 것으로서 민주주의와 시장경제에 바탕을 둔 세계질서의 확립에 의한 탈이데올로기 시대에 진입하고 있는 것이다. 나아가서는 ③ 정보기술(IT) 혁명과 교통의 발달에 의한 시간적 동시대와 공간적 지구촌화 그리고 ④ 세계무역기구(WTO) 체제를 통한 국가간·지역간의 경제적 상호의존성의 증대 등을 들 수 있다.

3. Globalization의 사회복지적 측면

경제, 정치, 기술, 문화면에 덧붙여 세계화는 사회복지의 측면도 갖고 있다. 세계화가 진전됨에 따라 국제적 수준에서 사회적 사항이나 사회복지를 생각하는 것이 요구되게 되어 있다. 즉, 국경을 넘은 다양한 ① 세계적인 빈곤이나 기아의 문제를 비롯하여, ② 국제노동, ③ 지역분쟁에 의한 난민, ④ 환경악화, 그리고 ⑤ 국제범죄 등 인류의 복지에 관련되는 사회문제가 긴급과제로 되어 있어, 그 해결을 위해 국제복지의 개입이 필요해지고 있다.

4. Globalization에 대한 비판

요즈음, 오늘날의 세계화는 America화에 불과하다는 논란이 일고 있다. 즉, 세계화는 미국이 주도하는 세계공통정책이며, 미국이 세계전체에 공통한 제도·관행을 세계 각국에 시행하려고 하는 시도이다. 그리고 Coca Cola, Hollywood 영화, Disney Land 또는 Disney World 등의 대중소비와 오락에 대표되는 미국적인 문화나 가치가 세계 속을 석권하며, 각국의 local한 문화를 파괴해가는 것이 아닌가 하는 비판이 있다.

5. Globalization의 방향과 과제 – 미국 주도의 Globalization의 대안 –

1) 세계화는 미국화 일변도로부터 탈피하여 다양성을 추구하는 것이 아니면 안 된다. 왜냐하면 세계화란 동질화의 과정인 동시에 차별화의 과정이기 때문이다.
2) 미국 주류의 문화로부터 벗어나, 제3세계의 민족과 문화에 대한 이해의 폭을 넓히지 않으면 안 된다. 세계화는 세계의 모든 구성국가와 민족문화를 존중하는 것으로부터 출발해야 한다. 미국 일변도의 기준으로, 그리고 경제적 잣대만으로 개발도상국을 평가하고 무시하든지 경멸해서는 안 된다.

3) 세계화는 다양성을 인정할 수 있는 시민의식을 배양하는 것으로부터 출발하지 않으면 안 된다. 배타적인 획일적인 민족은 세계화될 수 없다. 따라서 세계화는 지방화를 통하여 성취될 수가 있다. 지방화란 세계화와 그 축을 같이 한다고 말할 수 있다. 지방화란 중앙집권적인 획일성으로부터 이탈을 의미한다. 지방화란 세계화에 이르는 연속된 과정이다.

II. 국제사회복지의 정의

1. 다니 가쓰히데(俗 勝英)의 정의

국제사회복지란 국제적 사회복지문제에 관한 대상의 일환이며, 그 이념은 인종, 종교, 언어, 생활양식 및 사회적 출신 등에 의한 차별이 없이, 세계의 사람들에 관해 인권, 생존권을 확보하는 것이다.

국제사회복지의 실천 활동은 2개국 이상에 걸쳐 있거나, 혹은 세계적 공간에서 발생하는 사회복지 문제를 해결하기 위한 활동이다. 구체적으로는 인권, 생존권을 박탈, 억압, 그리고 저해되고 있는 사회적 약자라고 할 수 있는 개인이나 집단을 대상으로 하여 첫째, 그 원인을 과학적으로 분석하여, 둘째, 대상자가 무엇을 요구하고 있는가 하는 'needs'를 객관적으로 파악하며, 셋째, 구체적 원조계획을 책정하고 실시한다. 넷째, 원조에 관계하는 원조자와 피원조자의 양쪽의 입장에서 평가한다고 하는 일련의 활동이다.

2. 오까다 도오루(岡田 澈)의 정의

국제사회복지란 인권이란 인류보편의 가치에 의거하여 국경을 넘은 지구교모의 사회복지를 실현하기 위하여, 지구규모로 생기(生起)하는 생존문제, 생활문제, 사회문제에 대한 사회복지적인 대처로서의 연구·교육·실천의 총칭이다.

　이 정의에는 아래와 같은 여러 요소가 포함되어 있다. 이들의 여러 요소는 동시에 국제사회복지의 실현을 위한 검토 과제이기도 하다.

　1) '인권이란 인류보편의 가치에 의거하여'라는 것
　2) '국경을 넘은 지구규모의 사회복지의 실현'이라는 것
　3) '지구규모의 생존, 생활, 사회문제'라는 것
　4) '사회복지적 대처'라는 것
　　(1) 최광의의 사회복지
　　(2) 사회복지 독자의 대처방법·연구 상의 대처·실천면에서의 대처·교육면에서의 대처
　5) '연구·교육·실천의 총체'라고 하는 것

III. 국제사회복지의 이념과 목표

1. 국제사회복지가 지향·실현해야 하는 가치

　사회복지란 용어에는 원래 행복, 보다 좋은 생활, 인간다운 생활, 풍요함 등이라고 하는 목표나 가치를 가리키는 개념, 즉 "형이상학적 개념"으로서의 용어법이 있다. 국제사회복지의 경우에는 한 나라나 특정 지역의 사람들의 행복이나 풍요, 혹은 생존보장이나 well-being에 그치지 않고 국가나 국민사회의 틀(국경)을 넘은 지구규모에 있어서의 목표달성과 가치실현이 이것에 덧붙여진다.

2. 국제사회복지의 이념과 목표

국제사회복지의 이념은 세계의 모든 사람들에 대해 평등하게 생존의 권리와 생활의 권리를 확보하는 것이며, 그 이념은 1948년에 UN에서 채택된 "세계인권선언"에 준거해 있다.

그리고 국제사회복지의 목표는 ① 인간의 존엄, ② 개인과 가족의 적정한 생활주순의 유지, ③ 빈곤과 전염병의 제거 등이며, 국제사회복지의 활동은 이들 목표를 달성하기 위한 수단으로 되었다.

실제로 국제사회복지의 활동은 역사적으로 UN이 주체로 되어 있으며, 이념과 목표를 구체화한 교육, 식량, 노동, 전염병 등은 각각 UN 교육과학문화기구(UNESCO), UN 식량기구(FAO), 국제노동기구(ILO), 세계보건기구(WHO)의 전문 기구가 사업활동을 행하고 있다. UN 난민고등변무관사무소(UNHCR), UN 아동기금(UNICEF), UN 인구활동기금(UNFPA) 등도 각각 난민, 아동, 인구의 국제적 분야에서 활동하고 있다.

IV. 국제사회복지의 과제

1. 연구과제

정치, 경제, 사회, 그리고 문화의 국제화·세계화의 진전은 필연적으로 국경을 넘은 다양한 생존문제·생활문제·사회문제를 일으키거나 현재화시켜 왔다.

예를 들면,
1) 절대빈곤의 대량 발생
2) 남북 간, 남남간 빈부의 격차 증대 등에서 보이는 세계규모의 빈곤이나 기아, 그 중핵적 문제
3) 다국적기업에 진출에 의한 노동력의 국제이동에 따라 일어나는 실

업이나 불완전 고용 등의 국제노동문제
  4) 종교·인종·민족 간의 대립 항쟁이나 지역분쟁 등의 전쟁이나 전쟁 난민의 문제, 그 방지로서의 안전보장이나 평화의 문제
  5) 인종차별 등의 소수민족에 대한 편견이나 차별의 문제
  6) 국제테러행위와 같은 국제조직에 의한 국제범죄
  7) 세계적인 인구폭발이라고 하는 인구문제
  8) 인구과밀에 의한 도시 슬럼의 문제
  9) 지구온난화 등의 지구환경 악화·파괴의 문제나 그것에 의하여 일어나는 건강피해의 문제
  10) 아동학대, 아동노동, street children, 국제입양
  11) 홈리스, 마약, 매매춘

이들의 문제는 어느 것이든 한 국가·한 국민 사회의 틀을 넘어, 지구규모로 일어나는 국제적인 생존·생활문제나 사회문제이며, 그 해결에 있어서는 국제적인 협력이 불가결하다. 이와 같은 여러 문제에 대한 사회복지적 대응이 요구되고 있다.

국제사회복지론은 말하자면 이러한 사회적 현실의 요청에 응하려고 하는 사회복지에 있어서의 학문적·전문직업적인 자기의식의 하나에 지나지 않는다.

2. 실천과제

실천과제로서는 우리나라의 국내에 있어서의 국제화 문제·과제를 중심으로 생각해 본다.
  1) 재일, 재사할린 한국인·조선의 문제
  2) 국내에 거주하는 외국인 노동자 문제(불법체류노동자)
  3) 난민
  4) 외국인 농가 신부

5) 외국인 위안부 문제
6) 국내에 거주하는 외국인(난민, 불법체류자) 차별 문제
7) 탈북자 문제
8) 외국 귀국 자녀

오늘날 우리나라는 이와 같은 문제를 성실히 취급함과 동시에 국내에 있어서의 국제화 현상을 점검해 볼 필요가 있다. 이들은 어느 것이나 국제사회복지의 중요 실천과제이다.

V. 국제사회복지에 있어서의 국제협력

1. 국제협력의 정의

국제협력이란 개발도상국을 중심으로 하는 개개의 사람들에 대하여 '사람다운' 사회생활을 영위함에 있어, 최저한 필요한 의식주나 교육 등의 기본적 욕구(basic human needs, BHN)를 보호하기 위한 공사(公私)의 국제협력을 말한다.

2. 국제협력의 형태

국제협력의 형태에는 정부베이스의 정부개발원조(ODA)와 민간베이스의 비정부기구(NGO)에 의한 것이 있다. ODA는 개발도상국의 건전한 발전을 지원하는 것이며, 빈곤의 박멸이나 사회기반의 정비 등을 위하여 주로 선진국이 행하는 것이다. ODA에는 2구간 원조 또는 다국간 원조 등으로 일컬어지는 국가단위로 행해지는 개발원조가 있다. 한편 독자적으로 활동하는 NGO의 풀뿌리적인 국제협력은 아주 빈곤한 사람들 개개인에게 직접 관계하며, 빈한한 지역에 신속히 들어가 활동할 수 있는 이점

이 있기 때문에 그 역할이 한층 더 기대된다.

3. 국제협력사업의 현실

한국에 있어 보건복지 분야의 국제협력사업은 WHO, UN 등 국제기구를 통한 다자간 국제협력과 개발도상국을 대상으로 한 양자 간 국제협력사업을 중심으로 이루어지고 있다. 양자 간 무상원조는 외교부의 감독 하에 '91년에 설립된 한국국제협력단(KOICA)에서 집행하고 있다. KOICA의 중요지원사업은 연수생 초청, 전문인력 파견, 해외봉사단 파견, 개발조사, 재난구호, 물자지원, 프로젝트형 사업 등이다.

한국의 전체 ODA 규모는 '04년도 403.3백만 달러이며, 그 중 무상 ODA의 전체 규모는 193백만 달러로 전체 ODA 규모의 47.8%를 차지하고 있다. KOICA가 우리 정부의 유일한 무상원조기관이며, 협력 대상국이 약 138개국임을 감안할 때 KOICA의 예산 규모가 작아 실효적 지원을 기대하기는 어려운 실정이다.

1970년 UN이 국민총생산 대비 ODA(CDA/GNA)를 0.7%로 결정한 바 있거니와 '03년 현재 이 비율에 이른 국가로는 노르웨이(0.92%), 룩셈부르크(0.81%), 네덜란드(0.80%), 그리고 스웨덴(0.79%) 등 4개국에 불과하다. 그러나 ODA의 금액에 있어서는 미국이 16,254백만 달러(0.15)로 세계 1위이며, 일본이 8,880백만 달러(0.20%)로 2위이다. 그런데 한국은 '04년 현재 ODA는 403.3백만 달러에다 ODA?GN 비율 0.06%는 OECD 회원국 평균의 1/4에 불과하다.

따라서 한국의 경제규모의 확대와 경제협력개발기구(OECD)의 회원국임을 감안할 때 세계화의 진전과 더불어 국제사회복지의 발전을 위한 국제협력에 있어 우리나라 ODA 예산의 대폭적인 증액이 요청된다.

VI. 21세기의 국제사회복지에 있어서의 한국의 역할

국제사회복지의 이념은 전 세계 인류의 인권과 생존권 및 생활권을 보호하는 것이며, 국제사회복지의 활동은 이와 같은 이념을 실현하는 수단이다. 무엇보다도 먼저 필요한 것은 6.25전쟁 때의 해외원조를 상기하면서 해외원조에 관한 인식을 제고함으로써 북한을 비롯하여 빈곤에 시달리는 아시아 국가들이 필요로 하는 내실 있는 원조분야를 찾는 것이다. "더불어 산다'라고 하는 인도주의는 한국 국민의 뿌리 깊은 인정이며, 마음이 통하는 국제사회복지에의 공헌이 국민의 사람이기도 할 것이다.

한국은 55년 전 6.25 전쟁의 전화로 세계최빈국의 하나로부터 '60년대에서 '80년대에 이르는 30여 년 간의 연평균 8%를 상회하는 지속적인 고도경제성장을 수행하여 2004년 말에는 1인당 GNP가 14,162 달러에 이르러 경제성장과 사회발전 그리고 민주정치도 함께 이룩한 아시아 몇 나라 가운데 하나로 알려져 있다. 한국은 이와 같은 경제사회발전의 성공의 경험과 실패의 교훈을 통하여 제3세계가 지속가능한 사회개발의 방법을 모색하는 데 기여하도록 해야 할 것이다. 그것은 아시아의 개발도상국에 있어서는 구미의 빈곤정책이나 사회개발의 모델보다는 같은 동양권인 한국의 경험이나 모델이 적용되기 쉽다고 생각되기 때문이다.

따라서 21세기의 국제사회복지 즉 개발도상국의 빈곤층을 위주로 하는 사회적 약자의 효과적 원조를 위한 한국의 역할과 방향을 다음과 같이 요약·제시하고자 한다.

(1) UN은 OECD 국가에 GNP의 0.7%를 후진국에 지원하도록 요망하고 있으나 우리나라는 0.06%에 불과하다. 해외원조단체협의회에 가입된 우리 NGO들은 국가가 ODA의 총액을 OECD 평균 수준인 0.23%까지 증액해야 한다고 주장해 왔다. 정부도 2009년까지 0.1%까지 확대하겠다고 한 것은 다행스러운 일이다. 아무튼 우리나라는 ODA를 획기적으로 증액시킴과 동시에 무상지원의 몫을

대폭 늘여야 할 것이다.
(2) 전문적인 노하우와 테크닉 그리고 인력을 보유하고 있는 비정부기구(NGO 약 40개)들이 인도주의적인 차원에서 해당국 저소득층의 지원에 적극적으로 참가할 수 있는 방안을 강구하지 않으면 안 될 것이다. 그러기 위해서는 해외청년인력 파견의 확대도 필요할 것이다.
(3) 사회개발자원의 효과적 이용과 저개발국에 대한 지원강화를 위하여, 상기한 바 ODA와 NGO의 활동을 종합하여 연대활동을 하도록 하지 않으면 안 된다. 그러기 위해서는 가칭 "국제사회개발복지청"을 설치·운영할 필요가 있다.
(4) 사회개발을 위한 국제협력의 강화를 위해 한국의 지방자치단체와 개발도상국의 지방과의 상호 친선 및 원조활동으로서의 국제협력 즉 LGO(Local Government Organization) 활동을 활성화할 필요가 있다.
(5) 개발도상국의 인력개발을 지원하기 위하여 국제사회복지의 전문인력을 위시하여 관계전문인력의 양성·파견이 요망된다. 이를 위하여 대학의 사회복지학과 또는 관련 학과에 개발도상국의 사회복지문제에 관한 강좌 또는 국제사회복지 강좌의 개설과 연구의 활성화가 요망된다. 나아가서는 기술이나 전문분야의 국제사회복지 자원봉사자의 양성도 아울러 요구된다고 하겠다.

참고문헌

Midgley, James. Social Welfare in Global Context, 신섭중 역「국제사회복지」.
서울: 대학출판사, 1999.

신섭중 외 역저. 2002.「Globalization과 국제사회복지」. 동경: 중앙법규.

보건복지부.「2004 보건복지백서」.

「한국노년학」,

11(1): 73-84, 1991.

세계화와 사회복지제도의 과제

신 섭 중
(부산대학교 사회복지학과 교수)

I. 국가발전전략으로서의 세계화의 의미

1. 경제성장과 사회문제의 심각성

우리나라는 1948년 신생독립국가로서 후진국으로부터 출발하여 1962년부터 4차에 걸친 경제개발5개년계획과 5,6차 경제사회발전5개년계획 그리고 김영삼 정부의 신경제5개년계획 등을 통하여 지난 30여 년 간의 비교적 단기간에 지속적인 고도경제성장과 아울러 민주화를 동시에 이룩하였다.

그러나 단기간에 급속한 경제성장의 과정에서 경제성장 우선주의 추구는 산업화의 논리와 더불어 지역 간의 발전의 불균형, 산업 간의 발전의 불균형 등 소득의 격차에 따른 경제력 집중과 분배의 불평등, 지역 간·계층 간 갈등의 증대와 아울러 경제적 성장과 정신적 문화적 성숙 간에 심한 괴리현상을 나타내고 있다.

2. 세계화 시대의 배경과 특징

오늘날 전세계는 21세기를 향한 "세계화시대"라는 세기적 전환과 대격변의 시대를 맞이하고 있다. 우리나라도 근대화와 공업화의 시대를 지나 21세기를 향한 탈공업화·정보화시대와 아울러 세계화의 시대로 진입하고 있다.

세계화시대의 배경으로서는 구소련이 붕괴를 계기로 도어 양진영의 냉전체제의 종언과 더불어 탈이데올로기시대로 접어들고 있는 가운데 정보통신과 교통의 발달로 인한 세계의 시간적 동시화의 공간적 지구촌화, 그리고 WTO체제의 성립을 계기로 한 국가 간·지역 간의 경제적 상호의존성을 들 수 있다.

세계화시대의 특징적인 현상으로서는 ① 경제와 기술이 무국경화, ② 사회의 정보화와 지식화, ③ 문화와 의식의 지구화, ④ 정치 및 행정의 분권화와 지방화, ⑤ 국민의 다양성과 참여이식의 증대, 그리고 ⑥ 불확실성의 증대와 지구촌문제의 대두 등이 동시에 복합적으로 전개되고 있다는 것이다.

3. 국가발전전략으로서의 세계화의 의미

김영삼 정부는 21세기 지향의 국가목표를 정보화와 세계화를 통한 "통일된 세계 중심국가"로 설정하고 있다. "세계 중심국가"란 대외적으로는 세계의 경제적·기술적 번영과 인류의 정신적·문화적 발전에 기여하는 일류국가를 말한다. 대내적으로는 국민의 삶이 풍요롭고 실기 편한 '부민안국"의 나라를 말하며, 이를 위한 국가발전원리로서 정부는 환경·노동·소득분배·사회보장 등의 사회개발에 보다 관심을 가져야 함을 강조하고 있다.

요컨대 국가발전전략으로서의 세계화의 의미는 ① 일류화, ② 합리화와 개혁 및 변화, ③ 계층과 지역, ④ 한국적 고유 가치와 전통 문화에 입각한 한국화, 그리고 ⑤ 인류 공통의 문제해결을 위하여 노력하는 인류화 등의 다섯 가지로 요약될 수 있다.

II. 김영삼 대통령의 복지 구상과 사회복지의 세계화

1. 세계화 시대의 삶이 질의 중요성

김영삼 대통령은 지난 3월 삶의 질의 세계화를 위한 복지구상에서 세계화·정보화 시대에 있어 국민이 복지와 삶의 질에 대한 국가의 관심과 이무와 아울러 인간안보를 강조하였다. 즉 이제부터는 양적 경제성장에 만족하지 않고 삶의 질을 고르게 높여 보다 균형 있는 사회를 만들어야 사회적 통합을 유지할 수 있다고 하였다.

그것은 앞으로의 세계화시대에는 삶의 질에 대한 국민적 욕구와 기대가 크게 높아지기 때문에 소득수준의 향상에 따라 삶의 질과 복지에 대한 국민적 관심과 욕구가 크게 높아지고 다양화됨으로써 산업화의 진전에 따른 급증, 여성의 사회참여 증대, 핵가족의 진전 등으로 노인복지·여성복지·아동 및 청소년복지에 대한 수요가 크게 증가하게 될 것이기 때문이다.

따라서 앞으로는 균형된 사회개발이 지속적 경제개발의 전제가 되고 역으로 지속적 경제개발이 사회개발과 국민복지의 기초가 되는 시대로서 성장과 삶의 질 또는 복지를 상호 대립적인 관계가 아니라 상호 상승적이며 보완적인 관계로 파악해아 하는 것이다. 결국 '각 부문의 고른 성장'과 '삶의 질을 높이는 발전'이 세계화시대의 우리 국가 발전의 방향이 되어야 할 것이다.

2. "삶의 질의 세계화" 전략의 기본 원칙

"삶의 질의 세계화"는 우리의 역사와 전통, 국민정서, 그리고 사회·경제적 여건에 부합하는 "한국형 복지사회모형"에 기초하여 그 추진의 기본원칙으로서 ① 최저수준보장의 원칙, ② 생산적 복지의 원칙, ③ 공동체적 복지의 원칙, ④ 정보화·효율화의 원칙, ⑤ 안전중시의 원칙 등 5개 원칙을 동구상에서 제시하고 있다.

3. "삶의 질의 세계화"를 위한 대통령의 복지구상에서는 다음과 같은 6가지 과제를 들고 있다.

1) 취약계층을 위한 공공부조의 확대
2) 고령화시대에 대비한 노인복지의 확충
3) 여성의 사회참여 지원
4) 사회보장제도의 개선
5) 사회안전체계의 확립
6) 21세기형 환경개선 종합대책의 마련

III. 세계화와 사회복지제도의 과제

세계화와 관련하여 21세기를 향한 우리나라의 사회복지제도의 과제를 논의함에 있어 공공부조제도로서의 생활보호제도를 비롯하여 노인복지에 이르는 분야별 사회복지제도의 과제를 논의하고자 한다.

1. 사회복지제도의 정비 및 체계화와 한국형 사회복지모형의 개발

1) 사회복지제도의 정비 및 체계화

우리나라의 사회복지제도는 1960년의 공무원연금제도를 시작으로 1995년 7월 고용보험제도의 실시에 이르기까지 25여개의 각종 제도가 도입되어 실시되고 있다.

그러나 이와 같은 우리나라의 각종 사회복지제도는 그 당시의 경제·사회적인 여건이나 대상자의 요구를 반영하여 도입·실시되었다기보다는 역대 정권의 정치적 의도에 따라 도입되었던 것이라고 볼 수 있기 때문에 명목적이고 입법선행적인 성격을 내포하고 있다. 또한 우리나라의 사회복지제도는 합리적인 계획에 따라 도입·발전되어 온 것이 아니라 각종의 방안별로 그 때 그때의 필요에 따라 다양한 분립의 형태로 발전되어 왔기 때문에 제도간의 마찰과 모순 등을 빚고 있으며 체계화되어 있지 않다.

우선 국민연금, 의료보험, 산재보험 등 사회보험제도의 관리·운영기구가 각각 독립적인 관리·운영기구에 의해 운영되고 있어 서로 유기적인 업무 사의 연계가 결여되어 있다. 그리하여 사회보험의 관리·운영체계의 분립은 보험관리·운영에 있어 피보험자 관리체계의 다원화로 인한 자격관리 및 급여산정업무의 중복 등 낭비적인 비효율성을 초래하고 있다.

또한 조합주의 방식에 따른 현행 의료보험은 ① 관리기구의 분립성, ② 기여제도의 불평등성, ③ 보험급여의 불공평성, ④ 보험재정의 불균형성, ⑤ 운영관리의 낭비성, ⑥ 소득재분배의 역진성 등 많은 문제점을 안고 있다. 따라서 의료보험법과 공무원 및 사립학교교직원 의료보험법의 통합 내지는 일원화되도록 하는 의료보험제도의 정비가 요망된다.

또한 사회보장기본법을 비롯하여 각종 사회복지관계법을 시대의 변화에 따라 국민의 니드에 부응할 수 있도록 개정함은 물론 현재 국회에 계류 중인 자원봉사진흥법과 공동모금법을 조속히 제정·시행하도록 해야 할 것이다.

나아가서는 오늘날 선진국을 비롯한 82개국에서 시행되고 있는 가정생활의 안전과 다음 대(代)의 사회를 짊어지고 나갈 아동의 건전육성과 자질향상에 기여함을 목적으로 하는 아동수당제도도 세계화의 시대에 맞게 조속히 도입함으로써 우리나라 사회복지제도의 정비와 아울러 그 체계를 확립하도록 해야 할 것이다.

2) 한국형 사회복지 모형의 개발

김영삼 정부는 1993년 7월 2일 신경제계획위원회를 통하여 신경제5개년계획의 사회복지증진부문에서 분배와 성장을 동시에 달성하는 복지정책의 추구와 국가발전수준에 부응하는 국민복지의 기반조성을 주축으로 하는 '한국형 사회복지 모형'을 제시하고, 이의 지속적인 보완·발전을 통하여 국가발전단계에 부응하는 선진복지국가의 완성을 천명한 바 있다.

(1) 한국형 사회복지 모형의 성격
(A) 분배와 성장을 동시에 달성하는 복지정책의 추구
① 모든 국민에게 최저한의 기본생활을 보장하고 삶의 질을 향상시킴으로써 공동체의식을 증진하여 사회통합을 이룩하고,
② 복지에 대한 투자가 기능배양 및 근무동기 부여 등 인력개발과 연계되게 함으로써 성장 잠재력 향상에 기여함.

(B) 국가발전 수준에 부응하는 국민복지의 기반 조성
① 기초생계유지가 곤란한 빈곤층은 국가의 책임 하에 기본적 생활 보장
② 노인, 장애인, 아동 등 사회취약 계층 보호를 위하여 가정의 복지기능 강화와 전문적·예방적 복지서비스 제공
③ 경제적 부담능력이 있는 계층에 대해서는 수익자 부담 원칙하에 사회보장제도 및 유료 복지서비스의 확충으로 안정된 생활보장

(2) 한국형 사회복지 모형의 개발

이상에서 살펴본 바와 같이 한국형 사회복지 모형은 그 기본 구상에 있어 모든 국민에게 최저한의 기본생활을 국가 책임 하에 보장한다는 점에 있어 복지국가 지향적이며, 삶의 질을 향상시킴으로써 공동체의식을 증진하여 사회통합을 이룩한다는 점에 있어 복지사회 지향적이라고 할 수 있다.

그러나 경제성장이 분배의 전제조건이기는 하나 경제와 복지는 상호보완 관계에 있음에도 불구하고 신경제5개년계획에 있어 신경제계획은 크게 강조되고 있는 반면 동 계획의 사회복지증진부문의 신복지계획은 전향적이라기보다는 위축되고 있음을 부인할 수 없다.

다행히 1995년 3월 전기한 바와 같이 삶의 질의 세계화를 위한 대통령의 복지구상에서 삶의 질의 세계화는 한국적 복지사회 모형에 기초해야 함을 강조하면서 삶의 질의 세계화 전략의 5대 기본 원칙과 6가지 주요 정책 과제를 발표한 바 있다. 그러나 조속한 시일 내에 국민복지기획단 등을 통하여 중·장기 사회복지발전계획을 범국민적으로 수립할 필요가 있을 것이다. 그런데 1979년 일본의 신경제사회7개년계획에 있어서의 일본형 복지사회가 신보수주의 사상적 배경 속에 사회복지의 국가 책임을 축소시키고 그 몫만큼 개인이나 가족 그리고 지역사회에 그 책임을 전가시키는 것이라는 비판을 받고 있다.

따라서 국민복지기획단을 중심으로 하는 한국형 사회복지 모형의 개발에 있어 미국의 적극적 자유국가, 영국의 사회보장국가 및 스웨덴의 사회복지국가 등의 선진복지국가 제유형과 아울러 R. Mishra의 분산형 복지국가와 통합형 복지국가의 두 유형을 충분히 검토하여 신보수주의로의 회귀가 아니라 '세계화는 한국화'라는 세계화의 의미에 부합되며 한국의 정치, 경제, 사회, 문화에 알맞은 모형 개발이 되어야 할 것이다.

2. 세계화에 부합하는 사회복지 수준의 향상

광의에 있어서 사회복지제도의 중핵으로서의 사회보장 급여의 수준을 나타내는 방법으로서는 사회보장의 지출이나 수립에 관하여 국민소득 또는 GNP의 비율로서 표시하는 것이 일반적인 방법이며 사회보장 전체에 걸쳐 그 수준을 생각하는 경우 사회보장의 급여비 총액을 대국민소득비를 묻는 것이 보통이다. 사회보장의 수준과 성격을 결정하는 주요한 요소로서는 ① 인구의 크기와 증가율, ② 경제성장과 소득의 분배, 그리고 ③ 사회보장정책의 배려 등의 3요소를 들 수 있다. 그러나 사회보장정책의 목표로서는 사회보장의 급여수준이 높으면 높을수록 좋으며 사회보장제도의 부문 간의 격차가 없을수록 더욱 바람직하다.

우리나라의 사회보장의 수준은 선진제국에 있어 사회보장 급여비의 대국민소득비율이 15%에서 40%인 데 반해 1.4%(1989)이며, 1992년 현재 1.8%에 지나지 않는다. 이들 OECD 국가들의 경제수준이 한국과 비슷했던 1960년대에도 그 수준이 평균 7%였다는 것을 감안하면 비록 우리나라 국가 예산의 25%기 국방비에 충당되고 있는 특수성을 감안하더라도 우리나라의 사회보장의 수준은 지난 30여 년 간의 지속적인 고도경제성장에 비해 매우 낮은 수준이 머물고 있음을 알 수 있다.

그러나 이제 우리나라도 1995년 말이면 1인당 국민소득이 10,000 달러를 넘어설 것으로 기대되고 있다. 따라서 그간의 고도경제성장이 저소득층 내지 빈곤층의 소득의 증대와 생활수준의 향상에 있어 필요조건은 될 수 있으나 충분조건은 되지 못했다는 인식 하에 삶의 질의 세계화에 위한 대통령의 복지구상에서 밝힌 바와 같이 최저수준 보장의 원칙에 입각하여 사회보장제도의 내실화와 더불어 공급자의 편의보다는 수용자 편익을 중시하는 방향으로 경제성장에 걸맞은 사회보장의 급여수준이 향상될 수 있도록 21세기를 향하여 인간다운, 문화적인 생활이 보장될 수 있도록 세계화에 부응하는 획기적인 사회보장정책이 강구되어야 할 것이다.

그런데, 1995년 6월 12일 세계화추진위원회의 월례회의에서 사회취약계층의 복지증진을 위해 노령, 질병 등으로 생계유지능력이 없는 노인, 장애인 및 불우아동의 생계보호부준을 현재 최저생계비의 70% 수준에서 98년까지 100% 보장하기로 결정한 것은 고무적이라고 할 수 있다. 그러나 무엇보자도 중요한 것은 합리적인 빈곤선의 설정과 그에 따른 실질적인 최저생계비의 책정이고 할 수 있다.

3. 사회복지의 효율화와 사회복지행정의 독립전달체계 확립

사회복지전달체계는 서비스 제공 기관을 중심으로 하여 투입으로 시작해서 클라이언트에게 각종 서비스를 전달하는 모든 중간 또는 전환과정을 거쳐 산출에 이르는 협동적인 서비스체계라고 할 수 있다. 사회복지서비스전달체계의 종류는 재원의 종류에 따라 ① 공적전달체계, ② 민간전달체계, ③ 공사혼합전달체계로 나눌 수 있다. 현행 우리나라 사회복지서비스전달체계는 중앙정부 중심의 수직적인 전달체계로서 지방 혹은 지역사회 중심의 행정체계로 그 역점이 이전될 필요가 있다.

또한 본격적인 지방자치의 시대를 맞아 사회복지에 관한 정책 수립과 행정기능의 상당 부분이 지방자치단체에 귀속될 것임으로 감안할 때 현생 시·도 보건사회국과 가정복지국을 통합하여 가칭 보건복지국 또는 사회복지지청을 설치·운영함과 아울러 현행의 내무부의 행정지휘체계로부터 보건복지부의 행정지휘체계로 전환하는 독립행정 전달체계의 확립이 바람직하다. 그것은 현행 우리나라의 사회복지행정전달체계가 구미 선진제국과 일본과 같이 독립적인 전달체계로 확립되어 있지 않아 일관성 있고 효율적이며 전문적인 사회복지행정을 기하지 못하고 있기 때문이다.

4. "제로 섬 베이스"에 입각한 획기적인 사회복지예산의 증액

사회복지 재정의 주체로서는 정부나 지방자치단체와 민간사회복지단체를 들 수 있다. 따라서 사회복지행정을 구체화하는 재원은 정부 및 지방자치단체가 지출하는 공비(公費)와 민간 자금으로 나누어진다.

우리나라의 사회복지 재원 조달 현황에 있어 국가 및 지방자치단체가 지출하는 공비 부담의 주관부서로서의 보건복지부의 95년도 예산은 1조 9,831억 원으로서 정부 일반회계 예산의 4%이며 근로자 복지와 보훈예산을 포함한 전체 사회복지예산도 총예산의 6.4%에 불과하다. 이것은 미국의 39%, 일본의 32% 등 사회복지예산이 정부 예산의 30%를 점하고 있는 선진국은 물론 GNP에 있어 우리나라의 1/10에 불과한 태국의 10.3%보다 낮은 수준이다.

또한 사회복지제도의 중핵적인 제도로서의 사회보장의 재원 조달에 있어 영국, 북구형이든 유럽대륙형이든 간에 대부분의 선진국에 있어 그 재원의 구성에 있어서는 세금에 의한 국고 및 그 밖의 공비부담율은 평균 35%를 상회하고 있다.

그러나 우리나라의 경우 1991년 말 GNP 대비 사회보장비는 1.0%에 불과하며 그 재원 수성 상의 국가예산(일반회계) 중 사회보장예산의 비율은 7%의 낮은 수준에 머물고 있다. 이와 같은 결과는 우리나라의 예산편성이 제로 섬 베이스(zero sum base)가 아닌 증분주의(incrementalism)에 기인하는 것이라고 볼 수 있다.

따라서 복지국가 또는 복지사회의 참다운 지향과 아울러 '세계화는 일류화'란 의미에 있어 사회보장제도의 획기적 개선을 위하여 사회복지재정에 있어 종전의 증분주의로부터 과감히 탈피하여 가산적(加算的) 액수의 조작이 아닌 니드의 우선순위에 따른 제로 섬 베이스에 입각한 획기적인 세출구조의 조정을 통하여 정부의 사회복지 예산을 획기적으로 증액해야 할 것이다.

한국사회복지정책의 개척자
仁昌 신 섭 중

초판 인쇄 2025년 8월 18일
초판 발행 2025년 8월 21일
지 은 이 박 병 현
펴 낸 곳 미래복지경영·코람데오
등   록 제300-2009-169호
주   소 서울시 종로구 세종대로 23길 54, 1006호
전   화 02)2264-3650, 010-5415-3650
팩   스 02)2264-3652
E-mail soho3650@naver.com
　　　값 15,000원
　　ISBN 979-11-92191-50-8 03230

잘못된 책은 바꾸어 드립니다.